Erich Leverkus

# Freier Tausch und fauler Zauber

*Zu diesem Buch:*

»Wohl kaum eine große Erfindung der Menschheit hat so viel Verwirrung in den Köpfen angerichtet wie das Geld. Jeder kennt es, jeder braucht es, aber kaum einer begreift, was es eigentlich ist.« So beginnt Erich Leverkus sein Buch über das Geld und seine Geschichte: eine spannende und auch humorvolle Erzählung der »Karriere« eines scheinbar einfachen, zweckgebundenen Mittels, vom Altertum bis in die bewegte Gegenwart des Jahres 1990. Aber dieses Buch ist mehr, es ist zugleich ein Essay über das Wesen des Geldes, seinen sozialen Rang, die Verantwortung von Politik und Gesellschaft.
Altbundeskanzler Helmut Schmidt hat das Geleitwort dazu geschrieben.
»Mit vielen historischen wie auch aktuellen Beispielen trägt Erich Leverkus zum Verständnis der internationalen Rolle des Geldes bei. Er läßt den Leser zugleich erkennen: je unabhängiger die Geldverfassung und die Notenbanken von politischen Opportunitätsentscheidungen sind, um so größer ist die Aussicht auf ein stabiles Geld.«

*Erich Leverkus* ist ein Urenkel des Chemikers und Apothekers Carl Leverkus, von dem die heutige Stadt Leverkusen ihren Namen erhielt. 1926 in Duisburg geboren, studierte er nach Wehrdienst und Kriegsgefangenschaft in Bonn Chemie und in Tübingen Wirtschaftswissenschaften. 1955 Diplomvolkswirt, 1957 Promotion bei Rudolf Johns zum Dr. rer. pol. Diplom- und Doktorarbeit befaßten sich bereits mit geldpolitischen Themen. 1957 – 1960 war Erich Leverkus Leiter der Wertpapierabteilung einer großen Versicherungsgesellschaft, 1961 – 1975 Privatbankier in Hamburg. Seit dem Verkauf seines Bankgeschäfts in 1975 widmet er sich dem Auf- und Ausbau einer privaten Vermögensverwaltungsgesellschaft.
Leverkus war Mitglied und Vorsitzer verschiedener Aufsichtsräte im In- und Ausland. Ehrenamtlich gehörte er viele Jahre Synoden und Kirchenleitungen der ev.-luth. Kirche sowie der Kammer für öffentliche Verantwortung der Evangelischen Kirche in Deutschland (EKiD) an. Z. Zt. ist er u. a. Vorsitzender der Versammlung Eines Ehrbaren Kaufmanns zu Hamburg (EEK).

ERICH LEVERKUS

# Freier Tausch und fauler Zauber

## Vom Geld und seiner Geschichte

Mit Zeichnungen von Wolfgang Scholz
und einem Geleitwort
von Helmut Schmidt

Fritz Knapp Verlag
Frankfurt am Main

ISBN 3-7819-0470-9


Gesamtherstellung: Druckerei A. Hellendoorn KG, Bad Bentheim
Umschlagentwurf: Günter Müller, Griesheim

Printed in Germany

# Inhalt

# Zum Geleit

Die meisten Zeitungsleser legen den Wirtschaftsteil ihrer Zeitung ungelesen beiseite; denn sie wissen aus Erfahrung, daß sie auch mit Fleiß und Mühe kaum verstehen, wovon dort die Rede ist. Nicht nur schrecken die vielerlei Fachausdrücke ab, sondern darüber hinaus bleibt für viele auch der ökonomisch-politische Gesamtzusammenhang undurchsichtig. Dies trifft sogar auch für manchen Politiker zu, ebenso für manchen Historiker und selbst für manche akademischen Ökonomen. Die letzteren neigen seit einigen Jahrzehnten zur künstlichen Mathematisierung ihrer Untersuchungen und Theorien; ohne erhebliches mathematisches Studium sind ihre Formeln und Gleichungen nicht zu verstehen, von kritischer Beurteilung ganz zu schweigen. Um so weniger haben solche Ökonomen eine Rechtfertigung, wenn sie sich darüber beklagen, die Politiker verstünden nicht genug von der Ökonomie. Die Politiker verstehen in der Tat oft nicht genug vom Gelde, von Finanzmärkten und von der weltwirtschaftlichen Verflochtenheit ihres eigenen Landes. Ähnliches gilt für viele Historiker: Weil sie die internationalen wirtschaftlichen Faktoren kaum verstehen, verzichten sie darauf, ihre Wirkungen auf das Handeln der Politiker zu beurteilen; sie bewerten ihre historischen Figuren nach deren Entschlußkraft und nach ihrem Erfolg, kaum jemals nach ihren großen ökonomischen Irrtümern oder auch ihren großen ökonomischen Leistungen.

Der arme Zeitungsleser, der Fernseh-Zuschauer, der interessierte Leser historischer oder politischer oder ökonomischer Bücher bleibt deshalb oft ohne ausreichenden Rat. Er bleibt im Grunde allzuoft auf sein subjektives Gefühl angewiesen – und das heißt: auf die Wirkungen der ökonomischen Suggestion durch Politiker, Unternehmer, Gewerkschaftsführer, Redakteure und Autoren. Das hier vorliegende Buch des Privatbankiers Erich Leverkus versucht Ökonomie, Politik und Geschichte in einen gemeinsamen Blick zu fassen, dabei dem Laien verständlich zu bleiben, ohne aber wichtige Zusammenhänge zu unterdrücken. Es liest sich sehr viel leichter als die klassischen Bücher von Karl Marx oder John Maynard Keynes und führt doch deshalb den Leser nicht in die Irre.

Gewiß ist es leichter, auf die Jahrtausende der Entfaltung des Handels und des Geldes zurückzuschauen und sie nachträglich zu erklären, als es zu Zeiten von Karl Marx oder – später – Keynes die Aufgabe gewesen ist, in die Zukunft vorauszuschauen und für die Bewältigung der erst noch zu erwartenden Probleme Ratschläge zu geben. Deshalb behalten die beiden Denker ihren großen Rang, ebenso wie Bismarck, Franklin D. Roosevelt und Lord Beveridge, die als tatkräftig Handelnde der Welt die Beispiele für weitreichende soziale Sicherung und für moderne welfare economics (Wohlfahrtsstaat) gegeben haben.

Marx hatte zuvor das soziale Problem bewußt gemacht. Die auf ihn sich berufenden Theorien des Marxismus dagegen haben die Sowjetunion, die Volksrepublik China und alle kommunistischen Politiker in katastrophale Zustände der ihrem Befehlssystem unterworfenen Volkswirtschaften geführt; dabei hat die totale Unterschätzung der Rolle des Geldes und der Geldverfassung eine der entscheidenden negativen Wirkungen ausgelöst. Ähnlich hat die weltweite Neigung zum Keynesianischen deficit spending (Wirtschaftsaufschwung durch absichtliche Budget-Defizite) die ökonomische Politik vieler nichtkommunistischer Staaten in Inflation und/oder in hohe internationale Verschuldung geführt, zuletzt noch in den eben zu Ende gegangenen achtziger Jahren die USA. Keynes hatte seine »Allgemeine Theorie« 1936 gegen Ende der weltweiten Deflations-Depression veröffentlicht, sie war auf eine nach außen abgeschlossene Volkswirtschaft gemünzt gewesen; als in den Jahrzehnten seit dem Zweiten Weltkriege die Grenzen für den internationalen Güter- und Kreditverkehr sich immer weiter öffneten, war diese Voraussetzung hinfällig geworden. Wer als Politiker an der Spitze einer weltoffenen Volkswirtschaft gleichwohl höhere Budgetdefizite einging, als sein Land durch eigene Sparleistung finanzieren konnte, der war insoweit auf den Import von Kredit und Kapital aus dem Ausland angewiesen. Zugleich schuf er im Inland mehr Kaufkraft als der inländischen Produktion von Gütern und Leistungen angemessen war; dies war der Grund für die Inflationen von Mexiko bis Jugoslawien und der Grund für die unerträglich werdende Auslandsverschuldung vieler Staaten, besonders seit den beiden Ölpreis-Explosionen der siebziger Jahre, welche angesichts bewaffneter Konflikte im Mittleren Osten von den OPEC-Staaten durch politischen Entschluß ausgelöst worden sind.

So wie in den siebziger Jahren durch OPEC, so hatte vorher in den sechziger Jahren der Vietnam-Krieg und davor anfangs der fünfziger Jahre der Korea-Krieg enorme Auswirkungen auf die Weltwirtschaft. Das internationale Geflecht der Gütermärkte, der Kreditbeziehungen und der Wechselkurse zwischen den Währungen wurde jedesmal erschüttert; der von J. M. Keynes und H. D. White 1944 genial konstruierte Weltwährungsfonds verlor 1973 viel von seiner Bedeutung, nachdem zunächst die USA und danach alle anderen Staaten das Prinzip fester Wechselkurse opfern mußten. Seither hat der amerikanische Dollar seine frühere Rolle als Grundstein der Weltwährungsordnung verloren.

Walter Rathenau hat schon nach dem Ersten Weltkrieg gesagt: »Die Weltwirtschaft ist unser Schicksal«. Ein prophetisches Wort, wie sich zum erstenmal während der Depression der dreißiger Jahre und abermals heute erweist, da wir mehr als ein Drittel unseres deutschen Sozialproduktes exportieren und importieren. Sowohl im Inland als auch im Austausch mit der Weltwirtschaft sind wir auf stabiles Geld angewiesen, d. h. auf Geld, auf dessen auch in Zukunft gleichbleibende Kaufkraft wir uns verlassen können. Deshalb haben Deutschland, Frankreich und einige weitere Mitgliedsstaaten der Europäischen Gemeinschaft seit 1978/79 begonnen, ein Europäisches Währungssystem (EWS) mit festen Wechselkursen zwischen den beteiligten Währungen zu errichten. Leider sind seither keine weiteren Fortschritte gemacht worden; bisher gibt es noch nicht die angestrebte gemeinsame (und einzige) Währung ECU und noch nicht das gemeinsame (und einzige) unabhängige Zentralbanksystem, welches die Geldmengenpolitik für den ECU auszuführen hat. Der für 1992 beabsichtigte »Gemeinsame Markt« bleibt daher einstweilen ein Torso, denn dort wird es neben dem ECU elf nationale Währungen geben; und einige unter ihnen – insbesondere der Sterling – sind keinem festen Wechselkurs unterworfen. Genauer gesagt: die betreffenden Regierungen und Notenbanken sind in ihrer Geldpolitik wie in ihrer Budgetpolitik nicht der Wechselkursdisziplin des EWS unterworfen.

Ein gemeinsamer Markt kann seine enormen, produktivitätssteigernden Wirkungen nur bei gemeinsamer Währung entfalten. Ohne gemeinsame Dollar-Währung und gemeinsames Zentralbanksystem hätten sich die ursprünglich 13 und heute 50 Staaten der USA niemals zu einem einzigen großen, »gemeinsamen« Markt und deshalb zur leistungsfähigen Volkswirtschaft der Welt entfalten können. Für Japan gilt ein Ähnliches, ebenso früher für das British Empire oder noch früher für das spanische Weltreich.

Leverkus berichtet in einem seiner ersten Kapitel über das römische Geldwesen und über die unter Kaiser Augustus erfolgte Einführung einer einheitlichen Währung für das ganze römische Weltreich. Beim Lesen fühlte ich mich an die Geschichte aus dem neuen Testament erinnert, in der erzählt wird, wie Jesus von Nazareth nach Jerusalem kommt und wie die Schriftgelehrten und Hohenpriester ihn aufs Glatteis führen wollten. Sie wollten ihn anschließend dem Gericht überantworten, damit ihm der Prozeß gemacht werde, weil er für sie ein gefährlicher Sektierer ist, der das Volk verführt. Deshalb stellten sie ihm die Frage, ob es denn recht sei, daß sie dem Kaiser Steuern bezahlen. Falls seine Antwort negativ ausfällt, so käme er vor das Gericht der Besatzungsmacht; fiele sie aber positiv aus, so verlöre er seine Anhänger im Volke. Darauf bittet Jesus um einen Denar, den sie ihm auch bringen, und er fragt die Umstehenden, was sie auf der Münze sehen. Ohne zu zögern haben die Pharisäer ihre Antwort parat: das Bild des Kaisers. Die Geschichte endet damit, daß Jesus ihnen sagt: »So gebt dem Kaiser, was des Kaisers ist, und Gott, was Gottes ist!«

Der währungspolitisch interessante Punkt in dieser Geschichte ist: Zu jener Zeit, vor etwa 2000 Jahren, galt ein und derselbe Denar in Palestina wie auch in Rom, wie übrigens auch in Spanien oder in Griechenland. Das römische Weltreich und seine rings um das Mittelmeer verteilte Armee hätte ohne Währungseinheit wahrscheinlich kaum funktionieren können. Betrachtet man demgegenüber, welche Schwierigkeiten heute bei der Komplettierung des EWS zu überwinden sind, wieviel nationaler Ehrgeiz immer noch der Schaffung einer einzigen gemeinsamen Währung im Wege steht, dann wird das Ausmaß der heutigen Engstirnigkeit deutlich. Wenn es bei dem heutigen Zustand bliebe, dann bliebe es auch bei nationaler währungspolitischer Verantwortung und die Versuchung von Regierungen zu rücksichtsloser Defizitwirtschaft in ihren Budgetpolitiken bliebe so groß wie bisher. Und: die DM-Währung würde sich zwangsläufig zur beherrschenden Währung Europas entwickeln.

Das aber entspräche nicht dem langfristigen deutschen Interesse an guter Nachbarschaft und an enger Zusammenarbeit in der EG. Vielmehr brauchen wir statt dessen den ECU in dieser Rolle und – wie Leverkus mit Recht betont – ein politisch unabhängiges gemeinsames Zentralbank-System der EG. Diesen Prozeß müssen wir Deutschen aktiv vorantreiben, besonders auch vor dem Hintergrund der Vereinigung der beiden deutschen Staaten. Bei einer gemeinsamen europäischen Währung wird es nur eine gemeinsame Zahlungsbilanz der EG gegenüber dem Rest der Welt geben, nicht mehr länger deutsche Leistungsbilanz-Überschüsse und nicht mehr länger nationale Leistungsbilanz-Defizite anderer EG-Staaten.

Mit vielen historischen wie auch aktuellen Beispielen trägt Erich Leverkus zum Verständnis der internationalen Rolle des Geldes bei. Er läßt den Leser zugleich erkennen: je unabhängiger die Geldverfassung und die Notenbanken von politischen Opportunitätsentscheidungen sind, um so größer ist die Aussicht auf ein stabiles Geld.

Helmut Schmidt
Juli 1990

*Persische Gold-Dareike*
*4. Jahrh. v. Chr.*

Vorderseite, unbestimmter Großkönig
(Geldmuseum der Deutschen Bundesbank)

## Vorbemerkung

Die Worte **Inflation** und **inflationär** werden in diesem Buch in ihrer ursprünglichen Bedeutung zur Bezeichnung einer übermäßigen Vermehrung von Zahlungsmitteln gebraucht. Eine gewisse Schule von Nationalökonomen hat später, um der von ihr befürworteten Geldvermehrung den negativen Beigeschmack zu nehmen, die Begriffe Inflation und Geldvermehrung entkoppelt und mit dem Wort »Inflation« Preissteigerungen bezeichnet, so als ob beides nichts miteinander zu tun hätte. Andere haben diesen Sprachgebrauch unkritisch übernommen. Der Autor schließt sich dieser Begriffsvernebelung nicht an, sondern bemüht sich, die Dinge beim rechten Namen zu nennen.

# Erstes Kapitel
# Vom Wesen des Geldes

## *Was ist Geld?*

Wohl kaum eine große Erfindung der Menschheit hat so viel Verwirrung in den Köpfen angerichtet wie das Geld. Jeder kennt es, jeder braucht es, aber kaum einer begreift, was es eigentlich ist. Diese Aussage gilt sogar für einen großen Teil der Leute, die für ein geordnetes Geldwesen in der Welt mitverantwortlich sind. Man möchte es nicht glauben, aber selbst Staatschefs, Finanzminister und Bankiers haben oft nur eine höchst verworrene Vorstellung vom Wesen des Geldes.

Ein Grund für die Begriffsverwirrung in Gelddingen ist der nachlässige, um nicht zu sagen schlampige Umgang vieler Zeitgenossen mit unserer Sprache. So mancher redet von »Geld«, wenn er in Wirklichkeit Kapital, Liquidität oder Eigentum meint. Man sagt z. B., jemand habe viel Geld, obgleich er vielleicht nur DM 50,– in seiner Brieftasche und Schulden bei seiner Bank hat, daneben aber vier oder fünf Mietwohnhäuser sein eigen nennt. Tatsächlich hat der Betreffende viel Grundvermögen, aber nur wenig Geld.

Die vielfältigen Funktionen des Geldes tragen ebenfalls dazu bei, das Verständnis seines Wesens zu erschweren. Sie führen dazu, daß der Begriff »Geld« auf verschiedene Weise definiert wird, wobei nicht nur keine Definition für sich allein genügt, sondern die Bedingungen aller Definitionen erfüllt sein müssen, damit Geld Geld ist. Lassen Sie uns darum vorweg die Begriffe klären.

Zunächst handelt es sich beim Geld ganz abstrakt um ein **Zähl- und Rechenmittel.** So, wie eine Strecke in Fuß, Metern oder Meilen und eine Flüssigkeit in Litern oder Barrel gemessen und gezählt wird, erfolgen Wertangaben in Einheiten der jeweiligen Währung. In der Praxis begegnet uns diese isolierte Funktion des Geldes zum Beispiel bei Steuererklärungen, Bilanzen oder Haushaltsvoranschlägen. Wertübertragungen irgendwelcher Art sind damit nicht verbunden.

Aus der Funktion als Zähl- und Rechenmittel ergibt sich die Aufgabe, **Wertmaßstab** zu sein. Geld kann als Verrechnungseinheit für unterschiedliche Tauschvorgänge, Abgaben oder sonstige Leistungen dienen, wobei Übertragungen zum Wertausgleich stattfinden können, aber nicht müssen. Damit leiten wir schon über zur nächsten Definition.

Geld ist ein **Medium zur Übertragung von Werten,** und zwar in der Form eines **allgemeinen Tauschmittels.** Wie ein Joker beim Kartenspiel ist es in dieser Funktion beliebig einsetzbar – ohne Rücksicht darauf, ob der Erwerber eines Gutes seinerseits die Ware oder Dienstleistung anzubieten hat, deren der Verkäufer bedarf. Man muß die Erfindung eines solchen universellen Zahlungsmittels schon als genial bezeichnen. Wie die Entwicklung der Schrift gehört sie zu den ganz großen Leistungen des menschlichen Geistes.

Sodann ist Geld ein **Mittel zur kurz- bis mittelfristigen Wertaufbewahrung.** In dieser Eigenschaft vervollkommnet es das Tauschmittel derart, daß kein Marktteilnehmer gezwungen wird, den Erlös für verkaufte Waren oder Dienstleistungen sofort wieder auszugeben. Statt dessen kann er beliebige Geschäfte an beliebigen Orten zu beliebiger Zeit tätigen. Wäre das nicht der Fall, so würde das Geld seiner Rolle als universelles Tauschmittel nur unvollkommen gerecht werden können.

Schließlich ist Geld **gesetzliches Zahlungsmittel.** Auch diese Funktion dient dazu, die Aufgabe als Tauschmittel besser zu erfüllen. Normalerweise kann und darf niemand die Annahme gesetzlicher Zahlungsmittel zur Tilgung einer Schuld verweigern. Wer etwas verkaufen will, muß sich mit der Bezahlung in der Währung, die als gesetzliches Zahlungsmittel gilt, zufriedengeben.

Die drei zuletzt genannten Definitionen – allgemeines Wertübertragungs- und Tauschmittel, Instrument zur kurzfristigen Wertaufbewahrung und gesetzliches Zahlungsmittel – lassen sich zusammenfassen in dem Ausdruck: Geld ist **eine Anwei-**

**sung auf das Sozialprodukt,** ein Bezugsschein für alle Güter oder Leistungen, die in einer Volkswirtschaft zur Verfügung stehen. Das Großartige daran ist die vielseitige Verwendbarkeit dieses Bezugsscheins, die seinem Inhaber die Wahl läßt, wogegen er ihn umtauscht. Andere Bezugsscheine, die wir aus Notzeiten kennen, beschränken die Bezugsberechtigung zum Beispiel auf eine Badehose, 50 Gramm Fleisch oder 10 Liter Benzin. Einem Vegetarier, der nackt zu baden pflegt und mit dem Fahrrad fährt, wäre damit wenig geholfen. Er müßte versuchen, seine Bezugsscheine auf dem schwarzen Markt in solche für Grünfutter einzutauschen. Besitzt er dagegen den Universalbezugsschein Geld, so kann er sich solchen Umweg ersparen.

Generell kann man sagen, daß Geld als allgemeines Tauschmittel das angemessene Zahlungsmittel der Marktwirtschaft und der auf eine bestimmte Ware lautende Bezugsschein das der Zentralverwaltungswirtschaft ist. Deshalb könnte die letztere auf das Geld, das in diesem Wirtschaftssystem ohnehin oft nahezu wertlos ist, auch ganz verzichten. In einem Gefangenenlager, dem modellhaften Beispiel einer Zentralverwaltungswirtschaft, braucht man kein Geld.

Geld ist **ein Instrument der Freiheit.** Das gilt sowohl für den einzelnen, dem es die Entscheidung über Art und Zeitpunkt seines Konsums überläßt, als auch für die Allgemeinheit. Wird das Geldwesen einer Nation zerstört, dann geht es bald mit der Freiheit ihrer Bürger bergab. Vorschriften und Strafen treten dann an die Stelle des vorher mit Hilfe des Geldes bewirkten Regelmechanismus. Es ist kein Zufall, daß in inflationsgeplagten Ländern sehr oft Diktaturen herrschen oder sich anschikken, das Erbe demokratischer Regierungen anzutreten. Lenin war sogar der Meinung, die Selbstvernichtung des »Kapitalismus« werde mit der Zerstörung seiner Währungen beginnen. Wer sich von einem schwachen Staat um seine Ersparnisse betrogen fühlt, bringt diesem allerdings wenig Sympathie entgegen und erhofft sich von der energischen Entschlossenheit radikaler Umstürzler eine Besserung seiner Verhältnisse. So ist auch die »Machtergreifung« durch die Nationalsozialisten 1933 mindestens teilweise als eine Spätfolge der großen deutschen Inflation der frühen 20er Jahre anzusehen.

Ebenso wie Sprache und Schrift ist auch das Geld ein **Kommunikationsmittel.** Während Sprache und Schrift den Austausch von Gedanken, Kenntnissen und Wünschen vermitteln, erleichtert Geld den von Gütern und Leistungen. Insofern dient es der Gemeinschaft. Da es außerdem aber auch dem einzelnen

hilft, sein Leben nach seinen Wünschen einzurichten, können wir sagen, daß sein Wesen **zugleich individualistisch und sozial** ist.

Im Gegensatz zu diesen zahlreichen, durchweg positiven Funktionen steht die Tatsache, daß Geld für viele Menschen **ein Symbol für Habsucht, Egoismus, Machtstreben und Korruption** ist. Es ist wichtig, diese Symbolfunktion als solche zu erkennen und nicht womöglich das Symbol mit den bezeichneten menschlichen Charakterschwächen selbst zu verwechseln. Wo dies nämlich geschieht, geraten wir in Versuchung, die menschliche Natur durch Änderungen des Geldsystems reformieren zu wollen.

Niemand käme auf die Idee, die Ausstattung von Luxusfahrzeugen deshalb zu ändern, weil sie gelegentlich als Bestechungsgeschenke Verwendung finden. Auch wird ein Arzt die Tuberkulose nicht dadurch bekämpfen, daß er das für diese Krankheit benutzte Symbol »Tbc« durch ein anderes ersetzt. Ausgerechnet vom Geld aber erwarten manche Sozialreformer, durch seine Umgestaltung die menschliche Natur ändern zu können. Sie übersehen dabei, daß Geld ein Werkzeug ist, keine Macht. Nicht das Geld ist gut oder böse, sondern die Menschen, die mit ihm umgehen. In moralischer Hinsicht ist Geld nicht anders zu bewerten als das Feuer, die Mathematik, der Buchdruck oder die Elektrizität.

## *Irrtümer und Mißverständnisse*

Fur manche Politiker ist Geld ebenso wie die Kernenergie etwas undurchschaubar Unheimliches, drohend und doch möglicherweise lebensnotwendig, auf jeden Fall aber gefährlich. Gegnern des Leistungsprinzips ist es suspekt, weil in unserem Wirtschaftssystem in der Regel Leistung mit Geld honoriert wird. Beide neigen dazu, eine fortschreitende Geldentwertung bedenkenlos in Kauf zu nehmen. Gelegentlich steht dahinter die ebenso vage wie törichte Vorstellung, »die Macht des Geldes« durch dessen Entwertung brechen zu können. Solches

Denken entspricht allerdings der gleichen Einstellung, aus der heraus ein Kind sein Spielzeug zerbricht, um seine Eltern zu ärgern.

Man muß es einmal in aller Deutlichkeit sagen: **Geld dient nicht nur den Reichen und Mächtigen, sondern allen Menschen.** Selbst in einer denkbaren egalitären und leistungslosen Gesellschaft der Zukunft, in der wir den ganzen Tag vor Amüsiermaschinen sitzen können, weil Computer das Denken und Roboter das Arbeiten für uns besorgen, gäbe es keine zweckmäßigere Form zum Bezug unserer staatlichen Einheitsrente als das Geld.

Eine Zeitlang war man der Meinung, bei der Geldpolitik handele es sich um einen Interessengegensatz von arm und reich. Ein stabiler Geldwert begünstige die reichen Geldbesitzer, während die Armen bei der Geldentwertung entweder nichts zu verlieren hätten oder sogar eine Linderung ihrer Schuldenlast erführen. Heute wissen wir, daß diese Sicht der Dinge auf einem fundamentalen Irrtum beruht, hervorgerufen durch eine verschwommene Verwendung des Wortes »Geld« für Zahlungsmittel einerseits und Kapital oder Vermögen andererseits.

Wer reich ist, muß nicht viel Geld haben. Im Gegenteil: viele Reiche haben eine Menge Schulden, mit denen sie ihr Geschäft oder ihre Produktion finanzieren. Je mehr Geld umläuft, um so besser gehen ihre Geschäfte. Selbst minderwertige Ware läßt sich dann leichter an den Mann bringen. Allzu reichliche Geldversorgung begünstigt nämlich nicht nur neue Unternehmungen, sondern sie räumt den Gewissenlosen, die die allgemeine Teuerung und die Unerfahrenheit der Leute zu ihrem eigenen Vorteil auszunutzen verstehen, alle Vorteile ein, während sie die Anständigen und die Schwachen benachteiligt.

Der Interessengegensatz bei der Frage der knappen oder überreichlichen Geldversorgung besteht nicht zwischen arm und reich, sondern zwischen den Protagonisten von Fair Play und Rücksichtslosigkeit. **Jede Inflationsgesellschaft ist eine Ellbogengesellschaft.** Es ist wie bei einer Versammlung, bei der weit mehr Essenmarken ausgegeben werden, als Portionen zur Verfügung stehen. Wer dort kräftig schubst und drängelt, wird schon zu seinem Recht kommen. Die Wohlanständigen dagegen, die sich plötzlich am Ende der Warteschlange finden, gehen leer aus und bleiben hungrig. Nicht anders ergeht es den Schwachen und Gebrechlichen, die sich beim Stoßen und Knuffen im Gedränge nicht behaupten können.

Es ist eine auffallende Erscheinung, daß im allgemeinen – wenn auch nicht immer – sozialistisch gesinnte Regierungen

## *Klage eines Hamburgers über die Folgen der Geldvermehrung am Ende des 18. Jahrhunderts*

**»Das Wohlbefinden unseres ökonomischen Zustandes entsteht nicht so sehr von einem großen Verdienst, als von dem geringen Betrag, den die Anschaffung unserer unentbehrlichen Bedürfnisse fordert. ... Legen wir diesen Maaßstab den Geld- und Münzverhältnissen des letztverflossenen Decenniums an, welch ein trauriges Facit entsteht daraus für die Prediger, Schullehrer, das Militair, die besoldeten Officianten, die von Zinsen lebenden, die durch ein kleines Gehalt versorgten Wittwen, ihre unerzogenen Waisen, und einen jeden, der nicht vom Verkauf gelebt, oder mit den Productionen seiner Hände und seines Kopfes Handelsverkehr getrieben hat! Ja, wie gedehmüthigt muß der Arzt, der Rechtsgelehrte, der Erzieher, der Lehrer, und jeder andere, kein bloßes Handwerk treibende, sich selbst Ursache zu schätzen habende nützliche Weltbürger nicht... da gestanden haben, wenn er, um sein Leben zu fristen... die grobe baare Bezahlung seines Verdienstes erhöhen mußte! Wahrlich, der Zustand der angenehmen Empfindungen, der sich durch das Ganze zu verbreiten schien, wohnte nicht in allen Häusern.«**

Aus: J. L. v. Heß, Was darf, und was darf nicht in Hamburg geschehen? Hamburg 1799, S. 146 ff.

ein höheres Maß an Geldentwertung betreiben oder zulassen als konservative Politiker. Das erscheint zunächst paradox, sind es doch gerade die wirtschaftlich Schwachen, die durch die Inflationspolitik in erster Linie geschädigt werden. Die kleinen Sparer und die Bezieher fester Einkommen müssen die fortschreitende Entwertung ihrer Ansprüche wehrlos hinnehmen, während den Wohlhabenden genügend Möglichkeiten zur Verfügung stehen, sich gegen eine Entwertung ihres Vermögens abzusichern. Grundbesitzer und Aktionäre erleben sogar in den meisten Fällen eine überdurchschnittliche Wertsteigerung ihrer Anlagen. Das soziale Ungleichgewicht vergrößert sich dadurch; die Reichen werden reicher und die Armen ärmer. Für die Zukunft aber bleibt bei solch unbefriedigender Sozialstruktur ein starkes sozialistisches Wählerpotential erhalten.

Nun wird man keinesfalls jeder sozialistischen Regierung vorwerfen dürfen, bewußt eine derart zynische, gegen die Interessen der eigenen Wähler gerichtete Politik zu betreiben. Torheit und Schwäche der Verantwortlichen sind bei fast jeder Inflation auch mit im Spiel. Regieren ist eben wesentlich leichter und bequemer, wenn man Wohltaten austeilen kann, statt sich gegen alle möglichen finanziellen Ansprüche zur Wehr setzen zu müssen. Man nimmt Kredite auf und vertraut darauf, diese eines Tages mit entwertetem Geld ablösen zu können. Das böse Erwachen kommt erst dann, wenn der Schuldendienst den politischen Handlungsspielraum so stark einengt, daß auch Notwendiges unterbleiben muß.

Wir wollen nicht verhehlen, daß eine Volkswirtschaft auch an zu geringer Geldausstattung leiden kann. Es gibt Situationen, in denen wohldosierte und gezielte Geldspritzen konjunkturpolitisch angebracht oder gar notwendig sind. Allerdings gehen die Ansichten über das **Wann** und das **Wieviel** auseinander. Nicht jede Regierung, die eine geringfügige Rezession mit umfangreichen zusätzlichen Staatsausgaben aller Art bekämpft, ist sich der mit einem solchen Vorgehen verbundenen Gefahren bewußt.

Mit der inflationären Geldvermehrung verhält es sich nämlich wie mit dem Rauschgift. Im Anfang wirkt sie anregend und belebend. Schon bald aber werden immer höhere Dosen für die gleiche Wirkung benötigt, während der Organismus, den sie eigentlich zu größerer Leistung antreiben soll, geschwächt wird und mehr und mehr von seiner Lebenskraft verliert. Wenn das Gift schließlich abgesetzt wird, kommt es zu schweren Entzugserscheinungen, wenn nicht, bricht der Organismus zusammen.

Sehr oft ist Inflationspolitik der erste Schritt in Richtung auf den Staatsbankrott. Boshaft, wie aber die Geschichte nun einmal sein kann, läßt sie die negativen Folgen der Geldvermehrung, von exzessiven Preissteigerungen bis hin zu den leeren Kassen des Staates, erst nach geraumer Zeit deutlich werden. Häufig sind dann die Personen, die die Zerrüttung der Staatsfinanzen und der Währung auf dem Gewissen haben, nicht mehr im Amt. Ihren Nachfolgern wird in solchen Fällen die politische Verantwortung für Vorgänge untergeschoben, an deren Ursachen sie selbst unschuldig sind.

## *Unsere Verantwortung*

Der frühere Tübinger Professor für Geldwirtschaftslehre, Hero Moeller, hat einmal auf den Widerspruch hingewiesen, der darin liegt, daß ausgerechnet der Staat, der doch mehr Geldvermögen seiner Bürger durch Inflationen vernichtet hat, als jemals durch Zusammenbrüche privater Banken verlorengingen, dazu berufen ist, die Einleger der kommerziellen Banken durch seine Aufsichtseinrichtungen zu schützen. Zugleich hat er die Geschichte des Geldwesens als die Geschichte eines Kampfes zwischen dem Staat und den Privaten bezeichnet[1]. Das ist zwar nicht falsch; wir müssen uns aber daran erinnern lassen, wer denn heutzutage der Staat eigentlich ist. In der parlamentarischen Demokratie gibt es ja keine absoluten Herrscher mehr, die nach dem Motto »L'Etat c'est moi!« ihr eigenes Interesse mit dem des Staates identifizieren. Auch stehen die Angehörigen einer Nation dem Staat nicht mehr lediglich

---

[1] Hero Moeller, Geld- und Münzgeschichte II, 1
in: Handwörterbuch der Sozialwissenschaften IV, 1965.

als Untertanen und Ausbeutungsobjekte gegenüber. Im Gegenteil: die unserer Zeit angemessene Aussage müßte lauten: »Der Staat – das sind wir alle!«

Wir sind der Staat, das heißt nicht nur, daß wir durch Mehrheitsentscheid bestimmten Kräftegruppierungen die befristete Lenkung unseres Gemeinwesens anvertrauen, sondern es bedeutet auch, daß wir die Gewählten mit unseren Ansprüchen konfrontieren. Davon haben diese gefälligst einen möglichst großen Teil zu erfüllen, wenn sie unsere Stimmen auch noch bei der nächsten Wahl erhalten wollen. Um unseren Forderungen mehr Nachdruck zu verleihen, schließen wir uns zu den verschiedensten Interessenverbänden zusammen. Diese üben – so wie ehedem die deutschen Kurfürsten vor einer Kaiserwahl – massive Pressionen aus, wobei sie sich nicht am Gemeinwohl, sondern an partikularistischen Einzelinteressen orientieren. So verlangen Landwirte und Beamte, Unternehmer und Gewerkschaften, Studenten, Rentner, Wissenschaftler, Autofahrer und Sportler, Umweltschützer und Umweltverschmutzer, Kirchen und Militär sowie nicht zuletzt auch die politischen Parteien selbst jeweils für den eigenen Bereich höhere Staatsausgaben und geringere Steuerbelastung. Die Forderungen mögen im einzelnen berechtigt sein; niemand denkt aber daran, daß es nichts nützt, jedem einen größeren Löffel in die Hand zu drükken, wenn nicht genug Suppe im Topf ist.

Mit den übertriebenen Ansprüchen an den Staatshaushalt ist es aber noch nicht einmal getan. Wir erwarten auch, daß »unsere« Notenbank dem Bankensystem die Liquidität zur Verfügung stellt, die notwendig ist, um die Lohn- und Preiserhöhungen, die sich aus den Verteilungskämpfen innerhalb des privaten Sektors ergeben, zu finanzieren. Technisch ist das möglich, solange die wichtigsten Industrienationen ihre Geldvolumina etwa im gleichen Tempo ausdehnen. Das Nachsehen haben dann außer den Sparern und anderen Beziehern fixierter Nominaleinkommen vor allem die Angehörigen der sogenannten Dritten und Vierten Welt.

Hier wollen wir einen Augenblick innehalten. Wer nämlich in unseren Tagen Aussagen über Geld und Währungsfragen machen will, kann die Problematik dieses notleidenden und hochverschuldeten Teils der Welt nicht einfach ausklammern.

Die beträchtliche Steigerung der durchschnittlichen menschlichen Lebenserwartung in den letzten 100 Jahren hatte und hat in den Ländern, in denen Geburtenregelung kaum eine Rolle spielt, ein geradezu explosionsartiges Bevölkerungswachstum zur Folge. Mit ihm können auch noch so umfangreiche nationale und internationale Entwicklungsprogramme nicht Schritt halten. In vielen Fällen ist es einfach nicht möglich, für die anschwellende Flut heranwachsender junger Menschen ausreichende Bildungseinrichtungen und Arbeitsplätze bereitzustellen. Heere von schlecht ausgebildeten, unterernährten jungen Menschen ohne Arbeit und ohne Hoffnung sind die Folge. Von Lohnerhöhungen im westlichen Maßstab kann unter solchen Umständen keine Rede sein. Jede besser bezahlte Arbeit würde arbeitslose Bewerber anlocken, die bereit sind, sich legal oder illegal für weniger Lohn zu verkaufen. Auch gesetzlich fixierte Mindestlöhne vergrößern nur das Elend, solange sie von anderen Ländern unterboten werden.

Was über die Löhne gesagt wurde, gilt ebenso auch für die Preise. Während sich in den letzten Jahrzehnten die Exportpreise der Industrieländer als Folge von Lohnerhöhungen, die über die jeweilige Produktivitätssteigerung hinausgingen, stetig erhöhten, die notleidenden überbevölkerten Länder also immer mehr für ihre lebensnotwendigen Importe bezahlen mußten, führte bei diesen selbst jeder Versuch, durch Steigerung ihrer Produktionen neue Arbeitsplätze zu schaffen, zu einem Überangebot auf dem Weltmarkt und damit zu Preissenkungen. Die »terms of trade«, das ist das Verhältnis von Ausfuhr- zu Einfuhrpreisen, verschoben sich mehr und mehr zugunsten der Industrieländer. Diese wären auch gar nicht in der Lage gewesen, ihren Verbrauch an Phosphaten, Blei und Silber, an Kautschuk, Kaffee, Tee und Südfrüchten in dem gleichen Tempo zu steigern, in dem die Bevölkerung der unterentwickelten Länder anschwoll. Wo dies aber partiell der Fall war, wie etwa beim Holz aus den tropischen Regenwäldern, hatte der allzu intensiv betriebene Raubbau schwere Umweltschäden zur Folge.

Bei einer solchen Konstellation hätte es nur wenig Sinn, etwa durch internationale Übereinkunft den rohstoffproduzierenden Ländern auskömmliche Preise zuzugestehen. Die Organisation erdölexportierender Länder (OPEC) hat uns ein Beispiel dafür geliefert, was geschieht, wenn man die »Ungerechtigkeit« des Weltmarktes durch Preisabsprachen ersetzen will. Aus unserer heutigen Erfahrung können wir sagen, daß die vereinbarten Preise und Förderquoten nur zeitweise durchgesetzt werden konnten. Not und Ungerechtigkeit in der Welt wurden durch das Erdölkartell nicht vermindert, sondern sogar noch wesentlich verschlimmert.

Wenn in den 80er Jahren immer wieder die herrschende Währungsordnung zur Ursache des Elends in der Welt erklärt wurde, so setzte die Kritik an der falschen Stelle an. Nicht das Geld oder das Währungssystem war und ist schuld an der Misere, sondern die egoistische Tarifpolitik der Industrienationen, die um billiger Scheinerfolge willen eine zusätzliche Verelendung der ohnehin notleidenden Agrar- und Rohstoffländer in Kauf nahm. In dem Maß, in dem die Industrieländer ihren sozialen Frieden durch Lohnerhöhungen erkauften, die über den Spielraum der Produktivitätssteigerung hinausgingen, mußte es zwangsläufig zu Preiserhöhungen kommen, die auch die Importe der armen Länder verteuerten. Die Differenz zwischen Nominal- und Reallohnsteigerungen ging also zu Lasten der unterentwickelten Länder. Deren Überschuldung ist lediglich ein Symptom, aber nicht die Ursache des Ungleichgewichts in der Welt.

Wir werden uns mit der Überschuldungskrise der ärmsten Länder der Welt noch eingehend zu beschäftigen haben. Vorher jedoch wollen wir einen Blick zurück auf die Geschichte des Geldes werfen. Er soll uns helfen, dessen Wesen und das seiner unheilvollen Vermehrung noch besser zu verstehen.

*Das Geld, das man besitzt,*
*ist das Mittel zur Freiheit,*
*dasjenige, dem man nachjagt,*
*das Mittel zur Knechtschaft.*
(Jean-Jacques Rousseau)

# Zweites Kapitel
# Hartgeld

## *Die Wechsler im Tempel – Religiöse Ursprünge von Geld und Zins*

Einen sporadischen Austausch von Gütern oder Leistungen, sei es als Tauschhandel, sei es in der Form von Opfergaben oder Gastgeschenken, hat es möglicherweise schon in der ausgehenden Altsteinzeit – in einzelnen Fällen sogar schon im mittleren Paläolithikum – gegeben. Darauf deuten Funde von Bernstein, Seemuscheln und Feuersteingeräten in großer Entfernung von ihren natürlichen Lagerstätten. Besonders begehrt waren offenbar Ammonshörner und andere kleine Versteinerungen. Diese treten so häufig und an so weit von ihren natürlichen Vorkommen entfernten altsteinzeitlichen Lagerplätzen auf, daß man ihnen gelegentlich den Charakter von Geld zugeschrieben hat. Richtiger wäre es allerdings, sie lediglich als besonders beliebte Güter zu bezeichnen, wenn auch – wie wir noch sehen werden – besonders begehrte, handliche Waren durchaus in Einzelfällen Geldfunktionen wahrnehmen können.

Die Beliebtheit der Versteinerungen beruhte wohl auf ihrer magischen Qualität und geheimnisvollen Herkunft, die sie als Talisman oder Kraftspender auswiesen. Noch heute gelten versteinerte »Drachenzähne« in China als potenzstärkende oder in anderer Weise heilbringende Mittel. Deshalb stammt so mancher bedeutsame paläontologische Fund aus chinesischen Dorfapotheken. Da ist es schon vorstellbar, daß unsere frühen Vorfahren keine Mühe scheuten, um durch Tausch, Expeditionen oder Totschlag in den Besitz solcher Zaubermittel zu gelangen.

Um Geld zu sein, fehlte es den Versteinerungen an einer wichtigen Eigenschaft: der vom jeweiligen Ort unabhängigen Wertstabilität. Wir könnten heute wohl auch kaum etwas mit einer Münze anfangen, die in Frankfurt DM 1,–, in München DM 3,81 und in Flensburg DM 5,27 bedeuten würde. Ganz ähnlich aber muß es sich mit den Ammonshörnern verhalten haben. Je größer die Entfernung von der ursprünglichen Fundstelle war, desto seltener waren sie und um so höher muß deshalb auch ihr Tauschwert gewesen sein. Demgegenüber könnte es zwischen Feuersteinmessern, Tierfellen, geflochtenen Körben und anderen Gegenständen des täglichen Bedarfs vergleichsweise konstante Wertverhältnisse gegeben haben.

Im Mesolithikum machten die umherschweifenden Jäger und Sammler eine wichtige Erfahrung: Wenn sie auf einen Teil ihrer Ernte verzichteten und diese der Erde opferten, dann wur-

*»Den nächsten Urlaub machen wir in Kampen auf Sylt, da haben unsere Ammonshörner einen günstigeren Kurs.«*

den sie zu einem späteren Zeitpunkt mit um so reichhaltigeren Erträgen belohnt. Allerdings genügte das Opfer allein noch nicht, es mußte auch zur richtigen Zeit erfolgen. Es zeigte sich, daß nur wenige Menschen in der Lage waren, diesen Zeitpunkt zu bestimmen. Ihnen überließ man in der Folge die Organisation des Opferwesens. Ein besonderer Priesterstand war geboren.

Die Priester verwalteten die der Erde geweihten Teile der Ernte und bewahrten sie bis zum Zeitpunkt des Saatopfers auf. So mancher frühe Tempel war deshalb in erster Linie Getreidespeicher. Auch der Anbau wurde von den Priestern organisiert. Noch in den Stadtstaaten des Landes Sumer in Mesopotamien waren die Getreidefelder Tempeleigentum.

Die Einführung einer planmäßigen Landwirtschaft zu Beginn des Neolithikums dürfte die bedeutendste Revolution sein, die die menschliche Gesellschaft jemals betroffen hat. Abgesehen von dem grundsätzlichen Wandel der Einstellung des Menschen seiner Umwelt gegenüber, bedeuteten Garten- und Ackerbau sowie die Versorgung von Haustieren Arbeit, etwas, was es bis dahin noch nicht gegeben hatte. Die nun mögliche Bevölkerungsexplosion führte ferner zu ausgedehnten festen Wohnsiedlungen, zu Arbeitsteilung und zu politischer Organisation. Die bisherige Freizügigkeit ging für immer verloren. Die Bibel schildert uns in der Genesis diese Umstellung nicht zu Unrecht als Vertreibung aus dem Paradies.

Sumerische Priester erkannten die Notwendigkeit, unterschiedliche Tempelabgaben der arbeitsteiligen Gesellschaft auf einen einheitlichen Wertmaßstab zu beziehen. Als begnadete Astronomen und Mathematiker waren sie im Gegensatz zu dem von ihnen beherrschten Volk in der Lage, in abstrakten Begriffen zu denken. Allerdings bezog sich normalerweise ein großer Teil ihrer geistigen Tätigkeit auf die Beobachtung und Deutung von Himmelsereignissen. Deshalb lag es für sie nahe, eine ewig gültige, göttliche Basis für alle wirtschaftlichen Transaktionen vom Himmel herabzuholen. Der Mondgottheit war das Silber geweiht, dem Sonnengott das Gold. Beide Metalle boten sich daher als Basis für alle Wertvergleiche an. Die Gestirne selbst bestimmten das Austauschverhältnis, denn $12^{1}/_{3}$ Mondumläufe

fielen auf ein Sonnenjahr. Dementsprechend mußte das Gold $12^1/_3$mal so viel wert sein wie das Silber. Damit war eine bimetallische, abstrakte Himmelswährung vorgegeben, die später auch für den Tauschhandel verbindlich werden sollte.

Der Ausdruck »abstrakte Himmelswährung« besagt, daß es sich nicht etwa um umlaufendes Geld gehandelt hat, sondern nur um einen Wertmaßstab. Übertragungen von Edelmetallen kamen nicht vor. Entstanden Verrechnungsguthaben oder -fehlbeträge, so wurden diese in den Einheiten Gold oder Silber aufgeschrieben, d. h. in feuchten Ton gedrückt. Die Sumerer waren also nicht nur die Erfinder einer Edelmetallwährung, sondern auch der Buchhaltung und des Buchgeldes. Später benutzten sie außer Gerstenkörnern Kupfer und Silber als Zahlungsmittel.

Unsere Sprache hat eine Erinnerung an die Abstammung des Geldes von den Tempelabgaben bewahrt. Das Wort »Geld« stammt nämlich von gotisch gild = Abgabe oder Steuer ab. Ähnlich ist das lateinische Wort »pecunia« von pecus = Vieh abzuleiten. Es bezeichnet entweder Vieh-Geld oder Opfertiere, die dem Tempel zustanden, vielleicht auch auf Münzen abgebildet waren.

Bevor die Goten von gild reden konnten und bevor die ersten Münzen geprägt wurden, sollte noch weit mehr als ein Jahrtausend vergehen. In dieser Zwischenzeit beherrschte der Tauschhandel das wirtschaftliche Geschehen. Dabei konnten bestimmte Güter von einheitlicher Beschaffenheit – wir würden sie heute börsenfähig nennen – durchaus als Wertmaßstab und Verrechnungseinheit, gelegentlich auch als Zahlungsmittel und zur Wertaufbewahrung dienen.

Grundsätzlich sind bei Naturalwirtschaften sechs unterschiedliche Arten von geldähnlichen Handelsgütern nach ihrer Verwendungsfähigkeit zu unterscheiden:

a) Produktive Güter, die einen Nutzen abwerfen und deshalb zur längerfristigen Wertaufbewahrung besonders geeignet sind (Kapitalgüter). Hierzu sind u. a. Sklaven, Vieh und Saatgut zu zählen.

b) Werkzeuge und Geräte von einheitlicher Beschaffenheit, wie z. B. Pfeilspitzen, Angelhaken, Äxte, Sicheln und dergleichen.
c) Spekulative Güter, die einen Wertzuwachs erhoffen lassen. Hier reicht die Liste der Beispiele vom Jungvieh bis zum Whiskey.
d) Schmückende Güter, die es erlauben, den erworbenen Reichtum zur Schau zu stellen (bunte Federn, Kauri-Muscheln, Totenschädel, Wampums, Glasperlen, Hunde- und Eberzähne, Schalen von Straußeneiern etc.).
e) Rohstoffe, vor allem Metalle in einheitlichen, handlichen Barren oder als Armreifen und abgewogener Goldstaub. Auch die Tierfelle des nordamerikanischen Pelzhandels fallen unter diese Kategorie.
f) Konsumgüter (Getreidekörner, Tee, Datteln, Nüsse, Kaffeebohnen, Tabak etc.) und Kleidungsstücke.

Alle genannten Güter sind zu irgendeiner Zeit an irgendeinem Ort der Welt als Geld benutzt worden. Einige erfüllen noch heute diese Aufgabe. Nun gibt es beim Austausch von Waren eine Besonderheit. Wenn ein Nomade seine sieben Töchter gegen je 15 Ochsen hergab, dann waren die Töchter für ihn das Geld, mit dem er seine Herden vergrößerte, während die Schwiegersöhne die Ochsen als Geld benutzten, um sich Frauen zu kaufen. Die gleiche Situation bestand im kanadischen Pelzhandel beim Tausch von Whiskey, Äxten und Schießpulver gegen Pelze bestimmter Art und Qualität. Da bei Tauschgeschäften jeder Käufer zugleich Verkäufer und jeder Verkäufer auch Käufer ist, läßt sich nicht immer eindeutig sagen, was bei einem Geschäft nun als Ware und was als Geld anzusehen ist.

Wenn allerdings bestimmte Güter als Tauschmittel so beliebt sind, daß sie überall auf die gleiche Wertschätzung stoßen, können sie auch einen eindeutigen Geldcharakter annehmen. Das war z. B. bei dem vorgeschichtlichen Gerätegeld des vorderen Orients der Fall. Die wie die Getreidekörner zunächst nur als Opfergaben und später auch als Tauschmittel benutzten Werkzeuge verkümmerten allmählich zu Symbolen ohne Ge-

brauchswert. So fanden sich in den tieferen Schichten Jerichos ca. 8000 Jahre alte kleine Steinsicheln, die als Geld gedeutet werden, weil sie zu etwas anderem kaum zu gebrauchen waren. Ähnliche »mikrolithische« Geräte, für die man sich nur eine kultische Verwendung oder eine Tauschmittelfunktion vorstellen kann, hat man an vielen vorgeschichtlichen Grabungsstellen gefunden.

Auf die Dauer haben sich in der alten Welt besonders Vieh und Metalle als Zahlungsmittel durchsetzen können. Dafür bieten die großen Werke der früheren Weltliteratur manchen Beleg. Im 22. Gesang der Odyssee z. B. bittet Eurymachos im Namen der Freier den Odysseus um Vergebung und bietet ihm sowohl Vieh als auch Metall als Entschädigung an:

*»Du aber verschone Deines Volks!*
*Wir wollen fortan Dir willig gehorchen.*
*Aber was hier im Palast*
*an Speis' und Tranke verzehrt ward,*
*dafür bringen wir gleich*
*ein jeglicher zwanzig Rinder,*
*bringen Dir Erz und Gold zur Versöhnung*
*bis wir Dein Herz nun haben erfreut.«*

Im Alten Testament lesen wir, daß Abraham, dessen historisches Vorbild um die Mitte des 2. Jahrtausends v. Chr. oder bald danach gelebt haben muß, für die Grabstätte seiner Frau mit abgewogenem Silber zahlte:

*»Abraham gehorchte Ephron und wog ihm das Geld dar, das er gesagt hatte, ... vierhundert Lot Silber, das im Kauf gang und gäbe war.«*[1]

[1] 1. Mose, 23, 16; vgl. auch Jeremia 32, 9.

Einen Hinweis auf die Technik der Goldgewinnung gibt uns die Argonautensage mit der Geschichte vom Goldenen Vließ. Im Kaukasus nämlich gewann man den von Flüssen und Bächen transportierten Goldstaub, indem man Schafsfelle in die Strömung hängte. Die feinen Wollhaare wirkten dabei wie ein Filter und hielten das Gold fest. Jason brachte demnach dem Pelias nicht **das,** sondern **ein** goldenes Vließ nach Hause.

Die Edelmetalle, zu denen seit Beginn der Bronzezeit noch Kupfer und Bronzein handlichen Stücken hinzukamen, bewährten sich vor allem im Fernhandel als Zahlungsmittel. Auf den lokalen Märkten der seßhaften und der umherziehenden Rinderzüchter dürfte dagegen das Vieh die bevorzugte Währung gewesen sein.

Schon früh tauchte bei der Vieh-Leihe das Problem der Nutzungsentschädigung auf. Wer sein Vieh einem anderen Hirten anvertraute, weil er selbst an einem Kriegszug oder einer Handelsexpedition teilnahm, der brauchte es zwar nicht selbst zu hüten, aber er hatte von ihm auch keinen Nutzen. Wem aber sollte das neu entstehende Jungvieh gehören? Hirtenkulturen verfielen in solchen Fällen gelegentlich auf eine Nutzungsentschädigung von einem Drittel, d. h. auf einen Zinssatz von $33^1/_3$% p. a.

Solche Nutzungsentschädigungen gab es schon in sehr früher Zeit. Die vergleichende Sprachwissenschaft bezeugt sie als urindogermanisch, ursemitisch, urfinnougrisch und altchinesisch. Das legt die Ausbildung der Zinsleihe für produktive Güter in einer Zeit vor der Entstehung dieser Sprachfamilien nahe.

Bemerkenswert ist die Beschränkung auf werteschaffende Produktivgüter und Werkzeuge. Ein angenommener oder möglicher Ertrag aus dem ausgeliehenen Gut war offenbar die Voraussetzung für eine Zinsforderung. Für das oben erwähnte symbolhafte Gerätegeld ohne praktischen Gebrauchswert fand nach unserer heutigen Erkenntnis die Zinsleihe nicht statt. Dagegen ist sie für einige Lebensmittel, wie Datteln oder Nüsse, bezeugt, was mit deren potentieller Verwendung als Saatgut zusammenhängen mag.

Für Menschen des ausgehenden 20. Jahrhunderts ist es außerordentlich schwer, wenn nicht unmöglich, sich in die Mentalität unserer in mythischen Bildern denkenden Altvorderen hineinzuversetzen und ihre Gedankengänge zu rekonstruieren. Dennoch sei hier mit allem Vorbehalt ein Versuch gewagt. Vielleicht dachte man: »Alles, was sich vermehrt und Werte schafft, lebt und ist göttlichen Ursprungs. Das trifft für Menschen, Vieh und Pflanzen in gleicher Weise zu wie für Werkzeuge und Geräte. Umgekehrt ist alles, was von den Göttern stammt, vermehrungsfähig und deshalb zinsberechtigt. Weil auch das vom Tempel in Umlauf gebrachte Geld von den Göttern stammt, muß es gleichfalls verzinst werden.« Jedenfalls galt für die bronzezeitlichen Stadtkulturen Ägyptens, Kretas, Nordindiens und Chinas plötzlich der Grundsatz, daß tote Geldmaterialien, weil göttlich beseelt, als lebendig galten und deshalb Zinsen abwerfen konnten.

Die Beziehung zwischen Produktivität und Zins sollte viel später noch einmal eine große Rolle spielen. Lange nach der Einführung des »richtigen« Geldes erklärte nämlich Aristoteles, es sei unmoralisch, für einen Kredit Zinsen zu verlangen, denn »Geld kriegt keine Jungen«. Diesen Grundsatz haben sowohl der Islam als auch die christliche Kirche von Aristoteles übernommen und dadurch erhebliche Verwirrung angerichtet.

So, wie Aristoteles in der Regel zitiert wird, erscheint seine Aussage widersinnig. Demnach wäre er noch ganz der Gedankenwelt indogermanischer Rinderzüchter verhaftet gewesen und hätte die alexandrinischen Münzen seiner Zeit als metallischen Rohstoff angesehen. Tatsächlich waren sie aber Anrechte auf beliebige Wirtschaftsgüter. Man konnte sich sehr wohl für Geld Sklaven oder Vieh kaufen und dann »Junge kriegen«. Handwerk, Handel und Gewerbe brauchen Kredit, um Werte schaffen und Gewinne erzielen zu können. Aus dem Ertrag können sie Zinsen zahlen. Das war zu Aristoteles' Zeiten nicht anders als heute.

Anders verhält es sich mit dem Konsumentenkredit. Rein theoretisch könnte man es in der Tat für unsinnig halten, verzinsliche Darlehen aufzunehmenb, um den Gegenwert für Anschaffungen auszugeen, die man sich eigentlich nicht leisten kann. Wer in Not ist, braucht Almosen oder andere Subsidien, allenfalls zinslose Überbrückungshilfen, aber keine verzinslichen Kredite, durch die sich die Notlage eher noch vergrößert. Das gilt, nebenbei bemerkt, auch für eine Reihe von unterentwickelten Ländern der Dritten Welt. Diesen verzinsliche Darlehen zu gewähren, von denen von vorneherein feststeht, daß sie doch nicht bedient werden können, war und ist entweder Selbstbetrug oder Augenwischerei zu Lasten Dritter.

Nun neigt der Mensch dazu, sich die Gegenwart zu Lasten der Zukunft angenehmer zu gestalten. Diese Einstellung bringt ihn dazu, Urwälder abzubrennen, um nicht roden zu müssen, Flüsse und Meere zu verseuchen, die Ozonschicht der Stratosphäre zu zerstören sowie Kredit aufzunehmen, um heute zu genießen, was er morgen auch nicht bezahlen kann.

Folgerichtig hätte Aristoteles die Aufnahme von Darlehen für Konsumzwecke verurteilen müssen, nicht jedoch den Zins. Die Weltgeschichte wäre allerdings auch dann nicht anders verlaufen. Wo ein Bedarf ist, finden sich immer Mittel und Wege, ihn trotz aller Verbote und Hindernisse zu befriedigen. Im Falle des aristotelischen Zinsverbots für Christen und Muslims geschah das in der Weise, daß man den Juden die Pfandleihe und andere Formen der Kreditgewährung gegen Zins überließ.

Doch kehren wir zurück zur Entwicklung des modernen Geldes. Eine Vorstufe finden wir bei den Babyloniern. Sie benutzten für ihre geschäftlichen Transaktionen einheitliche, am Wert des Silbers ausgerichtete Kupfer- und Bronzestücke in handlicher Entenform, zum Teil sogar bereits mit Prägestempel. Wenn es sich allerdings um größere Summen handelte, zog man es immer noch vor, Silber abzuwiegen.

## *Von den ersten Münzen bis zum Niedergang Roms*

Nach Herodot waren die Lyder »die ersten Menschen, von denen wir wissen, daß sie Gold- und Silbermünzen geprägt und verwendet haben[2].« Auch wir gehen noch heute meist von der Entstehung des modernen Münzwesens im westlichen Klein-

[2] Herodot, Historien, I, 94.

asien im 7. oder 8. Jahrhundert v. Chr. aus. Allerdings scheinen manche chinesischen Bronzemünzen mit Bezeichnungen wie »Hundskopf«, »Ameisennase«, »Spaten« und »Dolch« noch bis in das vorangegangene Jahrtausend zurückzureichen. Die ersten westlichen Münzen waren aus Elektron, einer Gold-Silber-Legierung mit etwa 25 – 30% Silbergehalt, die lange Zeit als ein besonderes Metall angesehen und mit ca. 3/4 des reinen Goldwertes bewertet wurde. Ursprünglich waren es nur bohnenförmige Metallstücke ohne Markierung. Die nächste Entwicklungsstufe wies einen bildlosen Stempel auf; erst später wurden Münzen geschlagen, die auf einer Seite ein Bild zeigten und auf der anderen das sog. »Quadratum incusum«, eine bildlose Eintiefung unterschiedlicher Gestalt. Wahrscheinlich waren es zunächst Kaufleute, welche Münzen zur Abwicklung ihres Zahlungsverkehrs benutzten. Bald aber zeigte sich die Zweckmäßigkeit der Verwendung solcher vorgefertigter, genormter Metallstücke für die Entlohnung von Söldnertruppen. Das führte nicht nur zu einer raschen Verbreitung dieser Zahlungsmethode, sondern es brachte auch das Münzwesen in die Hand des Staates. Wir erkennen das an dem Auftreten staatlicher Symbole wie etwa des lydischen Löwen oder der Biene von Ephesus auf den Münzen.

Von Kleinasien übernahmen die Griechen das neuartige Geld. Bereits im 7. Jahrhundert v. Chr. wurden Münzen auf Aigina geprägt, bald darauf auch in Athen und Korinth. Die Griechen bevorzugten Silber als Münzmetall. Daneben hatten sie bronzene Scheidemünzen (Chalkoi) und in seltenen Fällen auch Eisengeld. Die Münzbilder zeigten meist das Stadtwappen bzw. ein Symbol des jeweiligen Stadtgottes. Gängige Münzen wurden allgemein nach diesen Bildern benannt, so die Athener Eulen und die Schildkröten von Aigina. Die Idee, Herrscherköpfe auf Münzen abzubilden, stammt aus Persien. Möglicherweise hängt sie mit der göttlichen Verehrung zusammen, die die persischen Herrscher für sich in Anspruch nahmen.

Den ersten historisch belegten Münzbetrug könnte es im Jahre 524 v. Chr. gegeben haben. Polykrates, Herrscher von Samos, der uns aus Schillers Ballade »Der Ring des Polykrates« vertraut ist, lag mit Sparta im Krieg und wurde von einem lakedämonischen Heer belagert. Nach 40 Tagen segelten die Spartaner unverrichteter Dinge wieder ab, angeblich, weil sie von Polykrates mit gefälschtem samischem Geld aus vergoldetem Blei bestochen worden waren. Ob es sich tatsächlich so verhalten hat, wissen wir nicht, denn noch ist keine dieser Münzen gefunden worden, und unser Gewährsmann Herodot nennt seine diesbezügliche Quelle unzuverlässig[3].

Dagegen berichtet uns Herodot ohne jeglichen Vorbehalt von einem außerordentlichen Vorgang, der sich bald darauf zugetragen hat und in der Weltgeschichte nur wenige Parallelen findet:

*»Aryandes war von Kambyses zum Statthalter von Ägypten eingesetzt worden und war derselbe, der später gestürzt wurde, weil er es Dareios gleichtun wollte. Als er nämlich hörte und sah, daß Dareios sich ein Denkmal errichten wollte, wie es noch kein König je hinterlassen hat, wollte er dasselbe tun, bis er dann seinen Lohn erhielt. Dareios wählte zur Prägung so lauteres Gold wie nur möglich. Dasselbe tat Aryandes als Satrap von Ägypten mit Silbermünzen. Noch jetzt ist aryandisches Silber das allerreinste. Das erfuhr Dareios, beschuldigte ihn, daß er eine Empörung plane und ließ ihn töten.«*[4]

Wir können daraus lernen, daß nur wirklich große Herrscher es sich leisten können, für wirklich gutes Geld zu sorgen. Darius zur Ehre wollen wir die von ihm geprägten Goldmünzen hier nennen: Es waren die 8,4 Gramm schweren persischen Dareiken, die den Großkönig als Bogenschützen darstellten und deshalb in Griechenland toxotai (= Bogenschützen) genannt wurden. Ihr Wert machte 20 Sigloi (Schekel) aus.

Die frühen Währungssysteme basierten auf der Zahl 60, d. h. einem Sechstel der schon von den Sumerern gefundenen Kalenderzahl 360, die sich so leicht durch andere Zahlen teilen ließ. Ausgangspunkt war das Talent. Der 60. Teil davon war die Mine. Hatten die Babylonier die Mine noch in 60 Schekel unterteilt, die je einem Gewicht von 3×60 Getreidekörnern entsprachen, so machte sie bei den Griechen 100 Drachmen zu je 6

---

[3] Herodot, Historien, III, 56.
[4] Herodot, Historien, IV, 166.

Oboloi aus. Bei ihnen vermischte sich also schon das 60er mit dem 10er Rechensystem. Wieder anders rechneten die Juden. Bei ihnen war der Schekel der 50. Teil einer Mine und entsprach 210 Getreidekörnern.

Die Griechen – und unter ihnen besonders die Athener – wußten gutes Geld zu schätzen und vermieden es, sich auf den faulen Trick allmählicher Münzverschlechterung einzulassen. Möglicherweise hatten sie bereits den Zusammenhang von Freiheit und gesunder Währung erkannt. Jedenfalls war ihnen klar, daß sie mit Münzverschlechterungen nur kurzfristige Scheinerfolge hätten erzielen können. Von der Zeit Solons bis zu Alexander dem Großen, d. h. von etwa 600 v. Chr. bis etwa 330 v. Chr., blieb der Silbergehalt der athenischen Drachme konstant. Unter Alexander sank er dann um lediglich 3%, um erneut bis in die römische Zeit hinein stabil zu bleiben.

Ganz anders verhielt es sich in Rom. Die Geschichte des römischen Geldwesens ist die einer ständigen Münzverschlechterung, was zum Teil mit der Vorliebe der Römer für das Führen von Kriegen zusammenhängen mag. In republikanischer Zeit waren es die Kupfermünzen, deren Metallgehalt sich immer mehr verschlechterte. Die Kaiserzeit – vor allem seit Nero (54–68) – zeichnete sich dagegen durch eine laufende Verminderung des Edelmetallgehalts der Gold- und Silbermünzen aus. Zur Zeit des Kaisers Aurelian bestand die wichtigste Silbermünze, der Denar, zu 95% aus Kupfer. Später sank der Silbergehalt noch weiter, nämlich bis auf 2%. Währungsreformen gab es unter Augustus (38 v. Chr. – 14 n. Chr.), Aurelian (270–275) und Diokletian (284–305). Das Grundprinzip, das Volk wenigstens für eine Weile mit geringerwertigen Münzen zu betrügen, wurde jedoch nicht verlassen.

Basis der römischen Währung war ursprünglich der Denar mit einem Silbergehalt von 4 Gramm. $^1/_{10}$ Denar war ein As, und $2^1/_2$ As = $^1/_4$ Denar machten 1 Sesterz aus. Kaiser Augustus führte eine neue Ordnung ein, die für das ganze römische Weltreich Gültigkeit bekommen sollte. Unter ihr war die wertvollste Münze der goldene Aureus von 8,18 Gramm. Ihm entsprachen 20 Denare. Ein Denar war drei Sesterzen wert und ein Sesterz vier As. Schließlich wurde das As noch in vier Quadrans geteilt. Neben den Aureus trat später noch eine kleinere Goldmünze, der konstantinische Solidus von 4,54 Gramm.

Als zur Zeit Konstantins (306 – 337), bald nach der diokletianischen Währungsreform, der Wert der Silbermünzen schon wieder verfiel, führte das zu einem unerwarteten Erfolg: Das Gold verschwand aus dem Verkehr und wurde gehortet. Es zeigte sich hier, daß schlechtes Geld das gute verdrängt, eine Erscheinung, die man viel später mit dem Ausdruck »Gresham'sches Gesetz« bezeichnen sollte (vgl. Seite 62). Wenn Geld unterschiedlicher Qualität im Umlauf ist, gibt jedermann zunächst das schlechtere aus, während er das gute behält. Nicht nur Politiker und Wirtschaftswissenschaftler, sondern auch Historiker tun gut daran, das Gresham'sche Gesetz nicht außer acht zu lassen. Münzfunde, aus denen wir die wirtschaftlichen Beziehungen und Zustände früherer Zeiten abzulesen versuchen, bestehen nämlich häufig aus gehortetem gutem Geld und geben deshalb kein zuverlässiges Bild von den tatsächlichen monetären Verhältnissen ihrer Zeit.

Wenn gutes Geld im Inland gehortet wurde, weil schlechteres in den Umlauf kam, hatte das in der Regel keine negativen Auswirkungen auf den Handel, denn minderwertigeres Geld stand ja reichlich zur Verfügung. Anders verhielt es sich jedoch, wenn Ausländer das qualitativ überlegene Geld ihrer Nachbarn horteten. In diesem Fall fehlte der Nation, deren Münzen dem Umlauf entzogen wurden, das Geld für die Abwicklung ihres inländischen Wirtschaftsverkehrs. Das konnte, wenn es nicht möglich war, die eigene Prägung anzukurbeln, Absatzstockungen oder gar Wirtschaftskrisen zur Folge haben. Der gleiche Effekt trat ein, wenn Inländer aus anderen Gründen als dem der Geldwertverschlechterung – z. B. aus Sorge vor zukünftigen schlechten Zeiten – das eingenommene Geld nicht oder nur zögernd wieder ausgaben.

In der sog. älteren Quantitätstheorie des Geldes hat man versucht, die Beziehungen zwischen Wirtschaftstätigkeit, Geldmenge und Umlaufgeschwindigkeit des Geldes als mathematische Gleichung auszudrücken:

# $M \times V = W \times P$

**M** = Geldmenge, **V** = Umlaufgeschwindigkeit des Geldes, **W** = Warenangebot, **P** = Preisniveau.

Die Formel besagt, daß jeder Veränderung der Geldmenge oder der Umlaufgeschwindigkeit des Geldes eine entsprechende Veränderung von Warenangebot und/oder Preisniveau folgen muß. Nimmt man das Warengebot als zunächst relativ konstant an, so heißt das, daß Geldvermehrung oder vermehrte Umsätze Preiserhöhungen zur Folge haben werden. Das Horten von Geld ist entweder als eine Verringerung der Geldmenge oder als eine ermäßigte Umlaufgeschwindigkeit anzusehen. In beiden Fällen muß bei unverändertem Warenangebot ein Preisverfall eintreten. Ebenso wird ein gesteigertes Warenangebot unter gleichen monetären Bedingungen einen Preisdruck ausüben, Knappheit aber die Preise in die Höhe treiben.

In Rom war die überreichliche Versorgung mit minderwertigem Geld so lange noch einigermaßen erträglich, als das Imperium wuchs, neue Provinzen zur Unterhaltung des Staates beitrugen und immer wieder Kriegsgefangene das Sklavenheer vergrößerten. Das wurde anders, als die Grenzen erstarrten und fremde Söldnertruppen zu ihrer Verteidigung unterhalten werden mußten. Prunkbauten wirkten dann nicht mehr, wie bisher, als Arbeitsbeschaffungsmaßnahmen für das Volk, sondern sie belasteten die ohnehin überforderte Bevölkerung zusätzlich. Der Staatshaushalt war mit dem Militärbudget, der Unterhaltung eines ausgedehnten Straßennetzes und einer aufgeblähten Verwaltung, der kostenlosen Getreide- und Ölverteilung und den üblich gewordenen Volksbelustigungen (panem et circenses) nicht mehr unter Kontrolle zu halten. Ein vorzüglicher Kenner dieser Zeit, Hans-Georg Pflaum, schildert sie wie folgt:

*»Seit den kostspieligen Donaukriegen Mark Aurels war der Staatshaushalt in Schwierigkeiten: die Inflation mit Preissteige-*

*rung und Abnahme der Kaufkraft hatte begonnen. Beamte und Soldaten erzwangen Gehalts- und Solderhöhungen, die verarmten Massen drängten die Regierung, die Besitzenden zu berauben.*
*Dieser Kampf aller gegen alle führte schließlich zur Allmacht des Staates, der, um weiter zu bestehen, im 4. Jahrhundert die Rechte aller Klassen mehr und mehr beschränken mußte.«*[5]
Während das römische Weltreich zerfiel und in den Jahrhunderten nach der Völkerwanderung entsprach das Münzwesen den politischen Verhältnissen. Irreguläre und verwilderte Nachprägungen römischer Münzen waren in Westeuropa an der Tagesordnung. Der konstantinische Goldsolidus, einst Schlußpunkt der stetigen Verschlechterung des römischen Geldes, bildete nunmehr die einzige, allgemein anerkannte Basis absoluter Wertbestimmungen wie auch gelegentlicher Versuche, Ordnung in den westeuropäischen Münzwirrwarr zu bringen.

## *Das Münzwesen in Mittelalter und Neuzeit*

Während sich das byzantinische, ehemals oströmische Reich durch eine bemerkenswerte Geldwertstabilität auszeichnete, brachte im Westen erst die karolingische Münzreform, die von Pippin (751 – 768) eingeleitet und von Karl dem Großen (768 – 814) vollendet wurde, geregelte Verhältnisse. Sie führte zu einer einheitlichen Währung in dem neu geschaffenen politischen Großraum. Ähnlich wie schon Darius vor ihm konnte auch Karl der Große es sich leisten, den Edelmetallgehalt der wichtigsten von ihm geprägten Münze zu steigern. Gegen Ende des 8. Jhs. erhöhte er das Gewicht seines Denars von 1,27 auf 1,53 Gramm. Eine Persönlichkeit seines Formats hatte es offensichtlich nicht nötig, aus Münzverschlechterungen Kapital zu schlagen. Der von ihm erbeutete Awarenschatz sowie ein vermehrtes Angebot an Silber, das wegen der stabilen politi-

[5] Hans-Georg Pflaum, Das römische Kaiserreich, in: Propyläen Weltgeschichte, Bd. IV, Frankfurt 1963, S. 409.

schen Verhältnisse gefahrloser und darum billiger zu transportieren war, dürfte ihm den Entschluß zu der Maßnahme erleichtert haben.

Ausgangspunkt des karolingischen Münzsystems war das alte römische Pfund, dessen Gewicht auf 367,13 g angehoben wurde. Aus ihm prägte man 240 silberne Denare, was eine Teilung durch 2, 3, 4, 5, 6, 8, 10, 12, 15, 16 und 20 erlaubte. Jeweils 12 Denare oder Pfennige bildeten einen Zählschilling, 20 Schillinge wieder ein Pfund.

Das traditionsbewußte Großbritannien hat die Einteilung des Pfundes in 20 Schillinge zu je 12 pence noch bis 1971 beibehalten, wobei die Zeichen d (= denarius) für pence und £ (= Librum) für Pfund noch 1200 Jahre nach Karls Amtsantritt an die römisch-karolingische Herkunft des Systems erinnerten.

Die Zentrifugalkräfte, die auf dem Kontinent die Macht der Zentralgewalt mehr und mehr schwächten, ließen auch die Einheitlichkeit des Münzwesens wieder verschwinden. Bald übertrafen sich Bischöfe und Äbte, Herzöge, Grafen und Städte gegenseitig in der Produktion eigener Münzen, wobei sich unter den Städten Köln, Haithabu und Regensburg besonders hervortaten. Als Zentren des Fernhandels zeigte sich bei ihnen ein besonders starker Bedarf an Münzen gleichbleibender Qualität, der sich durch eigene Prägung am besten decken ließ. Zur gleichen Zeit begann eine allmähliche Umstellung der Naturalabgaben in Geldzinse. Von der reinen Geldwirtschaft war man jedoch noch weit entfernt.

Die Auseinandersetzungen zwischen Kaiser und Papsttum im Hochmittelalter, die zu einer weiteren Schwächung des Reichs führten, ließen auch das Münzwesen verkommen. Die Pfennige wurden im allgemeinen leichter und primitiver, waren dann aber für den Fernhandel weniger geeignet. Da sie zu ihrem vollen Wert nur am Ort ihrer Prägung verwendet werden konnten, spricht man von der »Regionalität des Pfennigs« in dieser Zeit. Größere Zahlungen wurden deshalb vorzugsweise in abgewogenem, ungeprägtem Silber geleistet. Dafür galt als Einheit die germanische Gewichtsmark von ursprünglich 8 Unzen zu je zwei Lot. Das karolingische Pfund war inzwischen zu einem reinen Zählwort für 240 Stück verkümmert. In Frankreich wurde es zum livre tournois à 20 solidi.

Ebenso wie unsere Sprache sich im Laufe der Zeit in verschiedenen Gegenden unterschiedlich entwickelt hat, gingen nicht nur das Münzgeld, sondern auch die Gewichtseinheiten unterschiedliche Wege. Infolgedessen gab es im 13. Jahrhundert neben einer Wiener Mark von 276,98 g u. a. die Würzburger Mark von 238,62 g, die Nürnberger Mark von 237,52 g, die Kölner Mark von 233,856 g, die Lübische Mark von 229,5 g, die englische Tower-Mark von 233,275 g und die Pariser Mark von 244,753 g.

Reisende Kaufleute mußten sich nicht nur in dem Durcheinander der verschiedenen Münzen, wie z. B. Heller, Bernerli, Kreuzer, Engelsche, Witten und Pfennige unterschiedlichen Gewichts und unterschiedlichen Prägedatums der verschiede-

Una Fides, Pondus, Mensura, Moneta sit una,
Et status illæsius totius orbis erit.

Das ist:

Hätten wir all' einen Glauben /
GOTT und Grechtigkeit vor Augen /
Ein Eln / Gewicht / Maaß / Müntz / und Geld /
So stünd es wohl in dieser Welt.

Aus: Leonhard Willibald Hoffmann, fränkischer General Münzwardein: Alter und Neuer Münz-Schlüssel oder Beantwortung und Eröffnung CCXXII Curioser Fragen das Münzwesen betreffend, Nürnberg 1692.

nen Münzstätten, dazu noch in Florentinern, Zechinen und Turnosen auskennen, sondern obendrein auch noch die Gewichtseinheiten auseinanderhalten können. Einzelne Währungen und Gewichte, wie z. B. der Kölner Pfennig und die Kölner Mark wurden dabei wegen ihrer überörtlichen Bedeutung gerne als Vergleichsmaßstab benutzt.

Die Schilderung des mittelalterlichen Münzunwesens – so muß man es wohl nennen – wäre unvollständig ohne die Erwähnung der sog. Münzverrufung. Dabei handelte es sich um die Außerkraftsetzung bestimmter in- oder ausländischer Münzen und ihren Umtausch in solche geringeren Wertes oder geringerer Anzahl. Letztlich lief das auf eine Art von Geldbesteuerung hinaus. Währungsreform wäre nicht der richtige Ausdruck, denn der Zweck dieser Maßnahmen war, dem Landesherrn zusätzliche Einnahmen zu verschaffen, nicht aber eine Verbesserung der Währungsverhältnisse. Eine jährliche Münzerneuerung, bei der gegen 12 alte Pfennige neun neue ausgegeben wurden, was einer Geldvermögensteuer von 25% p. a. entsprach, galt noch als üblich. Manchen geistlichen Herren, wie z. B. dem Bischof von Basel, war aber auch das noch nicht genug. Dieser fromme Mann dekretierte um 1340 ein Umtauschverhältnis von 5:2. Daß der Übergang von der Tauschwirtschaft zur Geldwirtschaft durch derartige Machenschaften nicht gerade gefördert wurde, liegt auf der Hand.

Wir sind mit der Aufzählung des Ungemachs der Geldbenutzer noch nicht am Ende. Kipper und Wipper bemühten sich nach Kräften, vom Münzmetall einen Teil für sich oder ihre Auftraggeber beiseite zu schaffen. Die Kipper zwackten kleine Stücke vom Rand der Münzen ab, ähnlich wie heute gelegentlich Programmierer von Bankcomputern Pfennigbruchteile aus Abrundungen auf ihr eigenes Konto leiten. Nur übten die Kipper ihr Gewerbe vielfach mit staatlicher Duldung oder im staatlichen Interesse aus. Die Wipper »wippten« beim Münzprägen mit der Waage, um untergewichtige Münzen herzustellen. Beide Methoden nahmen zu Anfang des 30jährigen Krieges so sehr überhand, daß man die Jahre 1618 – 1623 auch als die Kipper- und Wipper-Zeit bezeichnet.

Eine zweite Kipperzeit wurde 1659 vom jungen Kaiser Leopold I. (1658 – 1705) eröffnet. Sie dauerte bis 1667 und hing mit der kostspieligen Abwehr der Übergriffe Ludwig XIV. im Westen und der Türken im Osten zusammen.

Für den Fernhandel waren Münzen mit beschränkter Geltungsdauer, mit Untergewicht oder mit abgeschnittenen Rändern natürlich ungeeignet. Großkaufleute blieben deshalb häu-

fig auf das uralte Zahlungsmittel abgewogener Edelmetalle angewiesen. Allerdings wäre es recht lästig gewesen, bei jedem Umsatz erst den Feingehalt des Metalls und dann das Gewicht bestimmen zu müssen. Da es zudem ebenso beschwerlich wie riskant war, größere Mengen an Edelmetallen auf Reisen mit sich zu führen, hatten sich schon seit dem Hochmittelalter gewisse Formen des unbaren Zahlungsverkehrs entwickelt.

Eine Methode war z. B. das schriftliche Versprechen, die Zahlung eines vereinbarten Betrages an einem zukünftigen, festgelegten Zeitpunkt und an einem bestimmten Ort – meist handelte es sich dabei um eine der zahlreichen Handelsmessen – zu leisten. Solche Zahlungsversprechen angesehener Kaufleute waren ebensoviel wert wie bares Geld und konnten daher in der Zwischenzeit bei ganz anderen Geschäften als Zahlungsmittel benutzt werden. Bei den Messen, die von Kaufleuten aus aller Welt besucht wurden, rechneten diese ihre Forderungen gegenseitig auf und glichen die Salden mit Goldmünzen, abgewogenem Silber oder neuen Zahlungsversprechen aus. Der Handelswechsel war geboren.

Ganz neu war der Gedanke des schriftlichen, abtretbaren Zahlungsversprechens allerdings nicht. Mehr als 2500 (!) Jahre zuvor hatten bereits die Babylonier ein echtes »Schreibgeld« entwickelt. Dabei handelte es sich um Darlehensurkunden, die die Rückzahlung an den jeweiligen Inhaber vorsahen und daher vor Fälligkeit als Zahlungsmittel benutzt werden konnten. Nur die Tatsache, daß die Keilschrift der Babylonier in feuchten Ton gepreßt wurde, hindert uns daran, diese wechselähnlichen Zahlungsversprechen Inhaberpapiere zu nennen.

Seit der Zeit der Kreuzzüge waren die Kaufleute Oberitaliens führend in der Entwicklung des Handels und des Zahlungsverkehrs. Deshalb wurden die Geldhändler und Geldverleiher pauschal »Lombarden« genannt, und zwar unabhängig davon, ob sie tatsächlich aus der Lombardei stammten oder nicht. In Italien selbst bezeichnete man sie gelegentlich als »bancherii« wegen des Tisches (banca), auf dem sie die verschiedenen Münzen ausbreiteten. Die Worte Bankier und Bank erinnern noch heute an die mit allen Wassern gewaschenen Spezialisten des mittelalterlichen Münz- und Edelmetallhandels.

Zur Aufbewahrung von Zahlungsmitteln und zur Abwicklung des Zahlungsverkehrs entstand schließlich eine Reihe von gemeinschaftlichen Bankgründungen. Zu den ältesten zählen die Casa di San Giorgio in Genua (1407), die Banco di Rialto in Venedig (1587), die Banco Ambrosiano in Mailand (1593) und nördlich der Alpen die Girobank in Amsterdam (1609) sowie die Hamburger Bank (1619). Ihre Funktion soll am Beispiel der Hamburger Bank geschildert werden:

Die Einleger hinterlegten Barrensilber oder Silbertaler und erhielten dafür Guthaben in »Mark banco«. Eine Bankomark entsprach einem Drittel der Feinsilbermenge eines Talers. Diese Guthaben ließen sich ganz oder teilweise auf andere Kunden der Bank übertragen, so, wie wir heute Überweisungen vornehmen. Den Hamburgern mag dieses Verfahren neu vorgekommen sein; tatsächlich aber war es nichts anderes als die Wiedereinführung der einige tausend Jahre zuvor von den Priestern Sumers entwickelten Methode. Ebenso wie im alten Mesopotamien spielte es keine Rolle, ob das Silber auf dem Mond oder in den Kellern der Bank aufbewahrt wurde, denn Zahlungsvorgänge wurden nur buchmäßig abgewickelt, ohne daß das Metall bewegt werden mußte.

Wenn nun allerdings die Kunden der oben genannten Banken glaubten, durch ihre Silberguthaben vor jeglicher Geldentwertung geschützt zu sein, so wurden sie bald eines Besseren belehrt. Sie machten nämlich die leidvolle Erfahrung, daß sie selbst für eine Mark reinen Silbers von Jahr zu Jahr weniger kaufen konnten. Ursache dieser unerwarteten Entwicklung war die Ausplünderung Mittel- und Südamerikas durch die Spanier. Dabei spielten die berühmten Goldschätze aus den Tempeln und Palästen der Azteken und Inkas gar nicht einmal die Hauptrolle. Viel wichtiger war die Ausbeute aus den reichen Silberminen Mexikos und Perus. In den 100 Jahren von 1530 bis 1630 brachte die spanische »Silberflotte« Jahr für Jahr gewaltige Mengen Edelmetalle, bis zu $^9/_{10}$ davon Silber, nach Europa. Die Folge davon war eine Silberinflation, wie sie die Welt bis dahin nicht gekannt hatte. Es zeigte sich, daß – ganz im Sinne der oben erwähnten Quantitätstheorie – selbst »gutes« Geld aus reinstem Edelmetall seinen Wert verliert, wenn es im

## Müntzspiegel/

## Das XXXIII. Cap.

## Tabula der Gülden vnd jhrer Wichte.

| | Auff die Marck Stück. | Wieget Eschen. | Geldet Thaler. | Vnd Groschen. | ß. Pfennig. |
|---|---|---|---|---|---|
| Grosse Portugalöser. | 7. | 650. | xv. | o. | o. |
| Doppelt Milreß. | 32. | 140. | iij. | o. | o. |
| Einfach Milreß. | 64. | 70. | iʒ. | o. | o. |
| Gülden Crosat Ducat. | 70. | 65. | iʒ. | o. | o. |
| Crosat mit dem kurtzen +. | 70. | 65. | j. | x. | o. |
| Crosat mit dem langen †. | 70. | 65. | j. | ix. | iiij. |
| Grosse Real von Osterreich. | $16^{1}$. | 264. | viʒ. | o. | |
| Spanische Real. | 46. | 95. | ij. | vij. | o. |
| Halbe Real. | $70\frac{1}{2}$. | 64. | j. | iij. | |
| Doppelte Rosenobel. | 16. | 280. | viʒ. | v. | |
| Einfache Rosenobel. | 32. | 140. | iij. | viij. | |
| Halbe Rosenobel. | 64. | 70. | iʒ. | iiij. | |
| Henrichs Nobel. | 36. | 126. | iiʒ. | ix. | iiij. |
| Halb Henrichs Nobel. | 72. | 63. | j. | xʒ. | ij. |
| Engelotten. | 48. | 95. | ij. | iiij. | o. |
| Halb Engelotten. | 96. | 48. | j. | ij. | o. |
| Vierfache Ducaten. | $17\frac{1}{2}$. | 260. | vj. | o. | o. |
| Doppelte Ducaten. | 35. | 130. | iij. | o. | o. |

Vngari-

## Das vierdte Buch.

| | | | | | |
|---|---|---|---|---|---|
| Vngarische Gülden/ Spanische alte Ducaten. | 70. | 66. | ij. | o. | o. |
| Welsche doppelte Ducaten. | 36. | 125. | iij. | ix. | iiij. |
| Welsche einfachte Ducaten. | 72. | 64. | 1. | x. | viij. |
| Frantzösische vnd Engelische Cronen. | $71\frac{1}{4}$. | 63. | 1. | ix. | o. |
| Spanische doppelt Cronen. | 36. | 124. | iij. | iiij. | |
| Pistoleten oder Spa. Cro. | 72. | 62. | 1. | 5. | |
| Keyser Carlls Gülde Cron. | $71\frac{3}{4}$. | 63. | 1. | ix. | o. |
| König Philips Gülden. | $70\frac{1}{8}$. | 64. | 1. | iij. | viij. |
| Reinische Goltgülden. | 75. | 60. | 1. | iij. | |
| Gülden Fluß. | 54. | 84. | ij. | x. | 8. |
| Gülden Law. | 59. | 77. | ij. | iiij. | |
| Die Cronen mit der Rosen. | 71. | 67. | 1. | x. | |
| Saluict. | 72. | $63\frac{1}{2}$. | 1. | x. | |
| Gülden Rider. | 70. | 65. | ij. | | |
| Johanns Schildt. | 63. | 72. | j. | x. | iiij. |
| Wilhelms Schildt ein Hollendische Cron. | 72. | $63\frac{1}{2}$. | 1. | iij. | iiij. |
| Castilier Gülden. | 54. | 84. | ij. | x. | iiij. |
| Das Schutchen. | 73. | 62. | 1. | viij. | |
| Andres Gülden. | 74. | 61. | 1. | iij. | iiij. |
| Peter von Löuen. | 76. | 59. | j. | vj. | |
| Philips Gülde. | 74. | 61. | j. | x. | iiij. |

Z iij Philips

## *Die Hamburger Bank*

»Von der BANCO in Hamburg ist zu wissen, daß selbige eine von den besten / reichste und ordentlichsten in gantz Europa sey / maßen nichts anders als alte wichtige 2 löthige Reichs-Thaler darin gefunden werden / und werden die so genandte Burgundische Creutz- oder Alberts Thaler nicht angenommen. Wer in solcher Banco Rechnung haben will / muß sich nach der desfals publicirten Banco-Ordnung richten / nemlich: daß er die Assignations-Zettul über seine in Banco habenden Gelder in gebührender Form mache / nicht mehr in Banco assignire, als er darin in Credit stehen hat / wann er nicht anders vor jedes Hundert / so er mehr assigniret / in 3 Marckl. Straffe verfallen will.
Vormittags vor 10 Uhr / und den gantzen Nachmittag werden keine Assignationes in Banco angenommen / man muß dann dem Schreiber 2 Schilling dafür bezahlen. Alle 4. Wochen wird einmahl von denen Herren und deputirten Bürgern zu der Banco-Cassa dieselbe überzehlet / verstehe diejenige / die in tägliche Einnahm und Ausgabe kommt / denn der rechte Schatz und Capital bleibet mehrentheils unangerühret liegen. Von solchen täglichen Umsatz-Geldern haben die Banco-Cassirer nicht mehr Macht als 5000 Rthlr. in ihre Cassa zu setzen / was über diese Summa einkommt / müssen sie an die Herrn und Bürger der Cassa liefern.
Wer in Banco etwas bezahlen will / muß vor 11 Uhren die Gelder einbringen.
Unter 100 Marck darff niemand in Banco schreiben lassen / dazu muß er noch / weil es eine Kleinigkeit ist / 2 Schill. Schreib-Gebühr von 100 bis 300 Marck geben.
Des Morgens von 7 bis 10 Uhr kan jeder / der Rechnung in Banco hat / fragen / was ihm des Tages zuvor zugeschrieben worden.

**Die Kosten / solche Rechnung in Banco zu haben / sind wenig; der aber solche Rechnung in Banco haben will / muß vorhero die Bürgerschafft mit 50 Species Rthlr. erkauffet und gelöset haben.**
**Allzeit den letzten December wird die Banco geschlossen und kommt erst den 15. Januar. wieder auf / gegen welche Zeit alle / die Rechnung in Banco haben / sich in Banco einfinden und zu sehen ob ihres Avanco wegen ihre Handels-Bücher mit den Banco-Büchern richtig eintreffe / wobey denen Banco-Schreibern jedesmahl eine Verehrung von 1 a 2 Rthlr. bezahlet wird.**
**Will man nun alle Neu-Jahr nach geschloßner Rechnung wissen / was in Banco einkommt / so nennet man nur das Folio, wo jeder seine Rechnung hat / so wird ohne einige Nahmens-Nennung die Summa gegeben.«**

Aus: Gottfried Christian Bohn, Der wolerfahrne Kauffmann / Oder umständliche Nachricht / Was die vornehmsten Handels-Plätze ..., Hamburg / bey Christian Liebezeit und T. C. Felginer 1719, S. 13 ff.

Übermaß zur Verfügung steht. In der griechischen Mythologie wird uns am Beispiel des Königs Midas, der verhungern mußte, weil alles, was er berührte, zu Gold wurde, die gleiche Erfahrung übermittelt. Erst mit der Erschöpfung der ergiebigsten Lagerstätten ab etwa 1630 ließen die Preissteigerungen nach.

Der Zufall wollte es, daß ausgerechnet in die Zeit größter Silberlieferungen aus Spanisch-Amerika auch noch umfangreiche Silbererlöse der Portugiesen aus dem Handel mit Japan fielen. Dadurch erhielt die europäische Edelmetallinflation einen nicht zu unterschätzenden zusätzlichen Schub. Die Preissteigerungen wirkten sich zuerst und am stärksten in Spanien aus, nicht lange danach – wenn auch weniger stark – in den spanischen Niederlanden, in Frankreich, England und in Deutschland.

Es ist ebenso interessant wie lehrreich, die verschiedenartigen Auswirkungen der Silberinflation bei unterschiedlichen Begleitumständen in den einzelnen Ländern zu vergleichen. In Spanien, wo nach der Vertreibung der Mauren Handwerker relativ knapp waren, hielten die Löhne mit den steigenden Preisen Schritt. Dieser Umstand und die steigende Nachfrage nach ausländischen Luxusgütern führte zu einem gewaltigen Importbedarf, der zwar dank des einströmenden neuen Silbers bezahlt werden konnte, auf die Dauer aber zu einem Niedergang der einheimischen Wirtschaft führte. So stark war der Verfall der spanischen Wirtschaft und ihrer Leistungsfähigkeit, daß ihre Bedeutung im europäischen Vergleich für Jahrhunderte beeinträchtigt wurde und Spanien erst heute allmählich den seit damals bestehenden Rückstand wieder aufholt.

In Frankreich, in England und in den Niederlanden stiegen dagegen die Löhne langsamer als die Preise. Handwerker, Kaufleute und Kleinfabrikanten konnten daher überdurchschnittlich hohe Gewinne machen. Deshalb neigt man heute zu der Ansicht, daß die Entstehung des sog. Kapitalismus in den genannten Ländern durch die spanische Silberinflation stark begünstigt worden ist. Die Lohnempfänger hatten allerdings – ebenso wie auf die Dauer auch in Spanien – das Nachsehen.[6]

---

[6] Vgl. hierzu John Kenneth Galbraith, Money, whence it came, where it went, London 1975, S. 110ff.

In Mitteleuropa herrschten wieder andere Verhältnisse. Die regionale Zersplitterung, verbunden mit der Bereicherung der Landesfürsten an ehemaligem Kirchengut im Zuge der Reformation, und schließlich die Glaubenskriege brachten so viele zusätzliche Einflüsse, daß die Wirkung einzelner Faktoren wie der Silbervermehrung nicht isoliert festgestellt werden kann. Auch in Deutschland stiegen die Preise; man kann aber nicht sagen, wieviel davon auf das Überangebot an spanischem Silber und wieviel auf andere Ursachen zurückzuführen ist. Was schließlich die Wirtschaftsbelebung und die Begünstigung der Unternehmer anging, so mag sie zwar im 16. Jahrhundert stattgefunden haben; die Verheerungen des 30jährigen Krieges vernichteten jedoch jeden Ansatz zu einer etwaigen wirtschaftlichen Fortentwicklung. Zu stark waren die Verluste an Menschenleben, Kapital und Bildungsniveau der Bevölkerung. Einzelne Kriegsgewinnler, etwa in der neutralen Stadt Hamburg, ändern nichts an dem Gesamtbild einer verarmten und in jeder Beziehung zurückgeworfenen Nation.

Der Krieg selbst führte nicht nur zu Produktions- und Ernteausfällen, Hungersnot und Teuerung, sondern er hatte auch starke Verschiebungen im gewohnten Preisgefüge zur Folge. So stiegen z. B. in den Kriegsgebieten wegen häufiger Plünderungen und Einquartierungen die Preise für Lebensmittel und anderen täglichen Bedarf besonders stark an, während längerlebige Güter wie Pferde oder Vieh nur geringen Wert hatten, solange das Risiko der Beschlagnahme bestand. Gelegentlich konnten sich diese Preisverschiebungen sogar gegenseitig kompensieren. Das durchschnittliche Preisniveau blieb dann für eine Weile gleich. Dennoch wäre »Geldwertstabilität« eine irreführende Bezeichnung der zu jener Zeit herrschenden monetären Verhältnisse. Tatsächlich bewirkte nämlich der Krieg nicht nur eine Verschlechterung des Geldes hinsichtlich seiner Beschaffenheit (Münzverschlechterung), sondern tendenziell auch seiner Kaufkraft. Diese Aussage gilt im Prinzip für alle Kriege.

Die Münzverschlechterung betraf zunächst hauptsächlich die kleineren Münzen, wie Kreuzer oder Groschen. Hier erreichte sie ein solches Ausmaß, daß z. B. das Verhältnis zwischen dem (vollwertigen) Reichstaler und dem Kreuzer von ursprünglich

*Wie Martin Luther die Folgen der Silberinflation erlebte*

**Ich hab vor funffzehn iaren wider den wucher geschrieben, da er bereit an so gewaltig eingerissen war, das ich keiner besserung zu hoffen wuste. Sint der zeit hat er sich also erhebt, das er nu auch kein laster, sunde oder schande sein wil, sondern lesst sich rhumen für eitel tugend und ehre, als thu er den leuten grosse liebe und Christlichen dienst. ... Deudschland ist gewest was es hat sollen werden, Der leidige geitz vnd wucher hats zu grund verderbet.**

**...**

**Es ist gleich wol in kurtzer zeit dahin bracht durch deinen wucher vnd geitz, das wer fur etlichen jaren sich mit hundert gulden hat konnen erneeren, der kan sich itzt nicht mit zwey hundert gulden neeren. Der Wucherer sitzt zu Leyptzig, Augspurg, Franckfort vnd der gleichen stedten, vnd handelt mit geldsummen. Aber wir fulen sie gleichwol hie auff vnserm marckt vnd ynn der kuchen, das wir weder pfennig noch heller behalten, Wir Pfarrher vnd prediger, vnd die so von zinsen leben kein gewerbe haben und vnd vnsern pfennig nicht steigern noch mehren konnen, fulen wol, wie nahe vns die wucherer sitzen, fressen mit vns aus vnser kuchen, trincken aus vnserm keller das meiste, schinden vnd schaben vns, das vns leib vnd leben wehethut Baurn, burger, Adel, konnen yhr korn vnd erbeit steigern yhren pfennig duppeln oder trippeln, vnd den wucher damit deste leichter tragen. Aber die von der schnur (wie man sagt) zeren mussen, die mussen herhalten vnd sich schinden und wurgen lassen.«**

Aus: Martin Luther, An die Pfarrherrn, wider den Wucher zu predigen, 1540, in: Luthers Werke, WA (Weimarana) 51, S. 331 u. 417f.

*Übertragung des Verfassers*

**»Ich habe vor fünfzehn Jahren gegen den Wucher geschrieben, als er bereits so stark eingerissen war, daß ich auf keine Besserung hoffen konnte. Seit der Zeit ist er so stark geworden, daß er jetzt nicht mehr als Laster, Sünde oder Schande angesehen werden möchte, sondern sich als wahre Tugend oder Ehre rühmen läßt, so als ob er den Leuten große Liebe und christlichen Dienst leiste. ... Deutschland ist nicht mehr, was es hat sollen werden. Der leidige Geiz und der Wucher haben es zugrunde gerichtet.**

**...**

**Innerhalb kurzer Zeit ist es durch Wucher und Geiz dahin gekommen, daß, wer sich vor etlichen Jahren noch von hundert Gulden ernähren konnte, sich jetzt nicht (einmal mehr) von zweihundert Gulden ernähren kann. Die Wucherer sitzen in Leipzig, Augsburg, Frankfurt und dergleichen Städten und handeln mit Geldsummen. Aber wir spüren ihr Wirken gleichwohl auf unserem Markt und in der Küche, so daß wir weder Pfennige noch Heller behalten. Wir Pfarrer und Prediger und die, welche von Zinsen leben, kein Gewerbe haben und ihr Einkommen nicht steigern oder vermehren können, spüren es sehr, wie nahe uns die Wucherer sitzen. Sie fressen mit uns aus unserer Küche, trinken das meiste aus unserem Keller, schinden uns und saugen uns aus, daß es uns an Leib und Leben weh tut. Bauern, Bürger und Adelige können mehr arbeiten und ihre Ernte steigern, ihr Einkommen verdoppeln oder verdreifachen und so den Wucher leichter ertragen. Aber wer darauf angewiesen ist, sein Erspartes aufzuzehren, der muß herhalten und sich schinden und würgen lassen.«**

1:68 auf 1:600 und das vom Taler zum Groschen von 1:24 auf 1:252 absank. Allerdings blieb auch der Taler selbst auf die Dauer nicht von der Aufweichung verschont. Insofern erwies sich die Einrichtung der Hamburger Bank mit ihren nach Silber bemessenen Guthaben für die Bürger dieser Stadt als eine gerade rechtzeitig getroffene Schutzmaßnahme.

Man möchte vermuten, daß – von den Auswirkungen des 30jährigen Krieges abgesehen – das Überangebot an Edelmetall aus der spanischen Silberinflation zu einer Verbesserung des Münzmetalls in ganz Europa geführt hätte. In Wirklichkeit jedoch trat genau das Gegenteil ein. Die Landesherren, die ja selber in der Regel nichts vom Geldwesen, dafür um so mehr vom Geldausgeben verstanden, hatten keine Hemmungen, mit den Währungen ihrer Länder nach ihrem Belieben zu verfahren. Schließlich waren sie ja daran gewöhnt, auch mit ihren Untertanen nach Gutdünken umzuspringen. Unter Heinrich VIII. von England (1509 – 1547) verkam das Geldwesen ebenso wie später unter Ludwig XIV. von Frankreich (1643 – 1715). Ein Unterschied der währungs- und finanzpolitischen Verhältnisse beider Länder bestand allenfalls darin, daß Heinrich VIII. Tochter Elisabeth I. (1558 – 1603) sich um die Wiederherstellung eines geordneten Geldwesens bemühte, während es in Frankreich zur Tradition wurde, das Volk durch finanzielle Mißwirtschaft auszunehmen. Wer will, kann daraus eine grundsätzliche Verschiedenheit angelsächsischer und gallischer Staatsphilosophie ablesen, die sich – etwas überspitzt und vereinfachend – etwa so ausdrücken läßt: In den angelsächsischen Ländern hatte die Politik bis ins 20. Jahrhundert hinein vorrangig den Handels- und Wirtschaftsinteressen ihrer Unternehmer zu dienen, in Frankreich dagegen mußten die Staatsbürger hinter Gloire und Grandeur des Staates resp. seiner Repräsentanten zurückstehen.

Kommen wir auf die Silbermengen zurück, die von Lateinamerika ausgehend teils über Spanien, teils auch auf dem Umweg über englische Freibeuter die europäischen Märkte überschwemmten, so veränderten diese nachhaltig und fortgesetzt das Wertverhältnis, in dem die beiden Edelmetalle Silber und Gold zueinander standen. Dabei ist zu bedenken, daß ja nicht nur das Angebot an neuem Silber dasjenige an Gold bei weitem übertraf, sondern auch die Goldbestände immer mehr hinter den wachsenden Silbervorräten zurückblieben. Ein Teil dieses

Silberüberschusses fand neuartige Verwendungsformen, so z. B. für die gegen Ende des 16. Jahrhunderts in Gebrauch kommenden silbernen Eßbestecke, für prunkvolle Renaissan-

## *Huldrych Zwingli über Münzverschlechterung*

**»Ir werffend alle gute müntz in tigel und machend gar nach viermal als vil darus. Damit zwingend ir die übrigen fürsten und stett, daß sy von ir altem redlichem müntzen ston mussend; denn ir müntz näbend üwerer ze ston nit erlyden mag. Unnd so ir die gantzen welt mit keßlerneglen werdend erfüllt haben und von der guten müntz bracht, wär mag sich denn anders fürohyn zu üch versehen, denn das ir üwer kupfer widrumb veachten und verrufen werdind in gutem schyn? Die müntz ist treffenlich abgangen. Es ist unserer vorelteren korn nitt also gewesen. Wir wellend's widrumb nach derselbigen bruch richten und verbessren. Ietz muß von nöten volgen, das ir üwer eigen kupfer widrumb verruffen werdend; dann ir nit lyden mögen, daß das recht korn näbend dem gevälschten gon mög. Denn so verruffend ir der gantzen gmeind ein sölichen schatz ab an üwerem eignen gelt, daß es unsaglich ist; und wellend denocht deßselben dannethyn gerumbt sin, sam ir die müntz widerumb ze recht bringind. Ja, wenn ir ouch vorhyn yedem üwere pfennig widrumb abnämind, oder, wo das nit, den valschen müntzer in öl versuttind, das er's ye hat gdören underston ze velschen. Hörend uf, spricht Amos 8, ir, die den armen verschlyssend oder zerknistend, und mit üwerem gewalt vertruckend. ...«**

Aus: Huldrych Zwingli, Wer Ursache gebe zu Aufruhr u.s.w., 1524, in: Zwingli, Sämtliche Werke, Bd. 3, 1914, S. 435.

*Übertragung des Verfassers*

**»Ihr werfet alle guten Münzen in Schmelztiegel und macht beinahe viermal so viel daraus. Damit zwingt ihr die übrigen Fürsten und Städte, daß sie von ihren alten redlichen Münzen Abstand nehmen müssen, weil ihr Geld daneben nicht bestehen kann. Und wenn ihr die ganze Welt mit Keßlernägeln** (Spottbezeichnung für stark kupferhaltiges Geld) **erfüllt und vom guten Geld abgebracht haben werdet, wer wird dann noch etwas anderes von euch erwarten, als daß ihr euer Kupfer wiederum unter gutem Vorwand verachten und verrufen werdet? Das Geld ist bedeutend schlechter geworden. Der Münzgehalt unserer Voreltern war nicht so. Wir möchten es wieder nach deren Brauch richten und verbessern. Notwendigerweise muß jetzt folgen, daß ihr euer eigenes Kupfer auch noch außer Kraft setzen werdet, weil ihr nicht zulassen könnt, daß das rechte Korn neben dem gefälschten umläuft. Und so entwertet ihr der ganzen Gemeinde eine solche Summe von eurem eigenen Geld, daß es unbeschreiblich ist; und dennoch wollt ihr, daß man euch dafür rühme, so als ob ihr es wäret, die das Geld wieder in Ordnung brächten. Ja, wenn ihr wenigstens vorher einem jeden eure Pfennige wieder abnähmet oder – falls nicht – den falschen Münzmeister in Öl sieden würdet, daß er es je hat wagen dürfen,** (das Geld) **zu verfälschen. Höret auf, sagt Amos im 8. Kapitel, ihr, die ihr die Armen zugrunde richtet, quält und unterdrückt. ...«**

ce-Tafelaufsätze und reichgeschmückte Silberpokale. Die zusätzliche Nachfrage genügte aber nicht, um das Wertverhältnis vom Silber zum Gold konstant zu halten. Dieses Auseinanderklaffen der Edelmetallpreise sollte sich auch auf die europäischen Währungen auswirken.

Seit den Zeiten der Sumerer war das Geldwesen bimetallisch. Zweitausend Jahre lang waren nebeneinander goldene und silberne Münzen geprägt worden. Goldmünzen eigneten sich wegen ihres geringen Umfangs und Gewichts ebenso zum Horten wie auch zum Mitnehmen auf Reisen. Silbermünzen dagegen boten sich zur Abwicklung des täglichen Zahlungsverkehrs an. Wenn auch inzwischen Mondumlauf und Sonnenjahr nicht mehr das Austauschverhältnis bestimmten, so gab es doch festgelegte Wertrelationen, die sich aus dem »Münzfuß«, in welchem Nennwert, Feingehalt und Einteilung der Münzen bestimmt waren, sowie aus dem offiziellen Umtauschverhältnis von Silber- und Goldmünzen ergaben.

Immer, wenn der Metallwert einer Münze über ihrer inländischen Kaufkraft lag, lohnte es sich, dafür ausländisches Geld mit größerer Kaufkraft zu erwerben oder die unterbewerteten Münzen einzuschmelzen und das Metall zu verkaufen. Lag er jedoch darunter, so bot es sich an, solche Geldstücke eher auszugeben als andere mit vergleichsweise wertvollerem Metallgehalt. Wer Geld horten wollte, legte dazu die wertvollsten Münzen, die ihm in die Hände kamen, beiseite. Aus diesen Gründen sank der Anteil umlaufender »guter« Münzarten, bis schließlich nur noch minderwertiges Geld zirkulierte.

Die Entdeckung der Regel, daß schlechtes Geld das gute verdrängt, hat man im 19. Jahrhundert fälschlich dem Finanzagenten der englischen Krone in den Niederlanden, Sir Thomas Gresham (1518/19 – 1579), zugeschrieben, und man nennt sie seitdem das Gresham'sche Gesetz[7]. Für die Praxis bedeutet sie,

[7] Tatsächlich kannte Sir Thomas die Erscheinung; aber er war nicht der erste, der sie beschrieb. Vor ihm hatten schon Nikolaus Kopernikus (1473 – 1543) und andere die gleiche Beobachtung gemacht. Dafür gebührt Gresham das Verdienst, als erster einen Währungsausgleichsfonds zur Stabilisierung der Devisenmärkte vorgeschlagen zu haben.

daß jede bimetallische Doppelwährung mit gesetzlich fixiertem Wertverhältnis die Tendenz hat, monometallisch und damit zur Einzelwährung zu werden, sobald sich mit einer veränderten Angebots- oder Nachfragestruktur die Preisrelation der beiden Metalle auf dem freien Markt verschiebt.

Eine solche Entwicklung war auch im neuzeitlichen Europa zu beobachten. Gold wurde gehortet, während das weniger wertvolle Silber im Umlauf blieb. Aus bimetallischen Doppelwährungen wurden im Effekt reine Silberwährungen. Allerdings gab es seit der Wende des 17. zum 18. Jahrhundert eine Ausnahme: Großbritannien. Dort hatte es nämlich eine Münzreform gegeben, an deren Vorbereitung einige der klügsten Köpfe des Landes, darunter der Philosoph John Locke (1632 – 1704) und der Mathematiker und Physiker Isaac Newton (1643 – 1727), beteiligt worden waren. Auf deren Rat hin wurde die Qualität der englischen Silbermünzen angehoben und ein Austauschverhältnis zwischen Gold- und Silbermünzen festgelegt, bei dem die Guinea im Verhältnis zu dem verbesserten Silbergeld etwas zu hoch bewertet war. Für Großbritannien ergaben sich daraus langfristig u. a. die folgenden Vorteile:

- Dem Gresham'schen Gesetz entsprechend entwickelte sich die englische Währung zur reinen Goldwährung (englisch: gold standard). Man zahlte im Inland nach Möglichkeit mit dem zu hoch bewerteten Gold und benutzte das Silber vorzugsweise für Auslandszahlungen.
- In einer Welt voller minderwertiger Silbermünzen stieg das Vertrauen in die englische Währung. Das kam auf die Dauer nicht nur dem Staatskredit zugute, sondern es führte auch dazu, daß internationale Handelskontrakte bevorzugt in Pfund Sterling abgeschlossen wurden. Den Vorteil hatte das englische Bankwesen.
- Es lohnte sich für die Engländer nicht mehr, Goldmünzen zu horten. Silberhorte waren dagegen nicht nur des größeren Volumens und Raumbedarfs wegen, sondern auch als Folge des Überangebots auf der Welt uninteressant. Damit blieb alles Geld dem Wirtschaftskreislauf erhalten, statt teilweise in unproduktiven Horten zu verschwinden.

– Der Ersatz umlaufenden Silbers durch Gold schadete Englands Konkurrent auf den Weltmeeren, Spanien, dem wichtigsten Silberlieferanten, und begünstigte das portugiesische Brasilien.

Dem englischen Beispiel diametral entgegengesetzt waren die Verhältnisse in Frankreich. Dort stellten, wie schon seit Philipp dem Schönen (1285 – 1314) mit dem zusätzlichen Beinamen »der Falschmünzer«, die finanzielle Mißwirtschaft der Könige und die stetige Verschlechterung des Geldes geradezu eine Aufforderung an die Untertanen dar, ihre Ersparnisse in Goldstükken anzulegen und diese vor dem Zugriff des Staates zu verstecken. Eine bis in unsere Tage andauernde Vorliebe der Franzosen für Gold (und Auslandskonten) mag hier ihren Ursprung haben.

Goldstücke wurden nach wie vor in Frankreich geprägt, und zwar neben dem »Schild« (Ecu) hauptsächlich der »goldene Ludwig« (Louis d'or) der Könige Ludwig XIII. bis Ludwig XVI. Diese Prestigemünzen der Herrscher hatten zwar nicht immer den vorgesehenen Feingoldgehalt; dennoch blieben sie in der Regel nicht lange im Umlauf, sondern verschwanden in wohlverwahrten Sparstrümpfen.

Da Frankreich tonangebend für den Stil aller kleinen und kleinsten Landesherren war, gab es nach dem Muster des Louis d'or bald auf dem ganzen Kontinent eine Fülle von August-, Christian-, Franz-, Friedrich-, Georg-, Karl- und Wilhelmdors. Ihre Bedeutung blieb jedoch hauptsächlich auf den Viehhandel beschränkt. In deutschen Landen blieben die wichtigsten monetären Bezugsgrößen der Gulden und der Taler.

Wie schon der Name andeutet, bezeichnete das Wort »Gulden« ursprünglich eine Goldmünze. Guldin pfenninc, lateinisch denarius aureus, war die mittelhochdeutsche Bezeichnung für verschiedene oberitalienische Goldmünzen des 13. und 14. Jahrhunderts. Der Florentiner Florenus, auf den die noch heute übliche Abkürzung Fl. zurückgeht, enthielt 3,5 g reines Gold und wurde im Reich so beliebt, daß er an zahlreichen Orten nachgeprägt wurde. Gegen Ende des 14. Jahrhunderts setzte sich die Prägung mit eigenen Wappen unter dem Namen »Gulden« durch. In der Folgezeit sank allmählich sein Goldgehalt, bis er am Ausgang des Mittelalters aus dem Währungssystem fast ganz verschwand. Sein Name ging auf den silbernen Guldengroschen über.

Der Joachimsthaler Guldengroschen des Grafen von Schlick (seit 1515) führte zum Begriff des Talers, der eine eigene Existenz neben dem Gulden behauptete. Dank seiner Beliebtheit wurde er Namensgeber zahlreicher nichtdeutscher Währungen – vom Rigsdaler über den Tallero bis zum Dollar.

Die Eßlinger Reichsmünzordnung von 1524 setzte den Gulden noch ebenso wie den Taler als Silbermünze im Gewicht von $^1/_8$ Kölnischer Mark fest. Das Reichsmünzedikt von 1566 definiert den Sächsischen Taler als Reichsmünze (Reichsspeciestaler) mit nur noch $^1/_9$ Kölner Mark = 25,98 g Feinsilber. Auch später sank der Silbergehalt weiter, und zwar ab 1750 der des Guldens schneller als der des Talers. Von der Reichsmünzordnung von 1559 an gab es ausgesprochene Guldenländer und Talerländer in Deutschland. Die unterschiedliche Entwicklung der beiden Währungen läßt sich aus der Übersicht über die verschiedenen Münzkonventionen von 1667 bis 1837 auf Seite 68 ablesen.

Mit der Münzkonvention von 1857 wurde ein gänzlich neuer Abschnitt eingeleitet. Die raschen Fortschritte der Naturwissenschaften und der Technik im 19. Jahrhundert hatten eine Anpassung der Maße und Gewichte an das schon 1799 von der französischen Nationalversammlung beschlossene metrische System nahegelegt. Nun legte man das metrische Pfund von 500 g auch den Währungseinheiten zugrunde. Aus 500 g Silber sollten in Zukunft in Süddeutschland 52,5 Gulden, in Österreich 45 Gulden und in Norddeutschland 30 Taler, die sog. »Vereinstaler«, geprägt werden. Der Vereinstaler von 1857 wog im Rauhgewicht 16,666 g (= $^1/_{30}$ Pfund) und enthielt $^1/_{30}$ Mark Feinsilber. Er entsprach 1,5 österreichischen und 1,75 süddeutschen Gulden.

Auch dieser Übereinkunft war keine lange Dauer beschieden. Die Gründung des zweiten deutschen Kaiserreichs führte 1873 nach 1000jähriger Zersplitterung wieder zu einem einheitlichen deutschen Währungssystem. Dabei wurde der alte und traditionsreiche Begriff der Mark als Einheit gewählt und in

Anlehnung an die Hamburger Banco-Mark dem dritten Teil des Vereinstalers gleichgesetzt. Gleichzeitig wurde der Goldstandard als Grundlage der deutschen Währung beschlossen.

Einige Jahre vorher hatte sich eine Reihe von Nachbarländern, nämlich Frankreich, Belgien, Italien und die Schweiz zu einer großräumigen »Lateinischen Münzunion« mit dem Franken als Währungseinheit und einheitlichen Gold- und Silbermünzen zusammengeschlossen. Der Vertrag wurde mehrfach erneuert, zerbrach aber schließlich an den unterschiedlichen Inflationsraten der Beteiligten.

**Also wil auch nötig seyn / ein wachendes Auge und gute Ordenung / bey dem Müntzende zu haben / do das nicht geschicht / so nimpt der Menschen List / Eygennutz und Geitzigkeit die Uberhandt / daß der eine hie / der ander da kippet / wieget / neippet / granalijrt, seigert / wechsselt / Gelt auß Gelte schlegt / daß ein grosse Verwirrung / und dem gemeinen Nutze ein ubermessiger Schade / in der Eile unvorsehens zustehen würde.**
**Daß uns Gott nun bey seinem Worte / gute Ordnung und friedlichem Wesen / gnedig erhalten wolte / Darumb wollen wir alle den Allmechtigen Gott / durch Christum unseren Herrn fleissig bitten / Amen.**

Tilemann Friese, Bürgermeister zu Göttingen
Aus: Müntz-Spiegel des Magisters Tilemann Friese, Frankfurt/Main 1592, S. 206.

***Münzfüße und -Konventionen vom Ende der 2. Kipper- und Wipperzeit 1667 bis zur Einführung des metrischen Pfundes 1857***

| Jahr | Bezeichnung | gültig für | aus der Mark Feinsilber wurden geschlagen | | Wertverhältnis Taler/Gulden |
|---|---|---|---|---|---|
| | | | Taler | Gulden | |
| 1667 | Zinnischer Münzfuß | Brandenburg und Sachsen | 10,5 | 15,75 | 3:2 |
| 1690 | Leipziger Münzfuß (später: Reichsfuß) | Brandenburg, Braunschweig und Sachsen | 12 | 18 | 3:2 |
| 1750 | Graumannscher M. | Preußen | 14 | 21 | 3:2 |
| 1753 | Conventionsfuß | Bayern, Österreich, Hansestädte u. a. | | 20 | |
| 1754 | Vierundzwanziguldenfuß | Bayern | | 24 | |
| 1837 | Zollvereinsfuß | dt. Zollverein | 14 | 24,5 | 3,5:2 |

Die Konvention des Münzvereins von 1838 machte schließlich aus dem Zollvereinstaler von 1837 einen Doppeltaler zu 3,5 Gulden und stiftete dadurch nicht wenig Verwirrung. Deshalb kehrte man 1857 zum einfachen Taler zurück.

# Drittes Kapitel
# Geld aus Papier

## *Von den Anfängen*

Papiergeld ist eine chinesische Erfindung des 7. Jahrhunderts. Als die erste Kunde davon nach Europa kam, war den Chinesen das »fliegende Geld«, wie sie es seines leichten Gewichts wegen nannten, bereits weit längere Zeit vertraut als uns Abendländern heute. Es war Marco Polo, der um das Jahr 1300 von der chinesischen Erfindung erzählte und dabei weithin auf Ungläubigkeit stieß. 1298 diktierte er in genuesischer Gefangenschaft seinen Reisebericht, der vor allem im 15. und 16. Jahrhundert in ganz Europa verbreitet und gelesen wurde.

Marco Polo beginnt seine Schilderung des chinesischen Geldes mit der Bemerkung, Kublai Khan, der mongolische Herrscher über China, verfüge über das Geheimnis der Alchimisten zur künstlichen Herstellung von Geld. Dann beschreibt er in aller Ausführlichkeit, wie von der Rinde von Maulbeerbäumen die dünne Innenschicht abgelöst, eingeweicht und in einem Mörser zu Brei zerrieben würde. Daraus mache man Papier, *»das dem aus Baumwolle hergestellten gleicht, aber ganz schwarz ist.«* (Marco Polos Zeitgenossen kannten selbst die Herstellung des Papiers aus Textilstoffen erst seit wenigen Jahrzehnten.) Aus dem so gewonnenen Papier würden sodann rechteckige Geldstücke unterschiedlicher Größe und unterschiedlichen Gegenwerts – vom Pfennig bis zu 10 Goldstücken – ausgeschnitten. Jeder dieser Zettel würde von mehreren Beamten unterschrieben und gesiegelt und zum Schluß mit dem zinnoberroten Siegel des obersten Münzmeisters versehen. Erst dadurch würde es zur gültigen Münze, die von allen Untertanen des Reiches ohne Zögern angenommen werde. Abgenutzte Geldscheine könnten mit einem Disagio von 3% bei der Münzanstalt in neue Noten eingetauscht werden. Ebenso könne man dort auch Gold und Silber zur Weiterverarbeitung gegen Papiergeld erhalten. Marco Polo schließt seine Beschreibung des chinesischen Geldes mit den Worten: *»Der Großkhan verfügt über einen größeren Schatz als irgend ein anderer Fürst dieser Welt.«*

Wäre das Wort »Geldschöpfung« nicht schon mit einer anderen Bedeutung belegt, so würde es wie kein anderes geeignet sein, die von Marco Polo geschilderte Methode zur Bereitstellung von Zahlungsmitteln zu bezeichnen. Weil es der Souverän so will, wird aus einem wertlosen Stück Papier allein durch den Aufdruck eines roten Stempels ein Wertgegenstand, nämlich ein Gutschein zur Erfüllung beliebiger Wünsche bis zu einer festgelegten Obergrenze. Wer einen solchen Gutschein benutzt, tauscht nicht mehr vermeintlich oder tatsächlich kostbare Metallstücke gegen andere Waren, sondern er übt sein Recht zum Bezug bestimmter Güter oder Dienstleistungen aus dem Nationalprodukt aus. Im Englischen bezeichnet man solches »autonomes« Geld ohne besondere Deckung, welches nur auf einem Machtspruch des Staates beruht, als **fiat money.** Das Schöpfungswort Gottes aus der lateinischen Fassung der Genesis »Fiat Lux« (Es werde Licht) mag dabei Pate gestanden haben.

Von China breitete sich das Prinzip des autonomen Papiergeldes auch in die benachbarten Staaten aus. Europa aber übernahm es nicht. Als das Abendland volle 1000 Jahre nach China ebenfalls auf die Ausgabe von Papiergeld verfiel, da setzte es bis in das 20. Jahrhundert hinein »akzessorisches« oder »fiduziäres«, nämlich stellvertretendes Geld, welches stets auf Münzgeld lautende Forderungen verbriefte, in Umlauf.

Die unterschiedliche Handhabung dürfte verschiedene Ursachen haben. Die wichtigste ist in der anders gearteten politischen Gliederung zu suchen. Die Zersplitterung Europas in viele kleine Staaten, die in wechselnden Konstellationen sich gegenseitig bekämpften und ihre Kriege mit immer mehr und immer schlechterem Geld finanzierten, war wenig dazu angetan, eine Vertrauensbasis für Währungen ohne eigenen inneren Wert entstehen zu lassen. Besonders der Außenhandel brauchte einen verläßlichen Vergleichsmaßstab zur Umrechnung der verschiedenen Geldsorten. Er fand diesen immer wieder im tatsächlichen Edelmetallgehalt der verschiedenen Münzen. Das Volk lernte daraus, daß nur auf Gold und Silber Verlaß war, und setzte sein Vertrauen in goldene und silberne Geldstücke.

Als La Valette, der Größte unter den Großmeistern des Johanniterordens, beim Wiederaufbau Maltas nach der türkischen Belagerung 1566 kupfernes Notgeld herausgab, versah er es mit der Inschrift »*Non aes sed fides*« (Nicht auf das Metall kommt es an, sondern auf den Glauben). Das tat er, gerade weil im öffentlichen Bewußtsein der Metallgehalt als das entscheidende Kriterium für den Wert des Geldes angesehen wurde. Und eben weil dies so war, haben wir die immer wieder vorgenommenen Münzverschlechterungen in den Ländern Europas als Volksbetrug bezeichnet.

In China bestanden zur Zeit der Mongolenherrschaft – nur zu dieser Zeit gab es ausschließliches und autonomes Papiergeld – andere Verhältnisse. Die Zentralgewalt war stark genug, ihren Willen im ganzen Land durchsetzen zu können. Auch waren die Tributzahlungen der vielen unterworfenen Völker so reichhaltige Einnahmequellen, daß keine Versuchung zur Inflationspolitik bestand. Das änderte sich erst, als von der Mitte des 14. Jahrhunderts an die Macht der Mongolen allmählich verfiel. Mit der Regierungsgewalt verkam auch die Währung. Im 15. Jahrhundert gab es schließlich eine galoppierende Inflation, als deren Folge sich China wieder ganz vom Papiergeld abwandte. Zu Marco Polos Zeiten konnte jedoch von Macht- und Währungsverfall noch keine Rede sein.

Die lange und nahezu ungebrochene Tradition der Verwendung geschriebener Schuldurkunden im abendländischen Zahlungsverkehr dürfte ein weiterer Grund dafür sein, daß die europäischen Staaten, als sie sich schließlich zur Ausgabe von Papiergeld entschlossen, mindestens die Fiktion von dessen Einlösbarkeit in »richtiges« (Münz-) Geld aufrecht erhielten.[1]

Hellenisches »Schreibgeld«, das im Prinzip den noch weit älteren babylonischen Inhaber-Schuldurkunden entsprach, tauchte schon im 3. vorchristlichen Jahrhundert im ptolemäischen Ägypten auf. Im 2. Jahrhundert v. Chr. soll es nach Plautus auch in Italien für Kapitalübertragungen benutzt worden sein, doch fehlt ein eindeutiger Beweis. Mit dem Untergang der hellenisch-römischen Zivilisation geriet die schriftliche Zahlungsmethode im Westen in Vergessenheit, während sie

[1] Allerdings gab es auch in China spätestens seit der Zeit der hochzivilisierten und kultivierten Sung-Dynastie (960 – 1279 n. Chr.) Wechsel und Kreditbriefe.

sich östlich des Mittelmeeres offenbar erhalten konnte. Jedenfalls sind uns aus dem 6. und 7. Jahrhundert n. Chr. persische, jüdische und islamische Inhaberpapiere bekannt. Durch den Fernhandel in der Zeit der Kreuzzüge kamen sie erneut nach Italien und von dort aus schließlich auch in das übrige Europa.

In allen Fällen handelte es sich um private Zahlungsversprechen zugunsten nicht namentlich genannter oder auswechselbarer Gläubiger. Die Forderung war an den Besitz der Schuldurkunde geknüpft und konnte mit dieser übertragen werden. Deshalb eigneten sich die Dokumente auch als Zahlungsmittel. Voraussetzung war dabei allerdings das unbedingte Vertrauen, daß der Schuldner zu seiner Verpflichtung stehen würde. Wer Waren verkaufte, den Erlös aber nicht sofort benötigte, konnte sich mit solchem »geschriebenem« Geld zufrieden geben. In der Regel erhielt er dann einen etwas höheren Preis für die verkauften Güter, d. h. wegen der zeitlichen Verschiebung der Zahlung von barem Silber oder Gold wurde die Schuldurkunde mit einem Abschlag, dem Diskont, in Zahlung genommen.

Diese Inhabertitel waren Zahlungsmittel, aber nicht Geld. Um vollwertiges Geld zu sein, fehlte es ihnen an der staatlichen Anerkennung. Für Steuerzahlungen zum Beispiel, die nicht in der Form von Naturalabgaben zu leisten waren, brauchte man staatlich anerkannte Zahlungsmittel. Umgekehrt hatten die Fürsten als die Inhaber der Staatsgewalt kein eigenes Interesse an der Entwicklung und Ausgabe von Papiergeld. Als Empfänger von Naturalabgaben, Spann- und Frohndiensten brauchten sie bares Geld hauptsächlich zur Finanzierung ihrer Feldzüge, insbesondere zur Entlohnung von Söldnertruppen. Dazu aber war beschriebenes Papier denkbar ungeeignet. Es fehlten nämlich zwei wichtige Vorbedingungen: Die Krieger und Landsknechte konnten in der Regel nicht lesen; und selbst, wenn sie dazu in der Lage gewesen wären, hätten sie das Papiergeld nicht verwenden können, weil niemand auf die Einlösung der Schuldscheine vertraut hätte. Die Fürsten blieben deshalb darauf angewiesen, sich Münzgeld für ihre Kriege von einem Bankier zu leihen und diesem zur Sicherheit Bergwerke, Besteuerungsrechte oder Grund und Boden – einschließlich der darauf angesiedelten Menschen – zu verpfänden.

Unter diesen Umständen blieb die Ausgabe von Papiergeld als staatlich anerkanntes Zahlungsmittel mehrere Jahrhunderte lang eine auf extreme Notfälle beschränkte Ausnahme. 1483 soll es anläßlich einer Belagerung auf der iberischen Halbinsel zur Ausgabe von Papiergeld gekommen sein. Drei Generationen später behalfen sich die Bürger der Stadt Leyden, als die Spanier 1574 ihre Stadt belagerten, mit geprägten Pappmünzen, für die sie als Rohstoff die Einbände katholischer Kirchenbücher benutzten.[2] Und wieder verstrich eine lange Zeit, bis es in der zweiten Hälfte des 17. Jahrhunderts in Schweden, England und Nordamerika unabhängig voneinander zu verschiedenen Ansätzen der Benutzung von beschriebenem oder bedrucktem Papier als Ersatzgeld kam. Jetzt endlich wurde die Zeit reif für das Erscheinen der ersten abendländischen, staatlich anerkannten Banknoten. Allerdings sollten noch einmal 100 bis 150 Jahre bis zur allgemeinen Akzeptanz dieses Zahlungsmittels vergehen.

Geldwertstabilität und militärische Stärke gehen selten Hand in Hand. Meist verhalten sie sich wie die beiden Figuren des bekannten Wetterhäuschens: Kommt der Mann mit dem schützenden militärischen Schirm heraus, muß die Frau mit dem Einkaufskorb zu Hause bleiben, weil das Haushaltsgeld nicht reicht. Verläßt dagegen die Frau das Haus, um einzukaufen, tut sie es im Vertrauen darauf, daß es schon nicht regnen wird. Kriegerische Sommergewitter darf es dann nicht geben.

Die Niederlande verließen sich um die Mitte des 17. Jahrhunderts allzu sorglos auf gutes Friedenswetter. Daraufhin wurden sie von Frankreich unter Ludwig XIV. überfallen und von den Engländern ihrer Vormachtstellung auf See beraubt. Zu den Ländern dagegen, die in der gleichen Zeit militärische Stärke und kriegerische Abenteuer um den Preis finanzieller Mißwirtschaft kultivierten, gehörte neben Frankreich vor allem Schweden. So nimmt es nicht Wunder, daß Schweden als erstes europäisches Land Papiergeld in Umlauf brachte. Zwischen 1661

[2] Albert Pick's Standard Catalog of World Paper Money, München 1975, zeigt auf S. 17 eine solche 20-Stüber-Münze.

und 1666 wurden in drei Emissionen auf Silbertaler lautende »Credityf-Sedlar« ausgegeben, wobei das Volumen von Mal zu Mal zunahm. Das schwedische Volk ertrug es vermutlich mit Gleichmut, wenn nicht mit buchstäblicher Erleichterung. Nach dem Verschwinden der Silbermünzen war nämlich das an ihre Stelle getretene Kupfer zu einer unhandlichen und schweren Traglast geworden.

In England hatte der später hingerichtete König Charles I. (1625 – 49) auf der Suche nach neuen Finanzierungsquellen den reichen Kaufleuten, welche ihr Gold und Silber zur sicheren Aufbewahrung in den Tower gebracht hatten, ihre Schätze abgenommen und als Zwangsanleihe eingezogen. Die Besitzer von Edelmetallen sahen sich daraufhin nach einer anderen Bleibe für ihre Barvermögen um. Sie fanden sie bei den Goldschmieden, die in der Regel gleichzeitig Münz- und Edelmetallhändler waren. Diese waren bereit, Gold und Silber auch ohne Depotgebühren in ihren Kellern zu verwahren, konnten sie doch auf diese Weise ohne zusätzlichen Zinsaufwand ihr Geschäft auf eine breitere Basis stellen. Die Goldschmiede stellten für bestimmte, einheitliche Gewichtsmengen des hinterlegten Metalls Quittungen aus. Da diese ebenso viel wert waren wie kurantes Münzgeld, bürgerte es sich ein, bei größeren Zahlungsvorgängen nicht erst das Metall zurückzuholen und damit zu bezahlen, sondern einfach den Depotschein als Zahlungsmittel zu verwenden. Auf diese Weise kam es auch in London zur Entstehung sogenannter »Zettelbanken«, wie es sie gelegentlich schon früher auf dem Kontinent gegeben hatte.

Gegen Ende des 17. Jahrhunderts gab es in London eine ganze Reihe solcher Banken. Sie zahlten Zinsen für längerfristige Einlagen, gaben Kredite, die sie in der Form von Depotscheinen (»Bank-Noten«) auszahlten, oder ließen ihre Kunden durch Zahlungsanweisungen – Vorläufern der Schecks – über ihre Guthaben verfügen. Es galt als ein solides und todsicheres Geschäft, nicht nur Gold und Silber entgegenzunehmen, sondern auch Wechsel anzukaufen und sie unter Abzug des Diskonts mit Bank-Noten zu bezahlen. Das war möglich, weil ja nie alle Einleger gleichzeitig auf Einlösung ihrer Noten bestanden. Beim Verfall der Wechsel kam ja wieder metallisches Geld in die Kasse, und zwar in voller Höhe der Wechselsumme, also mehr als in Noten für sie bezahlt worden war. Die Notenausgabe war für die Banken im Grunde nichts anderes als ein Instrument zur Erlangung kostenlosen Kredits. Voraussetzung für das Funktionieren dieses Systems war eine kurze Laufzeit der Wechsel und einwandfreie Bonität der Bezogenen. Dadurch blieb das Risiko innerhalb enger Grenzen.

Zwar waren die Banknoten noch nicht als gesetzliche Zahlungsmittel anerkannt, sie wirkten aber auf den Wirtschaftskreislauf genau so belebend wie eine Vermehrung von Münzgeld. Gleichzeitig führte der Wettbewerb der Banken untereinander zu einer intensiven Suche nach weiteren Kreditnehmern.

Die Krone war damals nicht weniger geldhungrig, als es heutige Regierungen sind. Ähnlich wie in unseren Tagen machten deshalb bei einer Reihe von Banken Forderungen an das Schatzamt bald einen wesentlichen Teil ihrer Aktiva aus.

Es kam, wie es kommen mußte. Als Charles II. (1660 – 1685) trotz heimlicher Subventionen, die er von Ludwig XIV. erhielt, seinen finanziellen Verpflichtungen nicht pünktlich nachkam, gerieten etliche Goldschmiedbanken in Zahlungsschwierigkeiten. Und natürlich hatten nicht der König oder seine Regierung Schuld an dieser Entwicklung, sondern die »Spekulanten«, die ihren Staat für einen zuverlässigen Schuldner gehalten und dem königlichen Wort vertraut hatten. Immerhin zeigten die Vorfälle die Notwendigkeit auf, erneut über Staatskredite und ihre Aufbringung nachzudenken.

Unter Wilhelm III. von Oranien (1689 – 1702), dem Exponenten des Widerstandes gegen das weitere Vordringen Frankreichs unter Ludwig XIV., wurde die Staatsschuld ein so drückendes Problem, daß man trotz starker Bedenken der Tories dem genialen Plan des Schotten William Paterson folgte und nach seinen Ideen 1694 die Bank of England ins Leben rief. Die Bank wurde durch Parlamentsbeschluß unter königlicher Charter als private Aktiengesellschaft unter der Firma »The Governor and Company of the Bank of England« gegründet. Das Gründungskapital betrug 1,2 Millionen Pfund Sterling. Dieses Kapital hatte die Bank dem König als Darlehen zu 8% Zinsen zur Verfügung zu stellen. Mit der Forderung an den König als Sicherheit sollten sodann weitere 1,2 Millionen Pfund als Banknoten gegen Einlagen oder im Wege der Kreditgewährung an zuverlässige private Schuldner ausgegeben werden. Auf diese Weise ließ sich insgesamt weit mehr ausleihen, als an Kapital und Bankeinlagen eingezahlt worden war. Die Zinsen aus dem Staatskredit und aus den privaten Forderungen genügten, um die Kosten der Bank zu decken und eine angemessene Dividende zu erwirtschaften.

Ursprünglich galt das Privileg der Bank nur für die Dauer der Inanspruchnahme des Kredits durch das königliche Schatzamt, längstens jedoch für 12 Jahre. Der Finanzbedarf der Krone führte indes nicht nur zu einer Verlängerung der Charter, sondern sogar zu Kapitalerhöhungen, verbunden mit einem Monopol für die Rechtsform der Aktienbank bei gleichzeitiger Ausdehnung des Staatskredits.

Weil es sich bei der Bank of England um die älteste Zentralnotenbank der Welt handelt, deren Vorbild das internationale Notenbankwesen entscheidend mitgeprägt hat, wollen wir hier einige wesentliche Umstände festhalten und herausstellen:

1. Hauptsächlicher Zweck der Bankgründung war es, dem im Krieg befindlichen Staat zusätzlichen Kredit zu verschaffen. Wie schon einmal bei der Entwicklung des Münzwesens 2400 Jahre zuvor übernahm dabei der Staat eine ursprünglich private kaufmännische Erfindung und stellte sie in den Dienst seiner Kriegsführung.
2. Durch den Gründungsakt der Bank erhielten ihre Noten eine gewisse staatliche Anerkennung, auch wenn sie noch nicht ausdrücklich zu gesetzlichen Zahlungsmitteln (»legal tender«) erklärt worden waren.[3] Allerdings handelte es sich nicht um autonomes Geld, sondern um Schuldscheine der Bank. Diese waren jederzeit in Münzgeld einlösbar, obwohl ihre »Deckung« nicht aus Gold oder Silber, sondern zum größten Teil aus Forderungen an den Staat und andere Schuldner bestand.
3. Die priviligierte Stellung der Bank erwies sich als ein beachtlicher Konkurrenzvorteil, der ihr ein überdurchschnittliches Wachstum ermöglichte. Schon bald vertrauten auch andere Banken ihre Barreserven der Bank of England an. Die Notenbank wurde dadurch zugleich Zentralbank. Im weiteren Verlauf der Geschichte erwuchs ihr daraus die Aufgabe, »lender of last resort« zu sein, d. h. die Liquidität des gesamten Bankenapparates sicherzustellen. Von der Aufrechterhaltung der Liquidität war der Weg nicht mehr weit bis zu deren Steuerung. Die Zentralnotenbank wurde – auch im Interesse der eigenen Zahlungsbereitschaft – zur Hüterin der Währungsstabilität.
4. Eine ursprünglich nur auf einige Jahre angelegte außergewöhnliche Notmaßnahme wurde zur ehrwürdigen Dauerein-

[3] Das geschah erst 1834.

richtung, die inzwischen auf ein rund dreihundertjähriges Bestehen zurückblicken kann.

Eine Gegenüberstellung der Punkte 1 und 3 zeigt den hermaphrodytischen Charakter sowohl der Bank of England als auch der heutigen Zentralnotenbanken auf. Als Bank des Staates und dessen Kreditbesorger gleichzeitig für die Stabilität der Währung nach innen und außen verantwortlich zu sein, das ist so ähnlich, als wenn man den Generalsekretär der KPdSU zusätzlich mit dem Amt des Papstes betraut hätte. Beide Aufgaben haben nicht nur herzlich wenig miteinander zu tun, sondern sie stehen sich auch gegenseitig im Wege. Und wenn dann gar noch das Mißverständnis hinzutritt, die Zentralnotenbank – oder das Heilige Väterchen Generalsekretär – müsse nach privatwirtschaftlichen Grundsätzen arbeiten und habe einen möglichst hohen Gewinn zu erwirtschaften, dann wird das Dilemma perfekt. Wir werden auf die unseligen Folgen dieses Zielkonfliktes noch zu sprechen kommen. Hier genügt es festzustellen, daß den Initiatoren der Bank of England eine Interessenkollision deshalb nicht bewußt war, weil es sie noch nicht gab.[4] In ihren Augen war die Bank hauptsächlich dazu da, einen Beitrag zur Finanzierung des Krieges gegen Frankreich zu leisten. Geld verdienen konnte und sollte sie, um das dafür benötigte Kapital anzulocken.

Kaum hatte der König das Gründungskapital der Bank als Darlehen erhalten und seine Ausgaben entsprechend gesteigert, da stiegen auch schon die Preise. Das durch die Banknotenausgabe zusätzlich aufgeblähte Geldvolumen stieß nämlich, wie das in Kriegszeiten häufig der Fall ist, auf ein zu geringes Güterangebot. Und wie immer, wenn in einer Volkswirtschaft mehr Geld zur Verfügung steht, als vernünftigerweise ausgegeben werden kann, kam es zu Spekulationen und Hortungskäufen. Nicht zufällig stieg der Goldpreis am stärksten. Eine Gold-

[4] Das hier angesprochene Problem trat erst zu Anfang des 19. Jahrhunderts offen zutage. Die Peelsche Bankakte von 1844 versuchte ihm insofern Rechnung zu tragen, als sie eine organisatorische Trennung von banking department und issue department verfügte und obendrein die Notenausgabe begrenzte.

guinea, die bisher 22 silbernen Schillingen entsprochen hatte, kostete im Sommer 1695 plötzlich 30 Schillinge. Gegenüber vollwertigem Barrensilber sank der Wert des umlaufenden Geldes um ein Viertel. Dadurch ging auch der Außenwert der englischen Währung entsprechend zurück. Die verantwortlichen Beamten und Politiker waren durch diese Vorgänge nicht weniger beunruhigt als die Öffentlichkeit. Irgend etwas war faul im britischen Geldwesen.

Die Ursachen der Fehlentwicklung suchte man weder in der übersteigerten Schuldaufnahme des Staates noch in der für damalige Verhältnisse gewaltig aufgeblähten Ausgabe von Banknoten, obwohl allein diese die potentielle Nachfrage um mehr als 20% erhöht hatte. Stattdessen schrieb man die Teuerung dem Untergewicht der umlaufenden Silbermünzen zu. Nun war in der Tat das englische Münzgeld – ebenso wie das anderer Länder – von recht mäßiger Qualität. Es war das Jahrhundert der Kipper und Wipper, und viele Leute konnten der Versuchung nicht widerstehen, von jedem Geldstück, das durch ihre Hände ging, ein klein wenig Silber abzufeilen oder gar abzuzwacken. Eine statistische Erhebung ergab, daß der durchschnittliche Silbergehalt aller englischen Münzen um mehr als 35% unter dem geforderten Wert lag. Das war zwar vermutlich nicht viel anders als schon in früheren Zeiten, in denen das Vertrauen in das heimische Geld nicht darunter gelitten hatte; jetzt aber glaubte man, darin die eigentliche Ursache der Preissteigerungen zu finden. Das ist verständlich, wenn wir bedenken, daß die Begriffe »Geldentwertung« und »gesunkener Geldwert« in zweifachem Sinn gebraucht wurden, nämlich einmal zur Bezeichnung einer allgemeinen Preissteigerung und zum anderen als Verlust an innerem (Silber-)Wert, dem sogenannten »intrinsic value«. Für die Menschen des ausgehenden 17. Jahrhunderts war der feine Unterschied zwischen den beiden Begriffsinhalten nicht so deutlich wie für uns heute erkennbar. So führte die Unzulänglichkeit der Sprache ihre Gedanken zwangsläufig in eine bestimmte Richtung.

Die normale Folgerung aus den geschilderten Umständen und Erkenntnissen hätte darin bestanden, die de facto Abwertung der englischen Währung offiziell anzuerkennen und den

Münzfuß den tatsächlichen Verhältnissen anzupassen. Neu geprägte Schillinge hätten dann um ein Viertel weniger Silber enthalten – genug, um ihren Wert mit dem freien Marktpreis für Barrensilber in Einklang zu bringen, und immer noch mehr, als die abgenutzten umlaufenden Münzen enthielten. Tatsächlich

wurde jedoch eine andere Lösung gewählt, wobei zwei der größten Geister ihrer Zeit Pate standen. John Locke, der Begründer der Aufklärung, und Isaac Newton brachten es als Mitglieder der königlichen Kommission für die Münzreform dahin, daß der Staat alle minderwertigen Silbermünzen einzog und durch neugeprägte, vollwertige ersetzte. Gleichzeitig wurde der rechnerische Wert der goldenen Guinea etwas gesenkt, aber doch noch hoch genug gehalten, daß das Gold gegenüber dem Silber leicht überbewertet war (vgl. auch S. 63 f.). Und wieder einmal zeigte es sich – wie schon bei Darius I. und Karl dem Großen –, daß es nur die ganz großen Persönlichkeiten der Weltgeschichte sind, die das Geldwesen ihrer Zeit nachhaltig verbessern, statt es zu verschlechtern.

Wie schon an anderer Stelle beschrieben, bewirkte die Münzreform zusammen mit der Überbewertung des Goldes eine Verdrängung des umlaufenden Silbergeldes durch Goldmünzen. Das Fundament für den Goldstandard der kommenden Jahrhunderte war damit gelegt. Nur im Außenhandel zahlte man vorzugsweise mit Silbergeld, während für eingehende Zahlungen das Gold, das ja innerhalb Englands einen höheren Wert hatte als draußen, bevorzugt wurde. Tendenziell floß deshalb Silber aus dem Land ab, und Gold kam herein.

Die Münzreform war nicht unumstritten, kostete sie doch den englischen Staat zunächst einmal außer den Prägekosten die Silberdifferenz zwischen den eingezogenen und den neu ausgegebenen Münzen. Der Fehlbetrag belief sich auf rund 2,7 Millionen Pfund – damals noch eine unvorstellbar große Summe. Die Bürokraten des Schatzamtes waren entsetzt über solche Verschwendung. Sie übersahen jedoch, daß von nun an der Metallwert der eingenommenen Steuern und Zölle um etwa die Hälfte höher war als bisher, während die inländischen Ausgaben des Staates weitgehend mit Papieren der Bank of England bestritten wurden. Deren Noten wurden an der Amsterdamer Börse mit einem Abschlag von durchschnittlich 20% gehandelt. Der Schatzkanzler hätte also dort mit seinem Silber billig Banknoten kaufen und diese zur Bezahlung der fälligen Rechnungen im Mutterland benutzen können. Für ihn lag jedoch der Hauptnutzen darin, reichlich Silber für die Auslandsverpflichtungen der Krone einschließlich der Flottenausgaben und der Subsidien an Verbündete zur Verfügung zu haben, nachdem die Münzreform erst einmal abgeschlossen war. Für den König bedeutete das eine ganz wesentliche Erleichterung der Kriegführung.

***Die Kriege Englands und Frankreichs im 17. Jh. als Ursache zunehmender Staatsverschuldung***

***England***

| | |
|---|---|
| **1638** | **Schottischer Aufstand des »Covenant« gegen Karl I. von England** |
| **1642 – 46** | **Bürgerkrieg zwischen Parlament und Adelspartei** |
| **1648** | **2. Bürgerkrieg** |
| **1652 – 54** | **1. englisch-holländischer Seekrieg** |
| **1655 – 58** | **Krieg gegen Spanien** |
| **1664 – 67** | **2. englisch-holländischer Seekrieg** |
| **1672 – 74** | **3. englisch-holländischer Seekrieg** |
| **1689 – 97** | **Krieg an Hollands Seite gegen Frankreich** |

***Frankreich***

| | |
|---|---|
| **1635 – 48** | **Teilnahme am 30-jährigen Krieg** |
| **1635 – 59** | **Krieg gegen Spanien** |
| **1648 – 53** | **Bürgerkrieg (»Frondeaufstand«)** |
| **1667 – 68** | **Eroberungskrieg gegen Spanien und die spanischen Niederlande** |
| **1672 – 78** | **Eroberungskrieg gegen Holland** |
| **1678 – 81** | **Einfall in Elsaß und Lothringen** |
| **1688 – 97** | **Eroberungskrieg gegen die Pfalz** |

Die Münzverbesserung kompensierte die Papiergeldvermehrung. Realwirtschaftlich lief sie auf eine verkappte drastische Steuererhöhung hinaus mit der Besonderheit, daß sie sich dem Volk als eine großzügige Verbesserung des Geldes – was sie ja tatsächlich **auch** war – verkaufen ließ.

Eine Konsequenz hatten die Väter der englischen Währungsreform nicht bedacht. Weil Staat und Kaufleute im Inland immer häufiger mit Banknoten, im Ausland jedoch mit Silber zahlten, ohne Exporterlöse in entsprechender Höhe zu vereinnahmen, wurde das Metall allmählich knapp im Land. Wer Silber brauchte, sah sich gezwungen, auf seine Guthaben bei der Bank of England oder den alten Goldschmiedbanken zurückzugreifen. Dadurch gerieten diese gelegentlich in Liquiditätsschwierigkeiten. In der Anfangszeit kam es dann wohl schon einmal zu Schalterschließungen. Später entwickelte sich eine zweigleisige Technik der Krisenbewältigung. Während die Bank bei drohender Ebbe in der Kasse Auszahlungen nur noch in 6-pence-Stücken vornahm und diese umständlich und langsam abzählte, gaben die führenden Kaufleute der City Patronatserklärungen ab und verpflichteten sich, die Noten der Bank of England ohne Einschränkung in Zahlung zu nehmen, geradeso, als wenn sie gesetzliche Zahlungsmittel wären. Die Bank und die von ihr herausgegebenen Noten hatten sich bereits so gut bewährt, daß man nicht mehr auf sie verzichten wollte.

1695 entstanden durch private Initiativen zwei weitere Notenbanken, und zwar in Schottland und Norwegen. Für den Norden Europas beginnt daher das Zeitalter des Papiergeldes bereits im 17. Jahrhundert.

## *3 M's in Nordamerika: Man Made Money*

Nach der Eroberung Neu-Amsterdams durch den Herzog von York im zweiten englisch-holländischen Seekrieg von 1664 bis 1667 teilten sich noch drei seefahrende Nationen in die Herrschaft über den bekannten Teil Nordamerikas: Spanien, Frankreich und Großbritannien. Den Beitrag der spanischen Kolonien zur Geschichte des Geldwesens haben wir bereits kennengelernt: die Silberinflation des 16. und frühen 17. Jahrhunderts. Zur Entwicklung von nichtmetallischem Geld bestand hier kein Anlaß, lieferten doch allein die 3000 Silberminen Mexikos 2/3 der Welterzeugung dieses Metalls. Anders verhielt es sich in den französischen und englischen Gebieten, wo der Mangel an Münzgeld zu einigen originellen Entwicklungen führte.

Die zahlreichen kriegerischen Verwicklungen Englands und Frankreichs, zumal in der zweiten Hälfte des 17. Jahrhunderts, nahmen die finanziellen Ressourcen der Mutterländer so stark in Anspruch, daß die Versorgung der Kolonien mit Geld darüber zu kurz kam. Außerdem ging die herrschende merkantilistische Lehre davon aus, es sei für eine Nation von Vorteil, Exportüberschüsse zu erzielen und die heimatlichen Kassen gefüllt zu halten. Selbst wenn Ludwig XIV. oder seine Zeitgenossen auf dem englischen Thron nicht bis zum Äußersten verschuldet gewesen wären, hätten sie deshalb nur wenig Neigung verspürt, mehr Bargeld als unbedingt notwendig in ihre überseeischen Besitzungen zu schicken. Sehr groß war deren Bedarf allerdings nicht, denn die Siedler waren im wesentlichen Selbstversorger. Ihren Überschuß an landwirtschaftlichen Produkten tauschten sie meist direkt gegen importiertes Werkzeug und Gerät oder gar Luxusgüter ein. Für die Besoldung von Offizieren und Soldaten, Verwaltungsbeamten und Geistlichen wurde jedoch Geld gebraucht. Blieb dieses aus, mußten sich die Verantwortlichen etwas Gescheites einfallen lassen, wenn sie nicht die Existenz ihrer Niederlassungen aufs Spiel setzen wollten.

Eine solche Situation entstand Mitte der 80er Jahre des 17. Jahrhunderts in Französisch-Kanada. Dort war schon seit langem bares Geld so knapp gewesen, daß es bei allen innerkanadischen Transaktionen als sog. »Geld des Landes« mit einem um ein Drittel erhöhten Wert benutzt wurde. Dennoch kam man einigermaßen zurecht, solange der ungewöhnlich tüchtige und um die Kolonien besorgte Finanz- und Marineminister Ludwig XIV., Jean-Baptiste Colbert (1619–83), sich persönlich um die überseeischen Belange Frankreichs kümmerte. Als Colbert aber im September 1683 starb, wendete sich das Blatt. Sein Nachfolger unterließ es erst einmal, die Mittel zur Besoldung der kanadischen Verwaltungsbeamten und Militärs rechtzeitig bereitzustellen und nach Übersee zu schaffen. Normalerweise hatte wegen der Vereisung des St.-Lorenz-Stroms im langen kanadischen Winter jedes Jahr zwischen Juni und Ende Oktober ein Schiff aus dem Mutterland Vorräte und Geld für das kommende Haushaltsjahr gebracht. 1684 aber kam nur eine Ladung mit Feuerwaffen und Kugelblei.

Wie sich später herausstellen sollte, wurden die für 1685 bestimmten Gelder für Kanada in Paris erst im Januar 1685 bewilligt. Ende August trafen sie an ihrem Bestimmungsort ein. In Frankreich war man womöglich stolz auf den genialen Einfall, durch die Verschiebung dem König die Kosten eines Jahres der für ihn unrentablen Kolonie eingespart zu haben. Jedenfalls behielt man diese Regelung auch für die Zukunft bei. In Kanada aber blieb es dem scheidenden Gouverneur de la Barre und seinem Intendanten Demeulles überlassen, einen Ausweg aus der Not zu finden.

Die 1684 eingetroffenen Waffen ließen sich nur schleppend an die Siedler verkaufen. Dabei zogen es diese in der Regel vor, mit Stockfisch, Hühnern oder Getreide, aber jedenfalls nicht bar zu bezahlen. Was aber das Blei anging, so eignete es sich deshalb nicht zur Münzprägung, weil die Soldaten sonst ihre ganze Munition zu Geld umgeschmolzen hätten.

Man verbot die Mitnahme von Münzen ins Landesinnere für den Pelzhandel, um das wenige verbliebene Bargeld wenigstens für die bewohnten Siedlungen zu erhalten. Den Soldaten wurde erlaubt, Arbeit auf den umliegenden Farmen anzunehmen, um ihren Lebensunterhalt zu verdienen. Dennoch waren im April 1685 sämtliche Kassen leer. Nachdem Demeulles selbst seine eigenen Taschen geleert, seine Kollegen angepumpt und den Kaufleuten mit guten und bösen Worten ihre Barbestände abgeschwatzt hatte, wußte er schließlich nicht mehr, »welchem Heiligen er noch ein Gelübde leisten sollte«. Da kam ihm der rettende Einfall, Spielkarten als Ersatzgeld zu benutzen.

Der Gedanke muß uns heute genial vorkommen. Wenn auch die meisten der Siedler und Soldaten mit der Kunst des Schreibens und Lesens nichts im Sinn hatten, Kartenspielen konnten sie alle. Auch hatten die charakteristischen Zeichen auf den

einzelnen Karten wenigstens eine gewisse Ähnlichkeit mit dem Avers einer Münze. Auf diese Ähnlichkeit kam es aber an, wenn das Ersatzgeld von der Öffentlichkeit angenommen werden sollte. Um auch von der Größe her die Kartonstücke dem Metallgeld ähnlich zu machen, schnitt Demeulles die Karten in Viertel. Dann schrieb er eigenhändig den vorgesehenen Wert auf die Kartenabschnitte, fügte seine Initialen und sein Siegel hinzu und zahlte das von ihm erfundene Geld an diejenigen Offiziere und Soldaten aus, denen es nicht gelungen war, bezahlte Arbeit zu erhalten.

Demeulles gab drei verschiedene Werte heraus: 15 Sol, 40 Sol und vier Livres. Die Karten wurden zu gesetzlichen Zahlungsmitteln erklärt, d. h., sie mußten von den Händlern zum vollen Nennwert ohne Abschlag angenommen werden. Insofern war das kanadische Spielkartengeld bereits auf einer fortschrittlicheren Entwicklungsstufe als die zeitlich späteren Noten der Bank of England. Schließlich wurde versprochen, das Ersatzgeld gegen echte Münzen einzutauschen, sobald die vom König bewilligten Mittel eintreffen würden.

Demeulles hielt sein Versprechen. Zu Anfang September rief er alle Spielkartenmünzen zur Einlösung innerhalb von 8 Tagen auf. Nicht rechtzeitig eingelöste Stücke sollten verfallen. Das zurückgegebene Geld wurde verbrannt. 1686 wiederholte sich der gleiche Vorgang. Gouverneur und Intendant waren froh, einen so bequemen Weg aus ihren Schwierigkeiten heraus gefunden zu haben. In Versailles aber dachte man anders darüber. Der Sonnenkönig wollte nichts von solchen Eigenmächtigkeiten wissen und verbot sie ein für allemal. Indessen geruhten Seine Majestät auch nicht, rechtzeitig bares Geld zu schikken. Sie beliebten stattdessen, die vorhandenen Barmittel für die Vollendung der Prunkbauten von Versailles auszugeben. Einige Jahre lang konnte der Intendant sich durch den Verkauf von auf Paris gezogenen Wechseln an einheimische Importeure über Wasser halten, dann aber zwangen ihn Verzweiflung und Not, auch ohne königliche Erlaubnis auf seine Erfindung zurückzukommen.

Die Geschichte des kanadischen Spielkartengeldes reicht über 75 Jahre bis zum Ende der französischen Herrschaft über die Kolonie.[5] Das entspricht etwa der Lebensdauer von Gold-

---

[5] Siehe auch: Adam Shortt (Hrsg.), Documents relating to Canadian Currency, Exchange, and Finance during the French Period, 2 Bde., Ottawa 1926 sowie Herbert Heaton, The Playing Card Currency of French Canada, in: American Economic Review LVIIII, 1928, 4, S. 649 ff.

mark und Reichsmark, den Währungen des deutschen Kaiserreichs, der Weimarer Republik und der nationalsozialistischen Herrschaft zusammengenommen. Wenn wir seine Historie hier kurz skizzieren, dann nicht etwa, weil »l'argent de jouer« mehr als eine skurrile Randerscheinung in der Geschichte des Geldwesens gewesen wäre, sondern um zu zeigen, mit welcher Bedenkenlosigkeit ein absolut regierender König in Kriegszeiten seine Untertanen um den Gegenwert ihrer Leistungen betrog. Ihm war dann offenbar jedes Mittel recht, nicht nur die Zivilbevölkerung, sondern auch das Militär, das ja schließlich Leben und Gesundheit für ihn einsetzte, auszunehmen. Die gerade im Kriege so lautstark beschworene Treue gab es offenbar nur in einer Richtung.

Von 1690 an wurden von Jahr zu Jahr immer mehr Spielkarten als Zahlungsmittel ausgegeben. Weil es aber an Hartgeld fehlte und 1699 auf Geheiß des Königs ausdrücklich jeder weitere Export von Gold und Silber nach Amerika verboten wurde, haperte es bald mit der Einlösung. Wenn die Händler Spielkarten, die sie von der Kolonialverwaltung und deren Soldaten erhalten hatten, zur Einlösung präsentierten, erhielten sie statt Gold und Silber Wechsel auf Paris. Wenn sie Glück hatten, wurden diese dort vom Marineministerium wenn schon nicht bezahlt, so doch wenigstens akzeptiert. Bezahlt wurden sie einige Jahre später – oder auch gar nicht. Wenn überhaupt gezahlt wurde, dann mit Noten des Schatzamts. Von diesen aber gab es bald einen solchen Überfluß, daß man für sie nur die Hälfte ihres Nennwerts erlösen konnte.

Sobald die Händler merkten, welches Spiel hier getrieben wurde, ließen sie die Preise in die Höhe schnellen, um keine Verlustgeschäfte zu machen. Den Schaden hatten diejenigen, die mit Spielkarten entlohnt wurden: Soldaten, Offiziere und die Angestellten der Verwaltung. Wer aber noch Silber in irgendeiner Form besaß, versteckte es gut und hütete sich, es die Obrigkeit merken zu lassen oder gar es auszugeben.

Während des Spanischen Erbfolgekrieges (1701–14) steuerte Frankreich in schnellen Schritten auf den Staatsbankrott zu. Bei Kriegsende gab es außer riesigen Summen uneingelöster Wechsel und Noten 1,6 Millionen Livres an umlaufendem

Spielkartengeld. Ein großer Teil davon bestand aus hohen Werten von 50 resp. 100 Livres. Das waren ganze Karten in den Farben Coeur und Karo für Werte von 50 Livres sowie Pique und Treff für solche von 100 Livres. Beide Sorten trugen die Handzeichen des Gouverneurs und des Intendanten.

In einer Art Währungsreform strich man 1713 den Wert des Kartengeldes auf die Hälfte zusammen und verpflichtete den Generalschatzmeister der Marine, jährlich 1/5 davon, nämlich 160 000,– Livres, in Schatzwechsel, fällig im März des jeweils folgenden Jahres, einzutauschen. Aber auch diese Wechsel wurden jahrelang nicht honoriert. Erst das von John Laws Papiergeld angeheizte Spekulationsfieber, von dem an anderer Stelle noch die Rede sein wird, setzte Frankreich 1719 in die Lage, auch seine kanadischen Spielkartenschulden abzuwälzen. Und wieder mußten die Leute die Zeche bezahlen, die den Versprechungen staatlicher Institutionen allzu blauäugig vertraut hatten.

Inzwischen war die Versailler Majestät zu dem Entschluß gelangt, für den Rest ihres Lebens überhaupt kein Geld mehr nach Kanada zu schicken. In ihren Augen waren Kolonien dazu da, Schiffsladungen voll Gold und Silber an ihren königlichen Herrn zu schicken, statt ständig um Geld zu betteln. Dem armen Intendanten blieb unter diesen Umständen nichts anderes übrig, als jeweils die Spielkarten, die er gerade erst zum halben Wert eingezogen hatte, zum vollen Wert wieder auszugeben. Dadurch stieg der Gesamtbetrag des überhängenden Kartengeldes noch einmal kräftig an.

Wie schon angedeutet, ermöglichte 1720 die Seifenblase des John Law eine Konsolidierung der von Ludwig XIV. hinterlassenen Staatsschulden. Das hatte für Französisch-Kanada eine etwas bessere Versorgung mit Barmitteln zur Folge. 10 Jahre lang wurden deshalb keine Spielkarten als Geld ausgegeben. Weil aber die Bevölkerung nach ihren in den letzten Jahrzehnten gemachten Erfahrungen alles Silber hortete, blieb das Geld äußerst knapp. Darunter litt die wirtschaftliche Erholung und Fortentwicklung der Kolonie. Als dann auch noch der Zustrom neuen Geldes aus dem Mutterland zu einem kläglichen Rinnsal austrocknete, konnten die Soldaten wieder nicht bezahlt werden. Die Händler richteten daher eine Petition an König Ludwig XV. (1715–74), das Spielkartengeld wieder zuzulassen.

Im März 1729 genehmigte der König eine erneute Kartenausgabe im Umfang von 400000,– Livres. Paris schickte dazu Blankokarten, die in Kanada ausgeschrieben und sowohl von dem Intendanten Giles Hocquart als auch von dem Gouverneur, dem Marquis Charles de Beauharnois de la Boische, unterschrieben oder – bei den kleinen Werten – abgezeichnet werden mußten. Man kann sich vorstellen, wie lästig und zeitraubend das Geschäft des »Geldschreibens« für die beiden Männer gewesen sein muß. Dennoch stieg das Volumen im Laufe der Zeit wieder bis auf 1 Million Livres.

Die 40er und 50er Jahre brachten erneute Papiergeldfluten, nämlich Zahlscheine des Militärs. Sie führten dazu, daß die Siedler sogar das vermeintlich bessere Kartengeld horteten. Großen Nutzen können sie davon nicht gehabt haben. Gegen Ende des Siebenjährigen Krieges (1756–63) konnten sie nämlich trotz drastisch gestiegener Preise ihr Kartengeld nur mit 15% seines Nennwertes in Zahlung geben, wenn sie Waren kauften.

Nach dem Kriege, der Frankreich u. a. die Herrschaft über Kanada kostete, wurde das Kartengeld um 75% abgewertet und jeweils 1000,– Livres in 4%ige Inhaberschuldverschreibungen über 250,– Livres getauscht. 12 Jahre später waren auch diese ganz und gar wertlos. Ein deprimierendes Kapitel französischer Kolonial- und Geldgeschichte fand damit seinen endgültigen Abschluß.

Auch in den englischen Kolonien Nordamerikas waren Gold und Silber von Anfang an äußerst knapp. Allzu viele Gebrauchsgüter des täglichen Lebens mußten aus dem Mutterland importiert und oft genug bar bezahlt werden. Angemessene Barreserven konnten sich unter diesen Umständen nicht erst bilden. Die Knappheit an Edelmetallen verführte zum Horten, und das Horten erhöhte die Knappheit. Kein Wunder, daß die Siedler sich für inländische Transaktionen nach Ersatzgeld umsahen.

In der Frühzeit der Kolonien wurden von Virginia bis nach Neu-England hinauf Wampums als Kleingeld verwendet. Das waren zylindrisch geschliffene und auf Schnüre aufgereihte Muschelperlen, die von den Indianern zu verschiedenfarbigen Mustern zusammengefügt und im allgemeinen zur Dokumentation wichtiger Vorgänge und Verträge benutzt wurden. Der Pelzhandel mit den Weißen ließ sie zum Tauschmittel und schließlich zum Geld der Siedler selbst werden. Massachusetts erklärte sie 1641 zum gesetzlichen Zahlungsmittel für alle Transaktionen von geringem Wert.

Um 1620 bürgerte sich in Virginia der Gebrauch von Tabak als Zahlungsmittel ein. Wenn allerdings die Tabakernte allzu reichlich ausfiel, stiegen die Preise für nichtlandwirtschaftliche Produkte und mit ihnen die des Geldes aus dem Mutterland. In solchen Jahren konnte man nur wenig für sein Tabakgeld kaufen. Um es aber wenigstens für den Schuldendienst nutzbar zu machen, erklärte die General Assembly, das Parlament der Kolonie, im Jahre 1642 alle Verträge, in welchen Zahlungen in Gold oder Silber vorgesehen waren, für illegal. Damit wurde Tabak indirekt zum gesetzlichen Zahlungsmittel. Die Pflanzer glaubten, mit diesem Gesetz ihren eigenen Interessen vorzüglich gedient zu haben, mußten aber bald die Erfahrung machen, daß die Last ihrer Schulden eher drückender wurde, weil sich die Zinsen fortan um einen kräftigen Risikozuschlag erhöhten.

Das Gresham'sche Gesetz, nach welchem schlechtes Geld das gute verdrängt, erwies sich auch für das Tabakgeld als gültig. Bald wurden Zahlungen nur noch in Form von Tabakkrümeln, Rispen und Stengeln, die für den Weltmarkt nicht geeignet waren, vorgenommen. Deshalb wurde es auf die Dauer notwendig, nach Qualitätsmerkmalen klassifizierten Tabak in öffentlichen Lagerhäusern aufzubewahren und dafür Zertifikate auszustellen. Das Prinzip der »Zettelbank« setzte sich damit auch in Amerika durch, nur daß die Deckung der Banknoten brennbar und weniger dauerhaft als die bei den europäischen Banken hinterlegten Edelmetalle waren. Seit 1727 galten Tabakzertifikate in Virginia als gesetzliche Zahlungsmittel. Und als New Jersey später ebenfalls Papiergeld einführte, schmückte es die Scheine mit der Abbildung eines Tabakblattes.

Rund eineinhalb Jahrhunderte lang war die Tabakwährung in Virginia und Maryland gültig, weit länger als die spätere Silberwährung oder die darauf folgende goldgedeckte Währung der Vereinigten Staaten. Erst die amerikanische Verfassung schrieb 1787 in Artikel I, Abschnitt X vor: »*No state shall ... make anything but gold and silver coin a tender in payment of debts.*« (Kein Bundesstaat soll ... irgendetwas anderes als Gold- und Silbermünzen zum gesetzlichen Zahlungsmittel machen.) Derartige währungspolitische Eigenmächtigkeiten einzelner Bundesstaaten konnten von diesem Zeitpunkt an nicht mehr geduldet werden.

Die amerikanische Tabakwährung ist mehr als eine Randerscheinung der Geldgeschichte. Sie zeigt, daß das Prinzip des man made money, des in beliebiger Menge selbst gemachten Geldes, tief in der amerikanischen Geschichte und Mentalität verwurzelt ist. Wie uns die historische Erfahrung lehrt, gibt es offenbar traditionelle Weichwährungsländer und andere, deren Völker eine straffere Handhabung des Geldwesens von ihren Regierungen erwarten. Viele Anzeichen sprechen dafür, daß die USA zu der ersten Ländergruppe gehören.

Zu den hervorstechenden Eigenschaften der amerikanischen Kolonisten gehörte nach übereinstimmendem Urteil vieler Autoren ihre ausgeprägte Abneigung, Steuern zu zahlen. Nun ist dies ein keineswegs ungewöhnlicher Charakterzug, der in der Alten Welt ebenso verbreitet war und ist wie in der Neuen. Bei den Amerikanern war er jedoch so ausgeprägt, daß sie gegen Ende des 18. Jahrhunderts lieber unter größten Opfern um ihre Unabhängigkeit vom Mutterland kämpften, als versteuerten Tee zu trinken, der, nebenbei bemerkt, sogar besser und billiger war als der bisher aus Holland eingeschmuggelte unversteuerte Tee. Aber auch schon vorher zogen sie es vor, sich durch Verschlechterungen ihres Geldes schröpfen zu lassen, statt direkt Steuern abzuführen. Dabei fielen sie der irrigen Vorstellung zum Opfer, Geldvermehrung koste nichts und nur Steuern wären eine Last.

1690 zog eine Armee aus Freischärlern und Söldnern aus der Gegend um Boston nach Französisch-Kanada, um Québec zu erstürmen. Mit den dort eroberten Schätzen sollten die Soldaten entlohnt werden. Den Angreifern blieb die Enttäuschung erspart, statt Gold und Silber nur Spielkarten vorzufinden. Der Feldzug war nämlich erfolglos, und die Truppen mußten unverrichteter Dinge umkehren. Weil nun die öffentlichen Kassen von Massachusetts leer waren, Steuern aber auf jeden Fall vermieden werden sollten, wurden sog. »credit bills«, Schuldscheine des Staates nach Art der schwedischen credityf-sedlar, ausgegeben, um die Entlohnung der Truppen zu ermöglichen. Die Papiere erhielten den Rang von gesetzlichen Zahlungsmitteln, die auch bei Steuerzahlungen angenommen wurden. Das Abenteuer verhalf Amerika zu dem Ruhm, bei der Einführung von staatlichem Papiergeld der Londoner City den Rang abgelaufen zu haben. Wir aber halten fest, daß auch diese Innovation nur zu dem Zweck einer möglichst bequemen Kriegsfinanzierung erfolgte.

Einmal auf den Geschmack gekommen, konnten sich einige der Kolonien bei der Ausgabe von mehr und immer mehr Papiergeld kaum noch bremsen. Kräftige Preissteigerungen waren die Folge, bis die Papierscheine am Ende kaum noch einen Wert besaßen. Rhode Island, South Carolina und Massachusetts benutzten die Druckerpresse besonders fleißig. Indessen gab es auch Ausnahmen. John Kenneth Galbraith verweist in seinem Buch »Money, Whence it came, where it went«[6] auf die angeblich maßvolle Selbstbeschränkung der Verantwortlichen in New York, Maryland und anderen Kolonien. Dort wirkte nach seiner Darstellung die Ausgabe von Papiergeld konjunkturstützend und belebend, nicht aber preistreibend. Wenn Galbraith es auch mit den historischen Fakten nicht immer sehr genau nimmt, wollen wir es ihm doch abnehmen, daß es regionale Unterschiede hinsichtlich des Umfangs der Geldvermehrung gegeben hat.

Ein erstaunliches Beispiel vorweggenommener moderner Konjunkturpolitik wird uns aus Maryland überliefert. Dort bewilligte 1733 die gesetzgebende Versammlung neunzigtausend Pfund oder etwas mehr als 20 Schilling pro Kopf der Bevölkerung als zinsgünstige, langfristige Darlehen an ihre Bürger, um der herrschenden Geldknappheit zu begegnen. Die Kredite wurden in Form von Papierscheinen ausgezahlt und dürften trotz eines gewissen preissteigernden Effekts im ganzen mehr Nutzen als Schaden gestiftet haben.

In London sah man die amerikanische Papiergeldvermehrung und zumal die Inflationspolitik Neu-Englands mit Sorge und verbot sie schließlich durch Parlamentsbeschluß. Diese wohlgemeinte Maßnahme trug wesentlich mit dazu bei, die amerikanische Revolution auszulösen. Die hehren Ziele der Unabhängigkeitsbewegung waren nämlich mit handfesten wirtschaftlichen Interessen durchsetzt. *»Es ist ein Irrtum, sich das*

---

[6] London 1975, S. 53 f.

*Amerika von 1776 bis 1783 als eine Nation von Patrioten zu denken, die sich zu Opfern drängten, um ihre Freiheit zu gewinnen«* schreibt James Truslow Adams in seinem berühmt gewordenen Buch »The epic of America«. Nicht zufällig gehörten zu den Helden der ersten Stunde des Unabhängigkeitskrieges außer den Bostoner Teeschmugglern, die um die Rentabilität ihrer illegalen Unternehmungen bangten, vor allem die hoch verschuldeten Pflanzer und Landspekulanten Virginias. Durch allzu großzügige Kreditgewährung ermutigt, hatten sie sich zu weit vorgewagt und waren in äußerste Bedrängnis geraten. In ihrer Not sahen sie in der Revolution eine einmalige Chance, ihre Schulden loszuwerden. Auf der anderen Seite hielten sich manche konservativen Kreise vor allem deshalb von der Unabhängigkeitsbewegung fern, weil sie nicht zu Unrecht das finanzielle Chaos befürchteten, in das die Radikalen das Land zu stürzen im Begriff standen.

Es scheint das Vorrecht aller Revolutionen zu sein, sich die benötigten Mittel durch groß angelegten Geldschwindel zu verschaffen. Wüßten ihre Anhänger nämlich von vornherein, welche Opfer sie zu bringen hätten, so würde ihre revolutionäre Begeisterung wohl allzu rasch nachlassen. Auch der amerikanische Freiheitskrieg wurde nach diesem Muster so gut wie ausschließlich durch den Druck zusätzlichen Papiergeldes finanziert. Eine Hyperinflation war die Folge. Das bedeutete, daß die finanzielle Last des Krieges zur Hauptsache der unteren Schicht des Mittelstandes, nämlich den Kleinsparern, aufgebürdet wurde. Nur diese waren der Geldentwertung hilflos ausgeliefert.

In den USA begegnet man auch heute noch gelegentlich dem Vorurteil, ein stabiler Geldwert begünstige die »moneyed men«, die reichen Geldbesitzer, während die Armen bei der Geldentwertung nichts zu verlieren hätten. Die amerikanische Revolution wäre nach dieser Auffassung im Rahmen ihres Streites für die Freiheit und gegen überholte Herrschaftsstrukturen auch ein Kampf der armen Schlucker gegen die reichen Kolonialherren um reichliche Geldversorgung gewesen. Am Ende hätte die Demokratie nicht nur über Königtum und Adelsherrschaft, sondern auch über das Großkapital gesiegt.

Wir sahen bereits, daß diese Sicht der Dinge auf einem Irrtum beruht. Auch die Reichen des 18. Jahrhunderts saßen ja nicht auf Kisten voller Papiergeld wie die Mitglieder des englischen Parlaments auf ihren Wollsäcken. Ihr Einfluß und ihre Macht beruhten darauf, daß sie ihr Kapital für sich arbeiten ließen, Schiffe bauten und über die Meere schickten, Bergwerke betrieben, Fabrikationen einrichteten oder ausgedehnten Grundbesitz unterhielten, den sie an Kleinbauern verpachteten. Soweit tatsächlich Bargeld gehortet wurde, geschah das in der Form von Gold und Silber, nicht aber in dem dafür ungeeigneten Medium Papiergeld. Von der Geldentwertung wurde diese Bevölkerungsschicht viel weniger betroffen als andere Kreise.

Zwar wurde anläßlich der Revolution Tory-Eigentum im Wert von mindestens fünfzehn Millionen Dollar konfisziert, und 80 000 bis 100 000 Loyalisten mußten das Land verlassen; soweit die Plantagenbesitzer sich aber der Revolution anschlossen, behielten sie ihre Pflanzungen mitsamt den dazugehörigen Sklaven. Nur ihre Schulden wurden sie billig los. Die Händler und Fabrikanten verdienten ebenfalls am Krieg, und die Besitzer von Hartgeld konnten sich über die Preissteigerungen der Edelmetalle freuen. Gold stieg allein bis 1780 um 4000%. Auch die gewerbsmäßigen Geldverleiher brauchten keine Verluste hinzunehmen. Sie nahmen reichlich Fremdgeld auf, kauften für sich selbst zu anfangs nur wenig erhöhtem Kurs Gold und Silber und verdienten im übrigen an stark erhöhten Umsätzen, höheren Zinsen und höheren Gebühren. Nur die kleinen Rentenbezieher, die Witwen, Waisen und sonstigen Bezieher fixierter Einkommen hatten die volle Last der Geldentwertung zu tragen.

Zu der Gesellschaft derer, die ihre Vermögen unversehrt oder gar noch gesteigert über den Krieg herüber retteten, gesellte sich eine neue Schicht skrupelloser Geschäftemacher, die die Inflation zu ihrem Vorteil nutzten. Wer aber die Zeichen der Zeit nicht rechtzeitig erkannte, der mochte sehen, wo er blieb.

Survival of the toughest! Dieser Grundsatz entsprach genau der harten Pioniermoral, mit der Generationen von Amerikanern an der Grenze zwischen Zivilisation und Wildnis aufgewachsen waren. Hilf dir selbst, so hilft dir Gott. Das war die Maxime ihres Handelns. Wer überleben wollte, der durfte nicht durch des Gedankens Blässe oder moralische Hemmungen angekränkelt sein.

Wenn es allerdings ein Ziel gab, das jedem amerikanischen Einwanderer und dem größten Teil aller Alteingegessenen ständig vor Augen stand, so hieß es: schnell reich werden. Knappes Geld stand diesem Ziel eindeutig im Wege. Das in der constitution ausgesprochene Verbot der Papiergeldausgabe durch die Einzelstaaten löste deshalb bei einem großen Teil der Bevölkerung helle Empörung aus. Die geschickt eingefädelte Annahme der Verfassung wurde dadurch jedoch nicht verhindert.

Wir täten den führenden Persönlichkeiten der ersten Stunde Unrecht, wenn wir deren Bemühungen um die Wiederherstellung geordneter monetärer Verhältnisse nach dem Unabhängigkeitskrieg nicht anerkennen wollten. Der erste Finanzminister der USA, Alexander Hamilton (1755 – 1804), setzte es gegen vielfältigen Widerstand durch, daß die Kriegsschulden des Bundes und der Einzelstaaten honoriert wurden. Dadurch stellte er die Kreditwürdigkeit der Nation wieder her, eine wichtige Voraussetzung, um ausländisches Kapital für den Wiederaufbau und die wirtschaftliche Entwicklung des Landes anzulocken. Er besteuerte die Landbesitzer, die durch die Entwertung ihrer Schulden am meisten profitiert hatten, und erhob darüber hinaus eine drückende Kopfsteuer, um die vom Krieg übriggebliebenen Lasten aus der Welt schaffen zu können. Dagegen schonte er die Händler und Fabrikanten des Nordens und begünstigte die junge Industrie durch Schutzzölle. Seine Maßnahmen blieben nicht unumstritten. Doch selbst sein schärfster Widersacher, Thomas Jefferson (1743 – 1826), wollte nichts von leichtfertiger Geld- und Finanzpolitik wissen. Seine Auffassung in diesem Punkt war dem Anschein nach so konservativ, daß er, wie das Zitat auf Seite 102 zeigt, sogar die Aufnahme längerfristiger Staatsschulden ablehnte. Als Plantagenbesitzer war ihm offenbar bewußt, wie leicht man durch unüberlegtes Schuldenmachen seine Unabhängigkeit und seinen Handlungsspielraum verlieren konnte.

Alexander Hamilton war auch die treibende Kraft bei der Gründung der ersten Bank of the United States im Jahre 1791. Diese war als Notenbank nach dem Muster der Bank of England konzipiert, stieß aber auf so viel Mißtrauen bei einflußreichen Abgeordneten und Senatoren, daß trotz verantwortungsbewußter Führung und segensreicher Tätigkeit ihre Charter

1810 nicht verlängert wurde. Das gleiche Schicksal erlitt die zweite Bank der Vereinigten Staaten, deren Lebensdauer auf die Jahre 1816 bis 1836 beschränkt blieb.

Zu den Gegnern einer Bundesnotenbank gehörten neben den Kräften, die den ordnenden und regulierenden Einfluß einer solchen Institution aus eigensüchtigen Motiven verabscheuten, auch die Präsidenten Jefferson (1801 – 1809), Madison (1809 – 1817) und Jackson (1829 – 1837). Diese waren von einem tiefen Mißtrauen gegen Banken aller Art erfüllt und fürchteten die Macht skrupelloser Geldmenschen über Wirtschaft und Politik. Wie so oft bei wirtschaftspolitischen Entscheidungen führte auch bei ihnen die gute Absicht ohne tieferen Einblick in die Zusammenhänge zum entgegengesetzten Erfolg: Die *»innovativen und inflationären Instinkte der Amerikaner«* (J. K. Galbraith) konnten sich jetzt ungezügelt austoben, und alle Machenschaften, die Jefferson oder Jackson von einer zentralen Bundesnotenbank befürchtet hatten, fanden nunmehr vervielfältigt und unkontrollierbar auf der Ebene der Einzelstaaten statt. So kam es, daß die Geschichte des amerikanischen Bankwesens im 19. Jahrhundert zu den weniger rühmlichen Kapiteln der Wirtschaftsgeschichte gehört, von denen man sich je eher desto lieber wieder abwendet.

Bei Ausbruch des amerikanischen Bürgerkrieges im Jahre 1861 gab es etwa 7000 verschiedene Banknoten, die von rund 1600 Banken unterschiedlichster Qualität ausgegeben worden waren. Etwa ein Drittel des umlaufenden Papiergeldes war zudem noch gefälscht. Erst die von den Nordstaaten zur Kriegsfinanzierung herausgegebenen Scheine, die sog. »greenbacks«, stellten den Beginn einer einheitlichen amerikanischen Papiergeldwährung dar. Sie wurden von einer besonderen Abteilung des Finanzministeriums in Washington gedruckt. Bei dieser Regelung blieb es bis zum Ersten Weltkrieg. Daß die großzügige Gelddruckerei im Sezessionskrieg zu einer neuen Inflation führte, sei nur am Rande vermerkt. Dennoch erwies es sich bereits 1865 als notwendig, einen eigenen Geheimdienst des Finanzministeriums zur Bekämpfung der professionellen Geldfälscher zu schaffen.

Ein einheitliches Münzwesen gab es bereits seit dem Mint Act von 1792, der den Dollar zur Währungseinheit gemacht hatte. Vorher dienten Pesos, abgekürzt »P's«, als Geld. Den senkrechten Strich des P finden wir verbunden mit dem s noch heute im Dollarsymbol $ wieder.

Erstaunlich lange glaubten die USA, ohne eine zentrale oberste Währungsinstanz auskommen zu können. Vor allem die Demokraten widersetzten sich leidenschaftlich jedem Versuch, durch Gründung einer zentralen Bundesbank Ordnung in das monetäre Durcheinander zu bringen. Daß das Schatzamt einen Teil des Machtvakuums ausfüllte, machte die Dinge nicht besser, denn dessen Aufgabe war in erster Linie die Staatsfinanzierung. Erst 1913 gelang schließlich ein Kompromiß, dem das Federal Reserve System als Gemeinschaft von 12 einzelnen Reservebanken seine Entstehung verdankt. Daß er überhaupt zustande kam, gilt als Verdienst des Senators Nelson W. Aldrich und des Bankiers Paul M. Warburg.

Den außenstehenden Beobachter mag es überraschen, daß ausgerechnet die »liberale« Partei der Demokraten, die im allgemeinen staatlichen Eingriffen in das Wirtschaftsgeschehen weniger abgeneigt ist als die der Republikaner, nichts von einer zentralen Bundesbank als regulierender Instanz für die privaten Geschäftsbanken wissen wollte. Hier mag neben der allgemeinen Furcht vor Bankenmacht und Monopolen, die aus Unverständnis auch auf die Institution der Zentralnotenbank übertragen wurde, vor allem die Sorge mitgespielt haben, die Geldversorgung könne bei zentraler und unabhängiger Steuerung knapper ausfallen als bisher. Das englische Wort »liberal« läßt sich auch mit »reichlich« übersetzen und bezieht sich im politischen Bereich offenbar auf die Geldmenge. Anscheinend stellte sich dem Parteivolk die Frage einer Bundesnotenbank als Währungshüterin so dar, als ob die republikanischen Söhne und Enkel derer, die rücksichtslos und mit oft fragwürdigen Methoden große Vermögen zusammengerafft hatten, jetzt durch knappes Geld andere Leute daran hindern wollten, auf die gleiche Art reich zu werden. Das aber wäre in seinen Augen eine eindeutige Verletzung des in der Unabhängigkeitserklärung postulierten Grundrechts auf »pursuance of happiness« gewesen.

Der Verfasser erinnert sich an ein Erlebnis während des Wahlkampfs zwischen Richard Nixon und John F. Kennedy um die Nachfolge Präsident Eisenhowers. Damals erklärte ihm ein New Yorker Taxifahrer überzeugend, warum es unbedingt notwendig wäre, daß Kennedy und die demokratische Partei

### *Thomas Jefferson über die Staatsschuld*

**»Um Unabhängigkeit zu bewahren, dürfen wir uns nicht von unseren Staatslenkern langfristige Schulden aufbürden lassen. Wir müssen unsere Entscheidung treffen zwischen Sparsamkeit und Freiheit einerseits und Verschwendung und Knechtschaft andererseits. Wenn wir in solche Schulden geraten, daß wir Steuern erheben müssen auf Fleisch, Getränke, Gebrauchsgegenstände und Luxusartikel, auf unsere Arbeit und unser Vergnügen, ... wie dies in England geschieht, dann muß auch unser Volk, so wie das englische, dahin gelangen, sechzehn Stunden von vierundzwanzig zu arbeiten und den Lohn für fünfzehn Stunden der Regierung für ihre Schulden und täglichen Ausgaben abzugeben; und da die sechzehnte Stunde ungenügend ist, um uns Brot zu verschaffen, müßten wir, so wie es das englische Volk tut, von Haferflocken und Kartoffeln leben.«**

Aus einem Brief an Samuel Kecheval vom 12. Juli 1816; Übersetzung: Walter Grossmann.

die Wahl gewinne. Andernfalls würden nämlich die konservativen Republikaner und die Wallstreet-Bosse das Geld knapp halten mit der Folge, daß der kleine Mann Börsenverluste seiner Aktien hinnehmen müsse. Ebenso könnte die ungewöhnlich große Popularität des republikanischen Präsidenten Reagan (1981 – 1989) nicht nur mit der Wiederherstellung des Selbstvertrauens der Amerikaner, sondern auch damit zusammenhängen, daß er ohne Rücksicht auf die Folgen eine kräftige Ausgabensteigerung mit Steuersenkungen verband, insgesamt also Inflationspolitik betrieb. Wen kümmerte es schon, daß auch in diesem Fall die Sozialhilfeempfänger, Alten und Kranken das Nachsehen hatten? Die USA sind nie ein Fürsorgestaat gewesen und werden es vermutlich auch in Zukunft nicht sein.

Dem internationalen Goldstandard, dem die europäischen Nationen nach englischem Beispiel in den 70er Jahren des 19. Jahrhunderts beigetreten waren, schlossen sich die USA erst ganz am Ende des Jahrhunderts an. Die Entscheidung war ein Zeichen für die veränderte Interessenlage der inzwischen wohlhabend gewordenen Nation und Folge des reichlicheren Goldangebots, das zu einem nicht unwesentlichen Teil aus eigener Förderung stammte.

In den englischen Kolonien auf dem Territorium des heutigen Kanada herrschte zunächst ein heilloser Münzwirrwarr. Das Militär wurde dort nämlich mit französischem und deutschem, spanischem, portugiesischem und mexikanischem Geld, wie es gerade paßte, entlohnt. Die Zivilbevölkerung blieb unterdessen noch lange dem Tauschhandel treu.

1782 gründeten Kaufleute aus Montreal die »Canada Banking Company«. Weil dieser jedoch das Recht zur Notenausgabe verwehrt wurde, Banknoten aber damals als das übliche Mittel angesehen wurden, über Bankguthaben zu verfügen, war ihr nur ein kurzes Leben beschieden. Ein ähnliches Schicksal hatten zwei weitere Bankgründungen von 1807 und 1808. Von einem regulären Bankwesen können wir erst ab etwa 1820 sprechen. Der schon 1817 gegründeten Bank of Montreal kam dabei als bevorzugter Bank des Staates eine gewisse Führungsrolle zu.

Kanadas Bankgesetz stammt aus dem Jahre 1871. Schon vorher, nämlich bereits 1858, war man zur dezimalen Dollarwährung übergegangen.

Vom US-amerikanischen Bankwesen unterschied sich das kanadische durch seine Bevorzugung überregional tätiger Filialgroßbanken mit vielen Zweigstellen, ferner durch eine gewisse Cliquenwirtschaft der herrschenden Oligarchie, die Newcomern den Zutritt erschwerte und dadurch planmäßigen Betrügereien weniger entgegenkam.

Bis 1934 hatten sowohl die chartered banks als auch das Finanzministerium das Recht zur Notenausgabe. Die Banken konnten bis zu $ 120 Millionen bei 1/4 Golddeckung und weitere $ 26 Millionen, die durch Bahnanleihen gedeckt waren, ausgeben. Der Finance Act von 1914 erlaubte es dem Finanzministerium, sog. »Dominion notes« in unbeschränkter Höhe auszugeben, indem es bestimmte Wertpapiere der chartered banks belieh. Die Notenausgabe bei voller Golddeckung war unbeschränkt.

Eine Zentralnotenbank als oberste Währungsinstanz bekam das Land erst 1935, nachdem die Erfahrungen aus der großen Weltwirtschaftskrise eine Überprüfung und bessere Kontrolle von Geld und Kredit nahegelegt hatten. Erst seit 1950 obliegt dieser die Gesamtverantwortung für alles umlaufende Papiergeld.

1961 kam es zu einer heftigen Auseinandersetzung zwischen der Regierung Diefenbaker und ihrem Finanzminister Fleming auf der einen und dem Gouverneur der Bank of Canada, James Elliott Coyne, auf der anderen Seite. Coyne, ein Fachmann von hohen Graden, wehrte sich leidenschaftlich gegen die in seinen Augen unverantwortliche Ausgabenfreudigkeit der Regierung und weigerte sich, sie durch eine expansive Geld- und Kreditpolitik zu finanzieren. Der Regierung gelang es jedoch, nicht nur die öffentliche Meinung, sondern auch eine Reihe keynesianisch geprägter Wirtschaftswissenschaftler gegen Coyne zu mobilisieren und ihn durch die Vorbereitung einer »Lex Coyne« zum vorzeitigen Rücktritt zu zwingen. Der Vorfall ist ein geradezu klassisches Schulbeispiel für die Tatsache, daß die Unabhängigkeit jeder Notenbank an der Gesetzgebungsgewalt parlamentarischer Mehrheiten ihre Grenze findet. Seit diesem Ereignis hat der kanadische Finanzminister bei anhaltender Meinungsverschiedenheit mit der Notenbank das Recht, deren Politik durch eine schriftliche Direktive zu bestimmen.

## *John Law und die Londoner Südseeseifenblase*

Vielen erscheint der französische König Ludwig XIV. als strahlender Held, dem Frankreich Glanz und Größe verdankt. Das Urteil der Historiker hängt dagegen, wie so oft, von Standort, Fragestellung und Blickwinkel des jeweiligen Betrachters ab. Wer sich **nur** mit den negativen Aspekten der Politik des Sonnenkönigs beschäftigt, der ist versucht zu fragen, ob die Franzosen, wenn sie die langfristigen Folgen dieser Politik schon damals hätten erkennen können, nicht auch gute Gründe gehabt hätten, ihre große Revolution schon achtzig Jahre früher zu veranstalten und Ludwig XIV. anstelle seines unbedeutenden und schwächlichen Ururenkels umzubringen. Doch urteilen wir selbst und sehen uns einmal an, was Ludwig XIV. in den 54 Jahren, in welchen er selbständig herrschte, für sein Land erreicht hat.

Als der junge König 1661 die Zügel seiner Regierung selbst in die Hand nahm, da geschah das unter Umständen, die für Frankreich kaum günstiger hätten sein können. Das deutsche Reich war durch den Dreißigjährigen Krieg zerstückelt und geschwächt, alle größeren Mächte Europas mit sich selbst und ihren wechselseitigen Auseinandersetzungen – die geschickt von der französischen Diplomatie geschürt und beeinflußt worden waren – vollauf beschäftigt. Frankreich war die stärkste Nation Europas. Das Fortdauern der religiösen Gegensätze schien eine Garantie für ein längerfristiges Anhalten dieses Zustands zu bieten. Im Innern war der Aufstand der Fronde niedergeschlagen und die königliche Macht gefestigt worden. Die Verwaltung lag in den Händen hervorragender, befähigter Minister, und die Staatskassen waren wohl gefüllt.

Als Ludwig am 1. September 1715 starb, hatte sich die allgemeine Lage wie folgt verändert:

- Alle Macht im Staat war beim König konzentriert. Der in der Vergangenheit ebenso unabhängige wie unzuverlässige Hochadel war an den prunkvollen und korrupten Versailler Hof berufen worden, wo er unter der Kontrolle des Königs stand und dem Volk mehr und mehr entfremdet wurde, ein Umstand, der zu der späteren blutigen und grausamen Entladung der sozialen Spannungen mit beigetragen haben dürfte.
- Der Überfall Frankreichs auf die Niederlande hatte England in die Lage versetzt, seinerseits den Holländern ihre Dominanz auf den Weltmeeren und im internationalen Handel abzujagen und dadurch sein eigenes Gewicht erheblich zu stärken.
- Nach der Aufhebung des Edikts von Nantes hatte Ludwig Hunderttausende von meist intelligenten und wirtschaftlich besonders aktiven Hugenotten mit einem bemerkenswert hohen moralischen Niveau aus dem Land getrieben und an konkurrierende Mächte abgegeben.
- Die Annexion Straßburgs hatte Frankreich zwar eine gewisse Ausdehnung seiner Grenzen gebracht, allerdings um den Preis, einen Zankapfel geschaffen zu haben, der die deutsch-französischen Beziehungen in den folgenden 250 Jahren auf das Schwerste belasten sollte. Vor allem aber hatte sie zusammen mit dem Raubzug in die Pfalz Europa gegen Frankreich geeinigt. Insbesondere waren England und die Niederlande, die beiden stärksten Handelsmächte mit dem am weitesten entwickelten Finanzapparat der Welt, nunmehr Verbündete.
- In dem von Ludwig angezettelten spanischen Erbfolgekrieg war die Vorherrschaft Frankreichs in Europa verlorengegangen. Der eigentliche Gewinner war auch hier wieder England, und man kann deshalb cum grano salis sagen, daß sich wohl kaum ein Ausländer so sehr um die Entstehung und Festigung des englischen Weltreichs verdient gemacht hat wie Ludwig XIV.
- Über den europäischen Querelen waren die nordamerikanischen Kolonien Frankreichs so sehr vernachlässigt worden, daß dadurch ihr späterer Verlust schon vorprogrammiert

war, zumal der Seeweg zu ihnen immer stärker unter englische Kontrolle geriet. Welche Chancen waren hier vertan worden!

– Last but not least waren die Finanzen Frankreichs hoffnungslos zerrüttet. Beim Tod Ludwig XIV. betrugen die Staatsschulden rund 2,5 Milliarden Livres. Allein die Zinsen darauf fraßen mehr als die Hälfte aller Staatseinnahmen auf. Unter diesen Umständen war nicht nur praktisch keinerlei politischer Handlungsspielraum mehr vorhanden, sondern es war überhaupt kaum noch möglich, den laufenden Staatsbetrieb weiterhin in Gang zu halten.

Dies alles muß man im Auge haben, wenn man erkennen will, wie verlockend die Vorschläge des Schotten John Law of Lauriston dem Regenten Philipp von Orleans erscheinen mußten. Da kam ein Fachmann aus dem Land, in dem das moderne Papiergeld entwickelt worden war, und bewies auf wissenschaftlicher Grundlage, wie leicht es war, Staatsschulden zu bezahlen, die Wirtschaft des Landes wieder anzukurbeln, die Kolonien zur stolzen Blüte zu bringen und dadurch auch wieder Gewicht im Welthandel und auf den Meeren zu bekommen, kurz, das Allgemeinwohl in einer Weise zu fördern, die man sich vor kurzem noch nicht einmal im Traum hatte vorstellen können.

John Law ist zu seinen Lebzeiten und später sowohl als genialer Reformer bestaunt wie auch als wilder Spekulant verdammt worden. Keine der beiden Ansichten wird ihm gerecht. Das von ihm entwickelte Konzept war nicht neu. Es entsprach dem Erkenntnisstand seiner Zeit und hatte sich dem Anschein nach bereits in ähnlicher Form in der Praxis bewährt. Die ihm zur Last gelegten wilden Spekulationen sind nicht von ihm zu verantworten, sondern sie waren die Folge einer ihm vom Staat aufgenötigten allzu starken Papiergeldvermehrung. Im Grunde war das Konzept John Laws nicht unsolider als die heutige Weltwährungsordnung.

Schon 1705 hatte Law, der in London Mathematik und politische Ökonomie studiert und in Amsterdam seine Kenntnisse des internationalen Bank- und Börsenwesens vertieft hatte, seine Vorstellungen unter dem Titel »Money and Trade Considered with a Proposal for Supplying the Nation with Money« veröffentlicht. Im Einklang mit der herrschenden merkantilistischen Lehre hielt er das Geld für eine schöpferische Kraft, durch die der Wohlstand und die relative Stärke und Bedeutung eines Landes erheblich gesteigert werden könnte. Je mehr Geld eine Nation besäße, desto reicher und mächtiger sei sie auch (ein Fehlschluß, der auf der uns schon bekannten Verwechslung von Geld und Vermögen beruht). Hiervon ausgehend folgerte Law, durch Grund und Boden gedecktes Papiergeld sei dem Münzgeld überlegen, wenn die Ausgabe vom Staat überwacht werde und die Geldmenge den Bodenwert nicht überschreite. Solches Geld sei billiger herzustellen und leichter zu transportieren als Münzen. Auch könne es nicht ins Ausland abfließen und so dem Kreislauf von Geld und Gütern entzogen werden. Schließlich sei Papiergeld wertbeständiger, weil es von den hektischen Preisschwankungen der Edelmetalle nicht berührt werde und sein Volumen den Erfordernissen des Handels entsprechend gesteuert werden könne.

Aus den in England und Schottland gewonnenen Erfahrungen wußte Law, daß Notenbanken im allgemeinen mit einer relativ geringen Kassenhaltung auskommen. Er sah allerdings voraus, daß es in größeren Zeitabständen von etwa drei Jahren vorkommen könnte, daß allzu viele Besitzer von Banknoten diese gleichzeitig gegen Münzen eintauschen wollten und es dadurch zu einer Liquiditätskrise für die Notenbank käme. Deshalb schwebte ihm auf lange Sicht eine Nichteinlösbarkeit der Noten vor.

Auch Wissenschaftler können sich irren. Mit einem zeitlichen Abstand von beinahe drei Jahrhunderten ist es nicht schwer, die Schwachstellen der Lawschen Argumentation aufzuzeigen:

- Geldmenge und Reichtum sind weder bei Staaten noch bei Einzelpersonen identisch, schon gar nicht, wenn das Geldmaterial keinen eigenen Wert oder Nutzen besitzt.
- Es gibt keine vernünftige Beziehung zwischen dem Grund und Boden einer Nation und einer angemessenen Geldmenge. Im Gegenteil: je mehr Geld im Umlauf ist, umso

mehr steigen auch die Bodenpreise, was bei dem Law'schen Modell Anlaß geben könnte, noch mehr Geld auszugeben. Die »Deckung« einer Währung durch Grundbesitz kann allenfalls den Sinn haben, dem Volk Vertrauen in eine an sich wertlose Währung einzuflößen.

– Dem Staat und seiner Regierung die Steuerung der Geldmenge zu übertragen, ohne den Verantwortlichen gleichzeitig Zügel anzulegen, heißt, sich auf Inflationspolitik einzulassen. Kein Staat ist in der Lage, sich genügend einzuschränken, wenn ihm unbeschränkte Finanzierungsmöglichkeiten eingeräumt werden. Diese Erfahrung muß jede Generation, die nicht bereit ist, aus der Geschichte zu lernen, von neuem machen.

Auch unter Laws Zeitgenossen gab es schon einige, die seinen Vorstellungen kritisch gegenüberstanden. Die schon erwähnte ältere Quantitätstheorie des Geldes mit der Formel

$$\mathbf{M \times V = W \times P}$$

gewann nämlich jetzt konkretere Gestalt, wobei – basierend auf spanischen Vorarbeiten – auch die Ideen so scharfsinniger Denker wie John Locke und Isaac Newton eine gewisse Rolle spielten. Jeder Ausweitung der Menge M oder der Umlaufgeschwindigkeit V des Geldes muß nach dieser Formel eine entsprechende Erhöhung des Warenangebots W gegenüberstehen, weil sonst das Preisniveau P steigt. Anders ausgedrückt: eine positive Wirkung zusätzlich geschaffenen Geldes kann es nur bei übervollen Warenlagern, Preisverfall und Unterbeschäftigung geben. – Vielleicht war es diese heranreifende Erkenntnis, die es verhinderte, daß Laws Ideen in seiner Heimat Anklang fanden, vielleicht auch die Tatsache, daß es sowohl in England als auch in Schottland bereits Notenbanken gab. Jedenfalls mußte er sich nach einem anderen Land umsehen, in welchem er seine Ideen praktisch erproben konnte. Er fand dieses schließlich in Frankreich, nachdem er sein Konzept für dessen Regenten, den Herzog Philipp von Orleans, schmackhaft zubereitet hatte.

Im Mai 1716 gründete Law die Banque Generale als erste Notenbank Frankreichs. Das Kapital von 6 Millionen Livres wurde von den Gründern in der Weise aufgebracht, daß 75%

des Ausgabepreises in Form von Staatsanleihen und 25% bar bezahlt wurden. Die Parallele zur Gründung der Bank of England ist nicht zu übersehen. Ähnlich wie bei dieser erfreuten sich die von der Bank ausgegebenen Noten bald einer großen Beliebtheit, zumal die Regierung verfügte, daß Steuerzahlungen in Banknoten geleistet werden sollten.

Die Noten trugen die Aufschrift:

*»La Banque promet payer au Porteur à vüe x Livres Tournois en Especes d'Argent, valeur receüe.«*

(Die Bank verspricht, dem Inhaber bei Vorlage x Livres Tournois in Silberspecie zu zahlen, Wert erhalten.)

Das bedeutete, daß sie Ansprüche auf eine bestimmte Gewichtsmenge Silber, unabhängig von jeder staatlichen Münzverschlechterung, repräsentierten. Dadurch schienen sie wertbeständiger als alles Münzgeld zu sein.

Durch die Vergabe billiger Kredite gelang es Law, einerseits das im Lande herrschende Zinsniveau deutlich und wohltuend zu senken und andererseits seine Ausleihungen auf das 10fache des Eigenkapitals der Bank auszudehnen. Eine solche Relation gilt auch heute noch als vorsichtig und solide.

1718 übernahm der französische Staat die Bank und gab ihr den neuen Namen Banque Royale. Von da an war es mit ihrer Solidität vorbei. Law hatte in der Zwischenzeit die Konzession für die Compagnie d'Occident erworben und schickte sich an, sie nach dem Vorbild anderer großer Handelsgesellschaften zu einer regelrechten Kolonialmacht auszubauen. Das Kapital von 100 Millionen Livres war durch Hergabe von Staatsanleihen aufzubringen. Diese wurden von der Gesellschaft vernichtet, wogegen ihr der Staat eine jährliche Rente von vier Millionen Livres zu zahlen hatte. Das entsprach einer Umschuldung zu stark herabgesetztem Zins. Dafür erhielt die Gesellschaft ein Monopol auf 24 Jahre zur Ausbeutung der damaligen Kolonie Louisiana, die praktisch das gesamte Mississippigebiet umfaßte.

Um das Projekt rentabel zu machen, investierte Law erst einmal kräftig. Er gründete die Stadt New Orleans, der er den Namen des Regenten gab, und begann, von dort aus die lange vernachlässigte Kolonie zu besiedeln und sie verkehrsmäßig zu erschließen. Wer siedeln wollte, erhielt zu günstigen Bedingungen Land und Kredit sowie sonstige Förderung. Die mit diesen Maßnahmen verbundenen Ausgaben wurden mit Krediten bestritten, die die Bank der Gesellschaft großzügig gewährte.

Zunächst lief alles gut an. Das in Nordamerika ausgegebene Geld ließ die Preise im Mutterland unbeeinflußt. In Frankreich aber gab es eine große Zahl arbeitsloser, entlassener Soldaten und eine daniederliegende Wirtschaft. Die Getreidepreise waren so niedrig wie seit Jahrzehnten nicht mehr. Die Landwirtschaft als bei weitem wichtigster Wirtschaftszweig litt unter einer hohen Schuldenlast und einer bis zum Auftreten Laws existenzbedrohenden Zinsverpflichtung. Anders als in Großbritannien zur Gründungszeit der Bank of England bestand daher ein reichlicher Spielraum für ungefährliche Geldvermehrung. Die segensreiche Wirkung der Bank schien die von John Law vertretene Theorie in jedem Punkt zu bestätigen. Ein Indiz dafür, daß bei der inländischen Gesamtgeldmenge die Grenze zum »Zuviel« noch nicht überschritten war, ist das lange Beharren der Börsennotiz der »Mississippigesellschaft«, wie sie vom Volk genannt wurde, auf ihrem Einführungskurs.

Das änderte sich, als die inzwischen staatseigene Banque Royal ihrem Eigentümer allzu reichliche Kredite einräumte und jedes Gefühl für Maß und Proportion verlor. Allein im Jahre 1719 wurde der Banknotenumlauf um 1,3 Milliarden Livres (!) erhöht. Wie weit Law selbst, der mittlerweile zum Generalkontrolleur der Finanzen des Königreichs bestellt worden war, dabei seine Finger mit im Spiel hatte, ist schwer zu entscheiden. Immerhin war es das Zeitalter des Absolutismus, und auch ein John Law war von den Launen des Regenten und des ihn umgebenden Hochadels abhängig. Wahrscheinlich ist, daß die exorbitante Banknotenvermehrung Laws Intentionen eindeutig zuwiderlief. Wenn wir ihm einen Vorwurf machen können, dann den, daß er die Begehrlichkeit seiner königlichen Herrschaften von Anfang an unterschätzt hatte.

Das von der Volkswirtschaft in diesem Umfang nicht benötigte Papiergeld drängte an die Börse. Jedermann konnte sehen, welche Wunder Law in Frankreich vollbracht hatte. Kleine und große Gläubiger hatten nach vielen Jahren vergeblichen Wartens endlich ihr vom Staat geschuldetes Geld bekommen, die Wirtschaft war aufgeblüht, alle Handwerker voll beschäftigt. Werften und Hafenstädte florierten. Marseilles hatte innerhalb weniger Jahre seinen Umschlag verdoppelt. Da konnte man trotz anfänglicher Skepsis ähnliche Erfolge in Louisiana erwarten. Da man ohnehin nicht recht wußte, wohin mit dem Geld, wurden Aktien der Mississippigesellschaft gekauft. Law hatte tüchtig die Werbetrommel gerührt, teils um das öffentliche Interesse auf die Wichtigkeit der Entwicklung Louisianas zu lenken und Menschen als Siedler, Händler und Produzenten für seine Kolonie zu gewinnen, teils auch, um eine günstige Finanzierung sicherzustellen. Das wirkte sich jetzt bei der Nachfrage nach seinen Aktien aus.

Man kann eine direkte Beziehung zwischen der Papiergeldausgabe durch die Bank und den Kurssteigerungen der Mississippi-Aktien beobachten. Die Hauptmasse der zusätzlichen Banknoten wurde im zweiten Halbjahr 1719 ausgegeben. Im gleichen Zeitraum fanden die stärksten Kurssteigerungen statt. Hatte Law im Sommer noch Mühe, junge Aktien mit einem Nennwert von 500,– Livres zu 550,– Livres loszuwerden, so wurden ihm einige Monate später 300 000 Aktien zu Kursen um 5000,– Livres, also 1000%, aus der Hand gerissen. Allein das Volumen dieser Placierung würde uns heute noch größten Respekt abnötigen, wüßten wir nicht, daß es in etwa dem des neuen Papiergeldes entsprach.

Ein Taumel hatte die Menschen von Paris ergriffen. Jeder wollte dabei sein, jeder mühelos reich werden. Abenteuerliche Geschichten kursierten, von Kammerdienern, die mit dem Geld ihrer Herrschaft spekuliert und reiche Leute geworden waren, und von einer Dame der Gesellschaft, die absichtlich ihre Kutsche vor Laws Haus umstürzen ließ, nur um seine Aufmerksamkeit zu erregen und ihn um eine Zuteilung von Aktien bitten zu können. Herzöge und Grafen verlangten die Reservierung größerer Posten, womöglich zu Sonderkonditionen, und Law mußte aufpassen, sich nicht durch zu geringe Zuteilung Feinde am Hof zu schaffen.

1720 war mit Kursen zwischen 18 000,– und 20 000,– Livres der Kulminationspunkt erreicht. Es heißt, ein Angehöriger des Hochadels habe aus persönlicher Verärgerung oder auch aus anderen Gründen seine Aktien abgestoßen und den Erlös in »mehreren Wagenladungen« Gold und Silber abgefahren. Als etwa zur gleichen Zeit die ersten enttäuschten Auswanderer aus Louisiana zurückkehrten und mit ihren Erzählungen die herrschende Euphorie dämpften, bröckelten die Kurse ab und fielen dann ebenso schnell, wie sie vorher gestiegen waren. Law versuchte, den Kurs zu stützen, mußte aber bald die Vergeblichkeit seiner Bemühungen einsehen.

Gefährlich wurde die Baisse vor allem dadurch, daß die Aktienverkäufer ihre Erlöse vorzugsweise in Gold und Silber anlegten, d. h., ihre Banknoten einlösen wollten. Als die Regierung daraufhin den Besitz von Edelmetallen verbot, setzte eine Flucht in andere Sachwerte ein.

Heute wissen wir, daß sich fast jede inflationäre Geldvermehrung zuerst an der Börse und erst eine ganze Weile später – vielfach, wenn die Aktienkurse bereits wieder fallen – bei den Warenpreisen auswirkt. Auch die Zeitgenossen des John Law machten diese Erfahrung. Daß sie allerdings die Gesetzmäßigkeit dieses Vorgangs schon damals erkennen konnten, ist kaum anzunehmen. Als allerdings die Regierung im Mai 1720 die Torheit beging, eine Abwertung der Banknoten auf die Hälfte ihres Nennwertes zu verfügen, kam ihnen die ganze Fragwürdigkeit des Papierschwindels erst richtig zum Bewußtsein. Es setzte ein Run auf die Bank ein, und es kam zu deren Zusammenbruch. Laws Plan, die notleidenden Forderungen der französischen Bürger an ihren Staat in Teilhaberschaften an der Kolonie Louisiana umzuwandeln, schien gescheitert zu sein.

Wenn auch die enttäuschten Spekulanten Law als den Verderber Frankreichs beschimpften und ihm vorwarfen, die Nation in Elend und Not gestürzt zu haben, so waren doch die Folgen seines Experiments im ganzen eher positiv für das Land. Die vielen Gläubiger des Staates durften froh sein, endlich überhaupt einen Gegenwert für ihre Forderungen bekommen zu haben. Handel und Produktion waren gestiegen, die Kolonien aufgeblüht und die Regierung von den drückenden Zinsverpflichtungen aus der Hinterlassenschaft Ludwig XIV.

befreit worden. Frankreichs Außenhandelsvolumen hatte sich wertmäßig von 87 Millionen Livres im Jahre 1716 auf 263 Millionen Livres in 1720 verdreifacht und blieb selbst nach dem Crash mit rund 200 Millionen auf relativ hohem Niveau. Der Regent hatte sein Vermögen beträchtlich vermehren können, da Law sich genötigt sah, ihm beim Zusammenbruch der Kurse 100 000 Aktien zum Kurs von 9000,– Livres abzunehmen. Auch andere Aktionäre waren reich geworden; wieder andere dagegen, deren Raffsucht ohne Maß und Ziel gewesen war oder die erst zu Höchstkursen »eingestiegen« waren, hatten alles verloren. Nur diese waren wirklich spekulationsgeschädigt; das aber hatten sie ihrer eigenen Torheit und Gier zuzuschreiben.

Schlimmer als der Börsenkrach war die Vernichtung zahlreicher kleiner und mittlerer Vermögen durch die Papiergeldinflation selbst und den nachfolgenden, einem Staatsbankrott gleichkommenden Zusammenbruch der Bank. Über den wirtschaftlichen Schaden hinaus wurde das Ansehen der Monarchie stark angeschlagen, hatte sich doch die Krone selbst mit der Übernahme der Verantwortung für die »Banque Royal« allzu stark exponiert. Hier zeigte sich der Nachteil der Zusammenfassung aller Entscheidungsgewalt im Staat beim Herrscher selbst. Fehlentscheidungen waren eher möglich, hatten weitreichendere Folgen und belasteten die Institution der Monarchie. Der jetzt eingetretene Prestigeverlust steht am Beginn einer Entwicklung, die 70 Jahre später zur Revolution führen sollte.

Es ist interessant, die Folgen der französischen Spekulationskrise von 1720 mit denen der sich unmittelbar anschließenden englischen »Südseeseifenblase« (South Sea Bubble) zu vergleichen. Auch hier hatte überreichliche Geldversorgung zu überschäumender Spekulation mit anschließendem Zusammenbruch geführt, doch hatte sich der wirtschaftliche wie auch der politische Schaden dank der Besonnenheit der verantwortlichen Persönlichkeiten in überschaubaren Grenzen gehalten.

Im Frieden von Utrecht, mit dem der spanische Erbfolgekrieg beendet wurde, hatte England 1713 u. a. gewisse Zugeständnisse für den Handel mit den spanischen Kolonien in Amerika erhalten. 30 Jahre lang sollte jährlich ein Schiff von weniger als 500 Tonnen Fassungsvermögen zollfreie Waren dorthin liefern dürfen. Für ebenso lange Zeit erhielt England das Privileg, 4800 Negersklaven pro Jahr in Spanisch-Amerika zu verkaufen. Schon 1711 war in Erwartung solcher (oder eher noch günstigerer) Handelsvorteile die South Sea Company gegründet worden. Ähnlich wie bei der Gründung der Bank of England hatte sie das Gründungskapital dem Staat als Darlehen zur Verfügung gestellt und dafür ein Monopol für den Handel im pazifischen Raum erhalten.

Die erste Reise brachte 1717 nur mäßigen Erfolg. Der Gesellschaft gelang es jedoch, sich das Wohlwollen der Regierung zu sichern und König Georg I. als Governor zu gewinnen. Auch scheinen gewisse kreative Buchungsmethoden angewandt worden zu sein. Jedenfalls gab es schon bald eine Dividende von 100%. Die Leitung der South Sea Company verfolgte jetzt das Ziel, einerseits die gesamte Staatsschuld zu übernehmen und dafür weitere Privilegien zu erhalten, andererseits den Kurs der eigenen Aktien so weit wie nur irgend möglich in die Höhe zu mogeln, um dann Kapitalerhöhungen zu überhöhtem Kurs durchführen zu können.

Nun war England zu dieser Zeit nicht nur ausreichend mit Papiergeld der Bank of England versorgt, sondern auch mit Hartgeld weit besser als in den vorangegangenen Jahrzehnten versehen, weil mit dem Ende des Krieges die militärischen und diplomatischen Ausgaben in Übersee drastisch zurückgegangen waren. Schon eine geringfügige zusätzliche Geldzufuhr von außen mußte deshalb inflationär wirken und das Spekulationsfieber anheizen. Erst unter solchen Bedingungen konnten die betrügerischen Machenschaften der South Sea Company und anderer Sumpfblüten Erfolg haben.

Einen derartigen Schub importierter Inflation scheint das aus Frankreich herausgeschmuggelte Fluchtkapital verursacht zu haben. Es wird uns berichtet, daß zu Anfang des Jahres 1720 etliche Aussteiger aus der Spekulation in Mississippi-Aktien auf abenteuerliche Art und Weise – zum Teil auf Mistkarren unter Kuhdung versteckt – große Mengen Gold und Silber außer Landes geschafft haben. Fast zur gleichen Zeit oder nur kurz darauf begann das Börsenfieber in London. Es ist nicht einmal nötig anzunehmen, daß die gleichen Spekulanten, die in Paris rechtzeitig Kasse gemacht hatten, nun in England das gleiche Spiel von neuem trieben. Es genügte vollauf, zusätzliches, von der englischen Volkswirtschaft nicht benötigtes Geld ins Land zu bringen. Immer, wenn Gold und Silber oder andere internationale Zahlungsmittel von einem Land ins andere fließen, begünstigt das ein Fallen der Börsenkurse im Herkunftsland und ein Steigen bei den Empfängern.

Die Aktien der South Sea Company, die im Januar 1720 noch bei 128% gestanden hatten, erreichten Ende Mai die Marke von 600% und standen wenige Tage später schon knapp unter 900. Im Juni und noch einmal im August konnte die Gesellschaft große Posten neuer Aktien zu 1000% plazieren. Damit aber entzog sie dem Markt so viel Liquidität, daß die Hausse ihr Ende fand. Am Ende des Jahres waren die Kurse wieder auf dem gleichen Stand wie im Januar.

Hier ist ein Wort über das Wesen aller Börsenkursbewegungen angezeigt. Jede Börse, gleich ob sie auf der Straße in Change Alley oder in der Rue Quincampoix, im Gebäude der Handelskammer auf der Rückseite des Hamburger Rathauses oder im supermodernen, glasfiberverkabelten »intelligent building« am kabuto-cho stattfindet, ist ein Markt, auf dem gleichartige, genormte Waren oder Rechte gehandelt werden. Die Zusammenfassung aller Käufer und Verkäufer an einem Ort bewirkt dabei eine im Prinzip faire und gerechte Preisfindung, bei der ein Höchstmaß an Umsätzen stattfinden kann. Dabei sind die Spielregeln und Marktmechanismen ganz ähnlich wie auf einem großen Wochenmarkt.

Wo an 12 verschiedenen Ständen Apfelsinen verkauft werden, kann es sich niemand leisten, überhöhte Preise zu fordern, weil die Hausfrauen sonst zum nächsten Stand gehen, um dort billiger einzukaufen. Ebenso wird kein Händler die anderen unterbieten, solange er damit rechnen kann, auch so alle Apfelsinen verkaufen zu können.

Sind nur wenig Orangen angeliefert worden, werden alle Händler höhere Preise als sonst fordern. Gibt es eine Apfelsinenschwemme, so wartet die kluge Hausfrau bis kurz vor Marktschluß, weil dann die Händler lieber mit den Preisen heruntergehen, als auf ihrer Ware sitzenzubleiben. Mit anderen Worten: die sparsame Hausfrau spekuliert. Sie versucht, einen günstigen Zeitpunkt für ihren Kauf abzupassen, um nicht unnötig viel Geld ausgeben zu müssen.

Wenn jetzt ein Weihnachtsmann über den Markt geht und jedem Passanten einen Hundertmarkschein in die Hand drückt, gibt es zunächst ein schlimmes Gedränge und Gestoße. Manche Leute werden es verstehen, vier- oder fünfmal bedacht zu werden, andere gehen leer aus. Alsdann werden die Bereicherten mehr kaufen wollen als bisher; die Nachfrage steigt über das vorhandene Angebot hinaus an. Die Händler fordern nun höhere Preise und können dennoch ihre gesamten Vorräte verkaufen. Schließlich müssen die Käufer nehmen, was es überhaupt noch gibt. Zu Hause wird dann der eine oder andere feststellen, daß die Hälfte der von ihm so teuer erstandenen Apfelsinen angefault oder verschimmelt ist. Wo zuviel Geld einen Nachfragestoß bewirkt, steigen nicht nur die Preise, sondern es sinkt auch die Qualität der verkauften Waren.

Kritiker werden mit Recht die Ungerechtigkeiten bei der Geldverteilung ebenso wie die Preissteigerungen und den Verkauf verdorbener Ware beklagen. Umso wichtiger ist es, sich vor Augen zu halten, daß nicht der Markt an sich eine schlechte Einrichtung ist, sondern erst eine von außen kommende Störung, nämlich der Weihnachtsmann mit seinen guten Gaben, den Tumult und die Unregelmäßigkeiten ausgelöst hat.

Für die Börsen Europas hatten offenbar John Law und die Banque Royal die Rolle des Weihnachtsmannes übernommen. In Amsterdam stiegen die Aktien der niederländischen Ostindiengesellschaft in ebenso schwindelerregende Höhen wie die der französischen und englischen Konkurrenz in deren Heimatländern. In London aber wurden anstelle verfaulter Apfelsinen u. a. Aktien einer Gesellschaft zur Herstellung eines perpetuum mobile sowie Anteile einer Firma, deren Zweck »hoch rentabel, aber noch geheim« sein sollte, angeboten und zu absurden Preisen gekauft. Auch die Kurse der South Sea Company hatten, wie wir gesehen haben, zeitweise keinerlei Beziehung mehr zu ihrem tatsächlichen Wert. Die betrügerischen Manipulationen des Managements konnten, wenn auch nur vorübergehend, ihren Zweck erfüllen. Ohne eine überreichliche Geldversorgung hätte das kaum passieren können. Es ist anzunehmen, daß auch in diesem Fall einige Insider ihre Schäfchen beizeiten im

Ausland ins Trockene gebracht haben. Die Einlagen bei der Amsterdamer Bank erreichten nämlich 1721 mit 28 Millionen Gulden ein absolutes Maximum.

Eine parlamentarische Untersuchungskommission brachte zutage, daß nicht nur zahlreiche Abgeordnete und einige Minister von der Südseegesellschaft bestochen worden waren, sondern auch ein großer Teil ihres Kapitals in dunklen Kanälen verschwunden war. Anders als in Frankreich hatten sich aber weder die Bank of England noch das Königshaus so stark mit der Gesellschaft eingelassen, daß ihr Ansehen entscheidend darunter gelitten hätte. Zwar waren die Hannoveraner Georg I. und Georg II. ohnehin nicht gerade beliebt bei der englischen Bevölkerung; wegen ihres protestantischen Glaubens blieben sie indessen das kleinere Übel im Vergleich zu den katholischen Stuarts. – Vor allem aber gelang es Sir Robert Walpole, so elegant mit der Krise fertig zu werden, daß er dadurch nicht nur seine eigene Position als erster englischer Premierminister, sondern auch die Macht der Unternehmerpartei der Whigs für geraume Zeit fest verankern konnte. Großbritannien verdankt diesem Umstand eine lange Friedensperiode, die erst 1739 mit dem Krieg um ein abgeschnittenes Ohr des Kapitäns Jenkins ihr Ende fand.

In der Folgezeit erwies es sich, daß die Spekulationswellen von 1720 bei den Franzosen des 18. Jahrhunderts ein ausgeprägtes Mißtrauen gegenüber Banken, bei ihren englischen Zeitgenossen dagegen ein solches gegen Aktiengesellschaften hinterlassen hatten. Weder die einen noch die anderen suchten die Schuld bei der wahren Ursache, nämlich der allzu starken Geldvermehrung.

Schon einmal hatte es in Europa eine geradezu wahnwitzige Spekulation gegeben, und auch da hatte Überliquidität eine Rolle gespielt. In den 30er Jahren des 17. Jahrhunderts wurden in den Niederlanden Tulpenzwiebeln zu abenteuerlichen Preisen gehandelt. Zunächst wirkte das als Belohnung und Ansporn für die Anstrengungen der Blumenzüchter, immer neue Sorten zu entwickeln und auf den Markt zu bringen. Bald aber griff das Spekulationsfieber auf Berufsfremde über. Die Verlockung, wie beim Lotteriespiel ohne Arbeit und Mühe reich werden zu können, verdrängte alle Vernunft. Schließlich konnte man mit einer einzigen Zwiebel Haus und Hof gewinnen oder verlieren. Da griff die Regierung ein und machte dem Spuk ein Ende. Er hätte sonst noch schlimmere »Blüten« treiben können. Der Einlagenentwicklung bei der Amsterdamer Bank ist nämlich zu entnehmen, daß der Zustrom an Silbergeld noch etliche Jahre angehalten haben muß, bevor er von einem ebenso plötzlichen Abzug abgelöst wurde.

Es wäre voreilig, jede Spekulation als etwas Unreelles abzulehnen, nur weil es dabei gelegentlich zu unsinnigen Auswüchsen kommt. Spekulation, d. h. der Versuch, Preisunterschiede im Zeitverlauf zum eigenen Vorteil auszunutzen, ist zunächst einmal nur ein Ausdruck vernunftgemäßen Handelns. Autofahrer füllen ihre Tanks, wenn für die nächsten Tage eine Benzinpreiserhöhung angekündigt ist, und sie verkaufen ihren alten Gebrauchtwagen nach Möglichkeit im Frühjahr, weil sie hoffen, bei der dann einsetzenden stärkeren Nachfrage einen günstigeren Preis erzielen zu können. Ebenso erwerben auch Kapitalanleger vorzugsweise solche Wertpapiere, die sie für unterbewertet halten und verkaufen sie, wenn ihnen die Kurse übermäßig hoch erscheinen. Je mehr Teilnehmer als Käufer und Verkäufer am Börsenhandel mitwirken, umso zuverlässiger ist das Bild, das die Börse von den Zukunftserwartungen der wirtschaftlich Handelnden widerspiegelt.

In Zeiten wirtschaftlicher Flaute, wenn mit den Umsätzen der Unternehmen auch ihre Investitionen und ihre Kreditinanspruchnahme bei den Banken zurückgehen, entsteht nicht selten ein Liquiditätsüberschuß, der an die Börse drängt. Die wegen der schlechten Geschäftslage niedrigen Aktienkurse erscheinen erst einzelnen Börsianern, dann einer größer werdenden Zahl unter langfristigen Gesichtspunkten als niedrig. Aktien werden wieder in größerem Umfang gekauft, und die Kurse steigen. Die so entstehenden Börsengewinne erzeugen ihrerseits neuen Optimismus und wirken als Initialzündung für einen neuen Wirtschaftsaufschwung. Börsenspekulation – auch auf Kredit – ist in solchen Zeiten *»eine volkswirtschaftliche Notwendigkeit«* (Albert Hahn).

Anders verhält es sich, wenn ein Börsenaufschwung durch

exzessive Geldvermehrung aufgeheizt wird. Diese muß nicht im eigenen Land erzeugt sein, sie kann auch, wie bei der Südseeseifenblase, ihren Ursprung im Ausland haben. Zu Anfang sind auch jetzt wieder die Kurssteigerungen als positiv anzusehen. Börsengewinne ermuntern die Kapitalanleger, ihre Mittel auch für weniger rentable und risikoreichere Zwecke zur Verfügung zu stellen. Junge Unternehmen finden es leichter, Kapital aufzunehmen; aber auch schon länger etablierte Gesellschaften nutzen die Gelegenheit, kurzfristige Schulden durch langfristige Fremdmittel oder Eigenkapital abzulösen und so ihre Bilanzen zu verbessern. Gefährlich wird der Börsenaufschwung erst dann, wenn durch die günstigen Finanzierungsmöglichkeiten Finanzhaie dazu ermuntert werden, andere Unternehmen aufzukaufen und wie alte Autos auszuschlachten. Das kann dazu führen, daß gesunde Unternehmen zerschlagen, Arbeitsplätze zerstört und die Bilanzrelationen aller an der Börse gehandelten Gesellschaften wesentlich verschlechtert werden, weil Reserven aufgelöst und kostspielige Abwehrmaßnahmen getroffen werden müssen. Die Krisenanfälligkeit der Wirtschaft steigt in solchen Fällen in beängstigender Weise an.

Bei den Geldanlegern herrscht zunächst eitel Freude über die steigenden Börsenkurse. Manche Leute wollen sich aber damit noch nicht zufrieden geben. Insider, die als Aufsichtsratsmitglieder, Anwaltsgehilfen oder Bankangestellte von beabsichtigten Firmenübernahmen erfahren haben, nutzen ihre Kenntnisse in ungesetzlicher Weise aus, indem sie auf den Namen ihrer Schwiegermutter oder Freundin bei verschiedenen Banken – womöglich im Ausland – Aktien der betreffenden Gesellschaften kaufen. Außenstehende hören von fabelhaften Kursgewinnen, die andere Leute gemacht haben, und wollen ebenfalls schnell und mühelos reich werden. Das wiederum nutzen gerissene Betrüger aus, indem sie ihnen wertlose Papiere mit angeblich großartigen Gewinnaussichten zu überhöhten Kursen andrehen. Es ist immer wieder erstaunlich zu beobachten, wie sonst durchaus honorige Leute, wenn man ihnen nur einen mühelosen Gewinn verspricht, durch ihre Leichtgläubigkeit den übelsten Betrügereien Vorschub leisten. Besonders häufig tritt diese Erscheinung dort auf, wo Überliquidität herrscht.

Die Kurszusammenbrüche von 1720 waren für die französischen und englischen Spekulanten ein heilsamer Schock. So schnell, wie das Spekulationsfieber ausgebrochen war, verschwand es auch wieder. Die Aufweichung der Wirtschaftsmoral fand ein Ende; ja, es zeigte sich, daß das Überbordwerfen aller wirtschaftsethischen Grundsätze auf die Dauer doch nicht zum Erfolg geführt hatte. Außerdem berücksichtigten neue Börsenvorschriften in Frankreich und die »bubble acts« in England die gemachten Erfahrungen und trugen dazu bei, ähnliche Vorkommnisse für die Zukunft zu erschweren.

## *Die Ausbreitung des Papiergeldes in Europa im 18. und 19. Jahrhundert*

Anders als in Frankreich hatten die Ereignisse von 1720 das Notenbankwesen in Großbritannien nicht in Frage gestellt; ein wohlwollender Betrachter mag sogar leicht beschönigend sagen, die Bank of England habe in dem Jahr ihre Bewährungsprobe bestanden. Das Inselreich besaß nunmehr das modernste und leistungsfähigste Währungs- und Finanzsystem der Welt, eine ideale Voraussetzung für die Industrialisierung des Landes und den Ausbau des britischen Weltreichs. Wenn wir uns fragen, wie es kommt, daß das gleiche Konzept in Frankreich scheiterte, in Großbritannien aber so durchschlagenden Erfolg hatte, werden wir die folgenden Faktoren in Betracht ziehen müssen:

- die ausgeprägte Fähigkeit der Briten, pragmatisch zu denken und Maß halten zu können, Eigenschaften, die bei der französischen Nation weniger hervortreten,
- die Tatsache, daß in Großbritannien der Absolutismus bereits überwunden war und wirtschaftlich erfahrene Unternehmer größeren politischen Einfluß besaßen als auf dem Kontinent,
- die besonderen Umstände, unter denen die Ausgabe von Papiergeld in England stattfand.

Wir haben gesehen, daß die unter dem Einfluß von John Locke und Isaac Newton durchgeführte Münzverbesserung zunächst die Papiergeldausgabe kompensierte und anschließend dazu beitrug, das im Inland umlaufende Silbergeld für Auslandszahlungen freizusetzen. Zahlungen an das Ausland verringern aber grundsätzlich die im Inland umlaufende Geldmenge und wirken insoweit deflationär. Mit anderen Worten: Das neue Papiergeld trat nicht einfach zu dem vorhandenen Münzgeld hinzu, sondern ersetzte es bis zu einem gewissen Grade.

In der Folgezeit hatte die Industrialisierung im Verein mit einem aufblühenden Welthandel einen ständig wachsenden Geldbedarf zur Folge. Auch die Ausdehnung des britischen Weltreichs trug dazu bei, die Aufnahmefähigkeit für britische Zahlungsmittel zu erhöhen. Hinzu kam eine wachsende Erfahrung der Leitungsorgane der Bank und der Politiker bezüglich eines verantwortlichen Umgangs mit selbstgemachtem Papiergeld. Die herrschenden Kreise waren weder so dumm noch so schwach, die mit dem neuen Tauschmittel verbundenen Vorteile durch dessen allzu leichtfertige Vermehrung aufs Spiel zu setzen.

Schon bald nach dem Scheitern des Schotten John Law und noch zu seinen Lebzeiten entstand 1727 neben der Bank of Scotland eine zweite Notenbank, die »Royal Bank of Scotland«. 1746 trat noch eine dritte mit dem wenig bankmäßigen Namen »British Linen Company« hinzu. In England und Wales verhinderte dagegen die Vorschrift, daß außer der Bank of England keine Bank mehr als sechs Teilhaber haben durfte, das Aufkommen einer leistungsfähigen Konkurrenz. Die faktische Monopolstellung der Bank of England wurde 1751 noch dadurch unterstrichen, daß ihr sowohl die Kassenführung als auch die gesamte Schuldenverwaltung des Staates übertragen wurde.

Im Nordischen Krieg (1700 – 1721) gaben sowohl Dänemark (1713) als auch Schweden (1714) Papiergeld aus. Peter der Große (1682 – 1725) hätte es vermutlich in Rußland auch gerne getan; dessen Bevölkerung war aber wohl noch nicht reif für diese Neuerung. Sie hätte Papierscheine schon deshalb nicht akzeptiert, weil sie gewohnheitsmäßig alles Geld in der Erde vergrub, um es vor dem Zugriff der Obrigkeit zu verstecken. Peter mußte sich unter diesen Umständen damit begnügen, das Geldvergraben unter Strafe zu stellen und jedem Denunzianten einen Anteil von einem Drittel an den verratenen Horten zu versprechen. Erst 1768 ging auch Rußland zur Papiergeldausgabe über.

In Österreich gab es ab 1759 provisorisches und ab 1762 reguläres Papiergeld, nämlich die auf Gulden lautenden Wiener-Stadt-Banco-Zettel. Weil jeder Krieg ein Anlaß für die Regierung war, mehr und immer mehr davon auszugeben, wurde es 1811 unausweichlich, ihren Wert auf 20% zu ermäßigen und sie im Verhältnis 5 : 1 in sogenannte Einlösungsscheine umzutauschen. Zu ihnen gesellten sich 1813 »Antizipationsscheine«, die zukünftige Steuereinnahmen vorwegnehmen (antizipieren) sollten.

In Italien hatte es schon seit dem Mittelalter Zettelbanken gegeben; die älteste seit 1407 in Genua. Reguläre Banknoten aber tauchten erstmalig um die Mitte des 18. Jahrhunderts im Königreich Sardinien und erst danach in Rom auf. Die römischen Noten stammten von Banken, die eng mit dem Heiligen Stuhl verbunden waren. – Auch in Ungarn und in dem kurzlebigen nationalrevolutionären Polen zwischen der zweiten und dritten polnischen Teilung gab es schon vor 1800 Geldscheine.

Aus heutiger Sicht hätte es nahe gelegen, daß die Banken von Amsterdam und Hamburg als die ältesten derartigen Einrichtungen im nördlichen Europa nach dem Beispiel der Bank of England ebenfalls Noten ausgegeben hätten. Ob es an der Verquickung des Notenbankwesens mit Staatskrediten oder an dem abschreckenden Beispiel der Banque Royal lag, mag dahingestellt bleiben; jedenfalls sahen die konservativen Bankherren in beiden Städten zunächst von einer solchen Neuerung ab. Beide Banken blieben reine Aufbewahrungsstellen für Silber. Wer Zahlungen leisten wollte, erteilte der Bank den mündlichen – später den schriftlichen – Auftrag, vom eigenen Guthaben einen bestimmten Betrag ab- und diesen dem Konto des Zahlungsempfängers zuzuschreiben. Grundsätzlich sollten beide Banken auch keine Kredite geben, höchstens Silber, Gold oder andere unverderbliche Waren (z. B. Kupfer) kurzfristig bevorschussen. Verschiedentlich wurde im Laufe des 18. Jahrhunderts von dieser Regel abgewichen, aber jedes Mal gab es heftige Kritik der »Bank-Interessenten«.

Die Bank von Amsterdam ging schließlich doch dazu über, Bankscheine auszugeben, um den Zahlungsverkehr zu erleichtern. Als sich aber 1794 herausstellte, daß sie dem Staat und der Ostindischen Kompagnie entgegen den ursprünglichen Statuten über 10 Millionen Gulden geliehen hatte, war es mit dem bis dahin genossenen unbegrenzten Vertrauen vorbei, und der Kurs ihrer Noten sank auf 16% des Nennwertes. Von diesem Schlag konnte sich die Bank nie wieder erholen. 1819 schloß sie ihre Pforten.

Der Hamburger Bank blieb dank ihrer konservativen Geschäftspolitik ein ähnliches Schicksal erspart. Zwar erleichterte der französische Generalgouverneur Davout im Winter 1813/14 ihre Kasse um den gesamten Barbestand von 7,5 Millionen Mark; dank neuer Einlagen der Hamburger konnte die Bank aber schon im Juni 1814 ihren normalen Geschäftsbetrieb wieder aufnehmen. Erst, als nach der Gründung des 2. Deutschen Kaiserreiches und der Deutschen Reichsbank als Zentralnotenbank auch in Hamburg eine Reichsbankhauptstelle errichtet wurde, ihre Aufgabe mithin obsolet geworden war, stellte die Hamburger Bank 1876 nach 257jähriger Tätigkeit ihren Betrieb ein.

Allerdings hatte es auch in Hamburg schon im 18. Jahrhundert ein notenbankähnliches Institut gegeben. Die »Darlehens-Compagnie« belieh zu zwei Dritteln des Wertes gängige trokkene Waren durch Hergabe von Solawechseln. Diese Zahlungsversprechen kamen Banknoten gleich und wurden auch so angesehen. Um die Wende des 18. zum 19. Jahrhunderts betrug das Kapital der Darlehens-Compagnie sechs Millionen Mark Banco, die von 23 Gesellschaftern aufgebracht worden waren.

Die ersten deutschen Banknoten stammen aus einer erstaunlich frühen Zeit. Bereits 1705 gründete der dicke »Jan Wellem«, Kurfürst Johann Wilhelm (1690 – 1716), Herzog von Jülich und Berg zu Düsseldorf und Schwiegersohn Kaiser Ferdinand III., die »Banco di gyro d'affrancatione«. Deren Noten waren Namenspapiere, ließen sich jedoch auch auf andere Personen übertragen. Johann Wilhelms familiäre Beziehungen zum Wiener Hof legen die Vermutung nahe, daß seine Bankgründung durch die der österreichischen »Banco del Giro« von 1703, die ebenfalls als Notenbank geplant war, aus Mangel an Vertrauen jedoch von der Notenausgabe Abstand nehmen mußte, angeregt worden war.

Um die Mitte des 18. Jahrhunderts gab in Ansbach-Bayreuth der »Hochfürstlich Brandenburgische Müntz-Banco« sog. »Banco-Billets« und seit 1780 der »Hochfürstliche Brandenburg-Ansbach-Bayreuthische Hof-Banco« verzinsliche Banknoten heraus. Größere Bedeutung haben diese Papiere jedoch nicht erlangt. Auch die »Churfürstlich-Sächsischen Cassen-Billets« und die Noten der preußischen »Königlichen Giro- und Lehnbank« von 1765 fanden – schon wegen des schlechten Zustands der Staatsfinanzen dieser Zeit – nicht genug Vertrauen bei der Bevölkerung, um sich in größerem Umfang als Zahlungsmittel durchsetzen zu können.

Die meisten Deutschen lernten Papiergeld erst nach der französischen Revolution – vielfach erst durch die siegreichen französischen Besatzer – kennen. Zeitgenössische Schilderungen bezeugen, daß sie das »Rauschegeld« weit weniger attraktiv fanden als das bisher gewohnte »Klingegeld«. Ihre Erfahrungen waren auch kaum dazu angetan, Vertrauen zu den Papierzetteln zu fassen. Noch heute weckt der Begriff »Französische Assignatenwirtschaft« überlieferte Erinnerungen an finanzielles Chaos und große Mengen wertlosen Papiergeldes.

Seit dem Zusammenbruch der Banque Royale hatte es in Frankreich 55 Jahre lang keine Notenbank und kein richtiges Papiergeld, allenfalls Schatzwechsel und Zahlscheine des Militärs, gegeben. Erst 1776 war eine Diskontkasse entstanden, die auf die übliche Art kurzfristige Kredite gewährte, indem sie Wechsel ankaufte und mit eigenen Noten bezahlte. Allerdings hatte der Ausbruch der französischen Revolution ihrer Tätigkeit bald wieder ein Ende bereitet.

Nach der Verstaatlichung aller Kirchengüter im Zuge der großen Umwälzung besaß der französische Staat ein riesiges Grundvermögen. Dennoch war er zahlungsunfähig, weil es ihm an flüssigen Mitteln fehlte. Nach einem von Talleyrand erdachten Plan wurden deshalb verzinsliche Schuldscheine des Staates, die Assignaten, ausgegeben, die später aus Grundstücksverkäufen getilgt werden sollten. Diese Assignaten dienten sowohl dem Staat als auch seinen Bürgern – z. B. bei der Entrichtung von Steuern – als Zahlungsmittel. Nur für den Zweck, dem sie hauptsächlich dienen sollten, nämlich dem Kauf ehemaliger Kirchengrundstücke, wurden sie in enttäuschend geringem Umfang benutzt. Abgesehen von dem riesigen Überangebot auf dem Grundstücksmarkt war die zunehmende Radikalisierung des revolutionären Klimas und die wachsende Rechtsunsicherheit auch kaum dazu angetan, potentielle Käufer zu ermutigen.

Bald traten an die Stelle der ursprünglich noch königlichen Schuldscheine solche der Revolutionsregierung ohne Verzinsung. Diese wurden in solchen Mengen ausgegeben, daß ihnen bald kein genügendes Warenangebot mehr gegenüberstand und ihr Wert entsprechend sank. Wie so mancher Despot und Möchtegern-Weltenlenker vor ihm und nach ihm, von den römischen Imperatoren bis zu Adolf Hitler, dekretierte Maximilien de Robespierre (1758 – 1794) deshalb im September 1793 einen Preisstopp, das sog. »Maximum«, um die Vorteile schrankenloser Geldvermehrung mit denen stabiler Preise zu verbinden. Aber auch er mußte die Erfahrung machen, daß man den Kuchen, den man gerade aufißt, nicht behalten kann. Die einzige Folge des Preisstopps war, daß es bald kaum noch etwas zu kaufen gab, weil niemand Lust hatte, seine Waren für wertloses Geld herzugeben. Das Maximum-Dekret wurde infolgedessen nach Robespierres Sturz wieder aufgehoben.

1796 machte, in Gold gerechnet, der Wert der Assignaten nur noch 0,3% ihres Ausgabepreises aus. In einer Währungsreform wurden sie im Verhältnis 30 : 1 zunächst in »Promesses de mandats territoriaux« und diese schließlich in »Mandats territoriaux« umgetauscht. Aber auch deren Wert sank schon bis zum Ende des gleichen Jahres auf nur noch 2,5%. Schon im Mai 1797 waren sie überhaupt nichts mehr wert und wurden für ungültig erklärt. Wir dürfen davon ausgehen, daß die chaotischen Verhältnisse im Geldwesen Frankreichs den Staatsstreich

Napoleon Bonapartes wesentlich begünstigt haben.

Die Kriegserfolge Napoleons machten es möglich, die Nachteile der Geldentwertung auf die besiegten Länder abzuwälzen. Deren Bevölkerung mußte wertlose Assignaten zum Zwangskurs wie vollwertiges Geld annehmen und dafür Pferde, Le-

bensmittel und Ausrüstungsgüter an die Eroberer liefern. Zugleich wurden Kunstschätze, Juwelen und Edelmetalle requiriert und nach Paris geschafft. Auf diese Weise wurden einerseits die Kosten der Kriegsführung auf den Feind (und später auf die Verbündeten) abgewälzt, andererseits die französischen Währungsreserven und das Güterangebot im eigenen Land erhöht. Die auf die neue Francwährung lautenden Noten der im Jahre 1800 gegründeten Banque de France hatten daher von vornherein eine günstigere Ausgangsbasis als die vorangegangenen Papierscheine.

Nachdem der napoleonische Sturmwind mehrfach über Europa hinweggefegt und die Welt endlich wieder zur Ruhe gekommen war, kannten alle europäischen Völker Papiergeld und waren an seinen Gebrauch gewöhnt. Seine volle Anerkennung ohne Abschlag war allerdings zunächst noch eher die Ausnahme als die Regel. Bis zur Mitte des Jahrhunderts blieb Papiergeld mindestens in Deutschland relativ unbeliebt. Erst nach 1848 konnte es sich allgemein durchsetzen.

Die geringe Akzeptanz hinderte indessen einfallsreiche und wendige Köpfe nicht daran, Experimente mit dem neuartigen Finanzierungs- und Zahlungsinstrument anzustellen. Das Schweizer Bankhaus Lombard, Odier & Co. in Genf gab Banknoten aus, die nicht nur bei der eigenen Kasse und bei der von Gabriel Odier & Co. in Paris, sondern auch bei 70 Korrespondenzbanken in ganz Europa eingelöst werden konnten. Das Verzeichnis auf der Rückseite der Noten nennt z. B. für Berlin Mendelssohn & Co., für Hamburg J. H. u. A. de Chapeaurouge, für Köln Abr. Schaafhausen und für München J. L. Schachler. Es ist anzunehmen, daß mindestens ein Teil der Korrespondenten seinen Kunden ähnliche Noten nach Art unserer heutigen Travellerschecks aushändigte.

Die in der Mitte der 30er Jahre gegründete Leipzig-Dresdner Eisenbahngesellschaft emittierte Scheine im Nennwert von einem Taler. Damit konnte sie gleichzeitig mehrere Ziele verfolgen: Sie machte Reklame für sich und die von ihr betriebene Bahn, und sie erschloß sich ein sonst nur den Banken vorbehaltenes zinsfreies Darlehensinstrument.

## *Von Vor- und Nachteilen des Papiergeldes*

**»In Friedenszeiten und bei einer geordneten Finanzverwaltung ist das Ausgeben von Papiergeld nicht blos ein leichter Weg für eine Regierung, einen Theil ihres Bedarfs an Geld ohne Zinsen anzuleihen, sondern es erwachsen daraus durch den geringen Umfang und die unbedeutende Schwere des Papiergeldes, bei sonst nicht ungünstigen Umständen, auch große Erleichterungen für den Geldumlauf und Verkehr überhaupt. Vermindert sich jedoch plötzlich das öffentliche Vertrauen zu der finanziellen Lage eines Staates, oder treten besondere Ereignisse, wie Krieg und Aufruhr ein, welche den Credit plötzlich stören, so laufen die Inhaber von Papiergeld freilich große Gefahr, Verluste zu erleiden. Es nimmt nämlich dann niemand Papiergeld, ohne durch einen Abzug an dessen ursprünglichem Werthe sich für den Nachtheil entschädigen zu lassen, den Umsatz in klingendes Geld vielleicht erst nach Jahren und auch dann wohl noch nicht zum Nennwerthe bewirken zu können weil möglichen Falles inzwischen der bedrängte Staat selbst eine Herabsetzung verfügt.«**

Aus: »Papiergeld«, in: Bilder-Conversations-Lexikon für das deutsche Volk. Ein Handbuch zur Verbreitung gemeinnütziger Kenntnisse und zur Unterhaltung, Bd. 3, Leipzig 1839.

## *Papiergeldumlauf im Jahre 1839*

**»In Deutschland hat Preußen jetzt 24 Mill. Papiergeld in Kassenanweisungen zu 1, 5, 50, 100 und 500 Thlr. verausgabt; Österreich hat Einlösungsscheine, gegen welche nach 1811 die damals bis zu 1060 Mill. Gldn. vorhandenen und auf 2/3 des Werthes herabgesetzten alten Bancozettel umgetauscht wurden, und Anticipationsscheine, von denen 1813 eine Summe von 45 Mill. Gldn. ausgegeben, seitdem aber bis nahe zur Hälfte vermindert worden und von denen der Gldn. fast 2/5 Conv. Gldn. werth ist; in Sachsen sind 2 1/2 Mill. Kassenbillets zu 2 und 1 Thlr., davon 1 Mill. im Werthe dem preuß. Courant, 1 1/2 Mill. dem Conv.-Gelde gleich im Umlaufe. Von außerdeutschen Staaten hat Rußland gegen 600 Mill. Papierrubel, deren einer etwa 7 Groschen oder 8 3/4 Silbergroschen werth ist und von denen 370 gleich 100 Silberrubel sind. In Dänemark gibt es 16 Mill. Reichsbancothaler, dem Silbergeld an Werth sehr nahe, in Schweden 30 Mill. Thlr. Papiergeld, deren einer ungefähr 8 gute oder 10 Silbergroschen ausmacht.«**

Aus: »Papiergeld«, in: Bilder-Conversations-Lexikon für das deutsche Volk. Ein Handbuch zur Verbreitung gemeinnütziger Kenntnisse und zur Unterhaltung, Bd. 3, Leipzig 1839.

Im Gegensatz zu Nordamerika bevorzugten die Länder Europas Banknoten anstelle von staatlichem Papiergeld. Dabei ließen sie sich, wie wir der älteren Literatur entnehmen können, von den folgenden Überlegungen leiten:

1. Die Wahrscheinlichkeit einer soliden, kaufmännischen Geschäftsführung ist bei einer Bank größer als bei einer politischen Institution, die zwangsläufig sachfremde Nebenrücksichten und Interessen verfolgt.
2. Im Kriegsfalle ist eine private Notenbank mit ihren Reserven an Edelmetallen weniger gefährdet, da der Feind im Falle einer Besetzung des Landes wohl Privateigentum, nicht aber Staatseigentum schone!
3. Die notwendige Vertrauenswürdigkeit privater Notenbanken kann auch durch eine besondere Staatsaufsicht sichergestellt werden.
4. Notenbanken können durch die Bedingungen, zu denen sie Handelswechsel ankaufen, besser als staatliche Institutionen den Bargeldumlauf den wirtschaftlichen Bedürfnissen des Landes anpassen.

Der 4. Punkt war in der ersten Hälfte des 19. Jahrhunderts Gegenstand eines langdauernden wissenschaftlichen und politischen Disputs in Großbritannien. Es ging dabei um das rechte Verständnis des Papiergeldes und um die zweckmäßigsten Dekkungsvorschriften. Zwei Lehrmeinungen standen sich gegenüber, die wir das Currency- und das Bankingprinzip nennen.

Die Anhänger der Currencyschule, zu deren Befürwortern so berühmte Geldtheoretiker wie David Ricardo und Lord Overstone gehörten, sahen Banknoten lediglich als einen Ersatz für das von der Bank verwahrte Metall an und bestanden auf einer vollen Golddeckung. Dabei konnten sie auf die immer wieder zu beobachtende Erscheinung verweisen, daß die (zumeist im Übermaß ausgegebenen) ungedeckten Noten preissteigernd wirkten, weil ihnen keine entsprechende Vermehrung des inländischen Warenangebots gegenüberstand.

Die banking theory vertrat demgegenüber den moderneren Standpunkt, daß eine Notenbank, wenn sie dem Handel Kredite gewährt, z. B. in der traditionellen Weise durch den Ankauf von Handelswechseln, ihren Notenumlauf automatisch den jeweiligen Bedürfnissen und Notwendigkeiten anpaßt.

Mit der Peelschen Bankakte von 1844 setzte sich in Großbritannien der Vorrang des Currency-Prinzips durch. Vorreiter des Banking-Prinzips unter den Notenbanken wurde dagegen 1856 die Preußische Bank AG, die auf den »Königlichen Giro- und Lehnbanco« zurückging. Die engere Begrenzung und geringe Elastizität des englischen Notenbankwesens hat wesentlich mit dazu beigetragen, in Großbritannien dem Scheck als zusätzlichem bargeldlosen Zahlungsinstrument eine weit größere Popularität als auf dem Kontinent zu geben.

Für den Norddeutschen Bund wurde im März 1870 ein Banknotensperrgesetz erlassen. Bevor dessen Geltung auch auf Süddeutschland ausgedehnt werden konnte, entstanden schnell noch die Badische Bank in Mannheim, die Württembergische Bank in Stuttgart und die Bank für Süddeutschland in Darmstadt. Einschließlich der schon 1835 gegründeten Bayrischen Notenbank sowie der Notenbanken anderer Teilstaaten gab es danach 33 deutsche Banken mit dem Recht zur Notenausgabe.

Das Reichsgesetz vom 14. März 1875 führte zu einer grundlegenden Neuordnung des deutschen Notenbankwesens. Mit der Reichsbank, die ab 1876 an die Stelle der ehemaligen Preußischen Bank trat, wurde eine zentrale und privilegierte Notenbank geschaffen, die die teilstaatlichen Banken im Laufe der Zeit mehr und mehr verdrängen und ersetzen sollte. Sie wurde als private Aktiengesellschaft mit einem Aktienkapital von ursprünglich 120 Millionen Mark gegründet. Dem Reich oblag sowohl die Aufsicht als auch die Leitung der Bank, es haftete jedoch nicht für deren Verbindlichkeiten.

Die Reichsbank erhielt das Recht, bis zu 250 Millionen Mark (ab 1901 450 Millionen Mark) an Noten auszugeben; für die übrigen noch bestehenden Notenbanken betrug das Gesamtkontingent 135 Millionen Mark. Überschreitungen dieser Grenzen wurden mit einer Strafsteuer von 5% p.a. belastet. Ferner wurde eine 1/3 Deckung aller umlaufenden Noten durch Gold, Goldmünzen oder Reichskassenscheine (staatliches Papiergeld im Gesamtvolumen von zunächst 120 Millionen Mark, das von den öffentlichen Kassen angenommen werden mußte) vorgeschrieben. Gesetzliche Zahlungsmittel wurden die Reichsbanknoten erst am 1. Juni 1909.

Am Ende des 19. Jahrhunderts gab es in Deutschland neben der Reichsbank noch sieben private Notenbanken, deren Noten zusammen etwa 15% des Gesamtumlaufs ausmachten. Dabei handelte es sich um die Bayrische Notenbank, die Sächsische Bank, die Württembergische Bank, die Badische Bank und die Braunschweigische Bank sowie schließlich noch die Frankfurter Bank und die Bank für Süddeutschland.

Nicht nur im Deutschen Reich, sondern in den meisten wichtigen Handelsnationen der Welt gab es um 1900 Papiergeld mit Goldeinlösungspflicht, wenn auch häufig keine vollständige Golddeckung. Als wesentlichsten Vorteil der Scheine sah man ihr geringes Gewicht an, das ihren Transport erleichterte. Dementsprechend gab es meist nur hohe Werte, in England z. B. ab 5 Pfund Sterling und in Deutschland ab 100 Mark. Banknoten waren offenbar nur etwas für reiche Leute. Der sprichwörtliche »kleine Mann« mußte sich mit Gold und Silber begnügen.

***»Die Fürsten und Staaten haben es nicht lange bei dem ursprünglichen Gebrauch der Banken gelassen, daß nemlich durch sie die baaren Bezahlungen im Handel und Wandel, und unter den Privatpersonen, sollten erleichtert werden. Sie haben den scheinbaren Vortheil von der Vermehrung der Zeichen des Werths an sich gerissen, und sich ihre Ausgaben zu erleichtern gesucht. Sie haben ihr Schuldenwesen an die Banken geknüpft, mit den eigentlichen Banknoten ihre Schuldscheine in Verbindung gesetzt, und mit und neben denselben in Umlauf gebracht. ... Nie ist die handelnde Welt durch diese Papiere aller Art so zerrüttet worden.«***

*Johann Georg Büsch*

# Viertes Kapitel
# Buchgeld

## *Das goldene Zeitalter*

Im nachhinein war es die gute alte Zeit, jene Spanne zwischen Reichsgründung und Ausbruch des Ersten Weltkrieges. Der nationale Traum, für den die Großväter demonstriert, geschrieben und gekämpft hatten, war für die Enkel Wirklichkeit geworden. Zugleich hatte Deutschland hinsichtlich seiner wirtschaftlichen Leistungsfähigkeit Anschluß an die führenden Industrienationen der Welt gefunden und war dabei reich geworden. Niemand ahnte, wie schrecklich der Abgrund war, dem die Staaten Europas entgegenschlitterten.

Gemeinsam mit den Nachbarvölkern sonnte man sich in dem Gefühl der Überlegenheit der weißen Rasse, das es erlaubte, Menschen anderer Hautfarbe mindere Rechte zuzugestehen als die, die man für sich in Anspruch nahm. Großbritannien, Frankreich, Deutschland, die Niederlande, Belgien, Portugal, Spanien, Italien und Dänemark, ja auch die USA hatten ausgedehnten Kolonialbesitz, den sie zum eigenen Nutzen ausbeuteten.

Zweifellos haben die Kolonialreiche, deren Bevölkerung in etlichen Fällen die der Mutterländer bei weitem übertraf, zusammen mit der Industrialisierung wesentlich zur Ausweitung des Welthandels beigetragen. Der Handel aber schuf sich eine Weltwährung und legte ihr, wie schon seit Jahrtausenden, das Gold zugrunde. Unter dem Goldstandard waren englische Pfunde, französische, belgische oder Schweizer Franken, spanische Peseten und amerikanische Dollars ebenso wie die Mark nur unterschiedliche Einheiten der gleichen Währung. Da sie alle in Gold eingetauscht werden konnten, waren sie auch untereinander zu relativ stabilen Kursen frei konvertierbar.

Wenn z. B. der Kurs der Schwedenkrone stieg, weil deutsche Eisenhütten gerade besonders große Mengen von schwedischem Eisenerz importiert hatten, dann wurde bald ein Punkt erreicht, bei dem es sich lohnte, statt Schwedenkronen Gold zu kaufen und nach Schweden zu schicken, um es dort in Kronen einzuwechseln. Umgekehrt löste ein Exportüberschuß im Handel mit den USA in ähnlicher Weise Goldtransporte von Amerika nach Deutschland aus. Die Angebots- (Brief-) und Nachfrage- (Geld-)Kurse der einzelnen Währungen konnten sich nie weiter von der Goldparität entfernen als um die Transportkosten für Gold zwischen den betreffenden Ländern zuzüglich Versicherungsprämien und Umtauschgebühren. Die Grenzen waren die sogenannten Goldpunkte.

Kam es in irgend einem Land zu stärkeren Preissteigerungen, so stiegen zwangsläufig die Importe, während die Ausfuhr tendenziell zurückblieb. Die Folge waren Goldabflüsse. Das gleiche passierte nach Mißernten und erhöhten Getreideeinfuhren oder anderen Störungen des internationalen Handelsgleichgewichts. Immer, wenn Zahlungen an das Ausland die von außen kommenden Eingänge nachhaltig überstiegen, mußte die jeweilige Notenbank Gold aus ihren Beständen abgeben. Wegen der strengen Deckungsvorschriften bedeutete das zugleich eine Einschränkung ihres Notenumlaufs, d. h., die Geldmenge im Lande nahm nicht weiter zu, sondern ging eher zurück, und zwar um so mehr, je geringer der Goldanteil an der vorgeschriebenen Notendeckung war.[1]

Umgekehrt führte ein anhaltender Ausfuhrüberschuß zu einer Erhöhung der Goldreserven, die es der Notenbank erlaubte, durch vermehrten Ankauf von Handelswechseln gegen Banknoten den Papiergeldumlauf im Lande zu steigern. Die reichlichere Geldversorgung hatte eine Belebung der Wirtschaftstätigkeit zur Folge, bis schließlich die Importe stiegen und wieder ein außenwirtschaftliches Gleichgewicht erreicht war.

Drei Umstände dürfen in diesem Zusammenhang nicht außer acht gelassen werden:

---

[1] So führte z. B. bei der sog. Dritteldeckung ein Goldabzug im Extremfall zu einer Einschränkung des Notenumlaufs in dreifacher Höhe.

1. Der Anteil des von den Notenbanken ausgegebenen Papiergeldes am gesamten Zahlungsverkehr war – im Gegensatz zu früheren Papiergeldemissionen der Staaten – relativ gering. Banknoten lauteten meist über größere Summen und dienten hauptsächlich dazu, Zahlungsvorgänge im buchstäblichen Sinne zu erleichtern. Deshalb beschränkte sich der Benutzerkreis neben dem Staat weitgehend auf Großgrundbesitzer und Unternehmer, d. h. auf Personen oder Institutionen mit wechselnder, häufig zinsabhängiger Vorrats- und Lagerhaltung.
2. Die Notenbanken waren in aller Regel vorwiegend privatwirtschaftliche Erwerbsbetriebe und nicht Vollzugsorgane nationaler Wirtschafts- und Währungspolitik. Deshalb richtete sich ihr Geschäftsgebaren in erster Linie nach den Gesichtspunkten Rentabilität und Liquidität. Zwangen Goldabflüsse zur Einschränkung des Wechseldiskonts, so setzte man den Zinssatz, zu dem die Bank angekaufte Wechsel abrechnete, die sog. »Bankrate« oder den »Diskontsatz«, hinauf, um einer Ertragsschmälerung der Bank entgegenzuwirken. Bei Überliquidität versuchte man dagegen, die Kreditnachfrage durch Senkung des Diskontsatzes zu beleben. Dabei zeigte es sich, daß es ebenso der Rentabilität der Notenbanken wie auch dem gesamtwirtschaftlichen Nutzen diente, Erhöhungen des Diskonts in kräftigen Stufen und Diskontsenkungen in kleinen Schritten, jedoch relativ frühzeitig vorzunehmen.
3. Die industrielle Entwicklung befand sich immer noch in einem jungen Stadium. Industrie- und Handelsunternehmen waren eher marktabhängig als marktbeherrschend, die Produktionstiefe der einzelnen Fabrikationsgesellschaften gering. Löhne und Preise waren weniger starr als heute und reagierten relativ schnell auf ein verändertes wirtschaftliches Umfeld.

Unter diesen Voraussetzungen und so lange sich alle Teilnehmer an die Spielregeln hielten, bewährte sich das Goldwährungssystem nicht nur für die Abwicklung des Handels und Zahlungsverkehrs, sondern auch als Stabilisator, der stets auf ein Gleichgewicht der komplizierten internationalen Handels-

und Zahlungsströme hinwirkte. Wegen seiner automatisch einsetzenden Korrekturen hat es den Namen »Goldautomatismus« erhalten.

## *Kapital und Kommunikation*

Es gibt wohl kaum eine Institution, die das menschliche Zusammenleben in Europa und Nordamerika im 19. Jahrhundert stärker beeinflußt und verändert hat als die Eisenbahn. Sie ließ Entfernungen schrumpfen, sprengte kleinstaatliche Grenzen und erweiterte so den Horizont der Bürger. Sie beschleunigte den Austausch von Nachrichten und Gedanken. Sie erschloß neue Rohstoffquellen und Absatzmärkte. Sie erlaubte es, Soldaten, Waffen und Munition, Lebensmittel oder Geld auch über große Entfernungen schnell von einem Ort zum anderen zu schaffen und machte dadurch auch großflächige politische Gebilde stabil und regierbar. Sie gab schließlich vielen Tausenden von Menschen einen sicheren Arbeitsplatz.

Zu der Kommunikationsleistung der Bahn und ihrer Arbeitgeberfunktion kam noch ihre Bedeutung als Auftraggeber und Investor hinzu. Ungeheure Mengen Eisen wurden allein für die Geleise gebraucht. Neue Hütten- und Walzwerke entstanden, die den Bedarf der Bahngesellschaften an Schienen sowie den der Lokomotiv- und Waggonfabriken an Eisenblech decken sollten. Die Hütten verfeuerten ebenso wie die Bahn selbst große Mengen Kohle. Kapitalstarke Bergwerksgesellschaften brachten neue Kohlenschächte nieder. Für den Transport von Kohle, Erz und Eisen benötigte man neue Bahnlinien, was wiederum zusätzlichen Bedarf an Kohle, Erz und Eisen zur Folge hatte. So wurde die Bahn zum wichtigsten Faktor bei der Entstehung und Entwicklung der Montanindustrie. Wir können davon ausgehen, daß zeitweilig die Eisenbahnen etwa die Hälfte der gesamten Eisenerzeugung beanspruchten. Ihr direkter und indirekter Kohleverbrauch dürfte kaum geringer gewesen sein.

Zur Finanzierung der durch die Verkehrserschließung verursachten Investitionen mußten Kapitalbeträge bereitgestellt wer-

## *Grundbegriffe des Goldwährungssystems*

| | |
|---|---|
| **Goldautomatismus:** | **Preismechanismus in einem System stabiler Wechselkurse goldgedeckter Währungen, bei dem die Bandbreiten zwischen Geld- (Nachfrage-) und Brief- (Angebots-) Kursen der einzelnen Währungen zueinander hauptsächlich durch die Transport- und Versicherungskosten des Goldes bestimmt sind.** |
| **Goldbarrenwährung:** | **Goldgedeckte Währungen mit umlaufendem Papiergeld, welches jedermann jederzeit in ungemünztes Barrengold umtauschen kann. Häufig eine Übergangsstufe zwischen Goldumlaufswährung und Goldkernwährung oder Papierwährung.** |
| **Golddevisenstandard:** | **Währungssystem mit Goldkernwährungen, welche hauptsächlich durch Gold und Devisen gedeckt sind.** |
| **Goldkernwährung:** | **Zum Teil durch Gold gedeckte Papierwährung, bei welcher das Gold dem Saldenausgleich der Notenbanken untereinander dient.** |

**Goldparität:** Gesetzlich festgelegter Feingoldgehalt der jeweiligen Einheit von Goldwährungen und daraus folgend auch das offizielle Wertverhältnis zweier Goldwährungen zueinander.

**Goldpunkte:** Obere und untere Grenze der Wechselkursschwankungen zwischen Goldwährungen. Ihr Abstand von der Goldparität ist im wesentlichen durch die Transport- und Versicherungskosten für den Goldversand gegeben.

**Goldumlaufswährung:** Reine Goldwährung, bei welcher Goldmünzen, deren Nominalwert mit ihrem Substanzwert übereinstimmt, das einzige gesetzliche Zahlungsmittel sind und bei der jeder das Recht hat, selbst solche Münzen auszuprägen oder einzuschmelzen.

den, deren Größenordnung den Rahmen bisheriger Unternehmertätigkeit sprengten. Das erforderte einerseits die Entstehung eines leistungsfähigen Kapitalmarktes, andererseits einen erzwungenen Konsumverzicht, ohne den eine ausreichende Kapitalbildung nicht möglich gewesen wäre.

*Die Eisen-, Kohle-, Bank- und Börsenbahn*

Grundsätzlich gab es zwei Methoden, den Auf- und Ausbau von Infrastruktur und Schwerindustrie zu betreiben, je nachdem, ob man diese Aufgabe einem Monopolisten (Staat, Fürst, allmächtige, privilegierte Handelsgesellschaft) oder einzelnen Privatunternehmen, welche miteinander im Wettbewerb standen, überlassen wollte. Im ersten Fall ließ sich eine Berücksichtigung übergeordneter Gesichtspunkte strukturpolitischer oder militärstrategischer Art leichter sicherstellen, im anderen ein höheres Maß an Innovation und Effizienz. Sowjetrußland entschied sich nach dem Ersten Weltkrieg, der marxistischen Lehre folgend, für das staatliche Monopol, die USA im 19. Jahrhundert für private Wettbewerbswirtschaft. In Europa kam es zu unterschiedlichen Mischformen mit wechselndem Schwergewicht sowie – der jeweils vorherrschenden politischen Überzeugung entsprechend – abwechselnd zu Verstaatlichungen und Reprivatisierungen.

In jedem Fall wurden der Bevölkerung Opfer abverlangt. *»Kapital ist vorgetane Arbeit«,* schrieb einst Adolf Weber. Damit meinte er, daß bei der Kapitalbildung eine Vorleistung an Arbeit stattfindet, die noch nicht zu einer entsprechenden Erhöhung des Konsums führt. Die Hauer und Steiger in den Kohlenzechen, die Eisenhüttenleute und die Bahnarbeiter erhielten zwar ihren Lohn, und die Aktionäre kassierten ihre Dividenden; dabei blieb jedoch das Angebot an Gütern des täglichen Bedarfs ungefähr gleich. Mit anderen Worten: dem gestiegenen Gesamteinkommen der Völker stand kein entsprechend größerer Kuchen zur Verteilung gegenüber, sondern allenfalls ein verbesserter Backofen. Der Lebensstandard blieb daher zunächst noch niedrig. Auch kräftige Lohnerhöhungen hätten daran nichts ändern können; sie hätten nur die Preise in die Höhe getrieben, nicht aber das Angebot vergrößert. Die Ausweitung des privaten Verbrauchs blieb einer späteren Phase des Industrialisierungsprozesses vorbehalten.

Am stärksten war die Kapitalbildung dort, wo sie ideologisch untermauert wurde: bei gläubigen Bolschewiki, solange diese noch bereit waren, für ein künftiges kommunistisches Paradies lebenslang Opfer zu bringen, bei Puritanern, Calvinisten und Angehörigen anderer reformierter Kirchen, in deren Augen Luxus Sünde, Sparen aber Gott wohlgefällig war, und in neuerer Zeit bei den konfuzianistisch geprägten Völkern Ostasiens, für die Arbeit und Pflichterfüllung höhere Werte darstellen als der private Konsum.

Um die Geldseite der Kapitalbildung zu verstehen, müssen wir uns daran erinnern, daß Geld das Recht zum Bezug beliebiger Güter oder Leistungen in einem festgelegten Umfang verkörpert. Immer dann, wenn solches Recht nicht dem Konsum, sondern direkt oder indirekt der Anschaffung von Produktionsmitteln (Sachkapital) dient, sprechen wir von Geldkapitalbildung. Aus dem Ertrag derartiger Investitionen erhält der Geldkapitalgeber Gewinnanteile oder Zinsen. Das führt uns zur Herkunft des Wortes Kapital: »capitalis pars debiti« ist der lateinische Ausdruck für den Teil einer Schuld, der die sog. Hauptsumme ohne die aufgelaufenen Zinsen darstellt.

In einer Zentralverwaltungswirtschaft kann der Staat als Monopolist, der die Bedingungen sowohl auf dem Arbeitsmarkt als auch auf den Warenmärkten diktiert, auf eine Geldkapitalbildung durch seine Bürger verzichten. Er setzt dann von vorneherein die Löhne so niedrig und/oder die Preise so hoch fest, daß der Konsum auf das im Plan vorgesehene Maß beschränkt wird. Tatsächlich zahlt er jedoch um der Optik willen häufig höhere Löhne, als es dem Warenangebot entspricht, und schöpft dann einen Teil der nicht zum Zuge kommenden Kaufkraft durch eine Lotterie, über Sparkonten oder auf sonstige Weise ab. Geld und Geldkapital sind in einem solchen System primär Rechnungsgrößen zur Planfeststellung und Plankontrolle und erst in zweiter Linie Tauschmittel.

In der Wettbewerbs- oder Marktwirtschaft dagegen spielt die freiwillige Übertragung von Kaufkraft eine außerordentlich wichtige Rolle. Investitionen, wie sie der Ausbau des Eisenbahnnetzes und der Schwerindustrie verlangten, konnten nicht aus den Mitteln weniger Einzelpersonen finanziert werden. Viele mußten ihre Ersparnisse zusammentragen, um das erforderliche Geldkapital aufzubringen. Das aber bedingte die Entwicklung dafür geeigneter Instrumente.

Das Papiergeld hatte schon den richtigen Weg gewiesen, stellte doch jeder Schein eine Forderung dar, die sich mit der Weitergabe mühelos übertragen ließ. Einzelne Gläubiger konnten sich auf diese Weise abwechseln, während der Schuldner immer derselbe blieb. Schon seit geraumer Zeit gab es daneben auch verbriefte Staatsanleihen mit feststehender Laufzeit. Mit ihrer Hilfe konnte sich der Staat längerfristig verschulden, ohne daß seine Gläubiger sich ebensolange festlegen mußten. Die Papiere waren fungibel, d. h., man konnte sie jederzeit durch einen Verkauf zu Geld machen. Das hatte zur Folge, daß weit mehr Leute in der Lage waren, dem Staat ihre Ersparnisse langfristig zur Verfügung zu stellen, als es sonst der Fall gewesen wäre.

Ähnliche langfristige Anleihen boten sich auch für die Finanzierung der Eisenbahnen an. Etwa seit dem zweiten Drittel des 19. Jahrhunderts wurden sie in größerem Umfang ausgegeben. Sie entwickelten sich zu beliebten Börsenpapieren, die bis zum Ersten Weltkrieg einen bedeutenden Teil aller im internationalen Wertpapierhandel umgesetzten Effekten ausmachten. Hinzu trat in allmählich zunehmendem Maße die Aktie als Beteiligungspapier.

Ebenso wie die verbriefte Anleihe verdankt auch die Aktie ihre Existenz dem Geldhunger des Staates. Schon im ausgehenden Mittelalter hatte es in Italien Staatsgläubigervereine gegeben, die dem Fiskus gemeinschaftliche Darlehen gaben und dafür mit besonderen Privilegien ausgestattet wurden. Jahrhunderte später entstanden in England nach dem gleichen Prinzip Gesellschaften wie etwa die East India Company oder die Bank of England. Zur Zeit des Südseeschwindels schossen daneben eine ganze Reihe nicht privilegierter Gesellschaften aus dem Boden, die durch die Ausgabe von Inhaberaktien die Haftung ihrer Gesellschafter auf deren Einlage beschränkten. Die Bubble Acts von 1720 verlangten dann eine Solidarhaftung der Aktionäre von neu zu gründenden Gesellschaften. Die aber ließ sich nur durch die Ausgabe von auf den Namen lautenden Aktien sicherstellen, denn wie sonst hätte man im Haftungsfall die Aktionäre zur Kasse bitten sollen?

In der Folgezeit lagen zwei gegensätzliche aktienrechtliche Grundsätze im Widerstreit, von denen zeitweise der eine und zeitweise der andere im Vordergrund stand. Der zunehmende Kapitalbedarf von Industrie und Verkehrswesen verlangte Haftungsbeschränkung für den Aktionär und eine leichte Übertragbarkeit der Anteilscheine ohne das umständliche Verfahren der Umschreibung von Namensaktien und einer erneuten Eintragung im Aktienbuch der Gesellschaft. Andererseits ließen es betrügerische Machenschaften, wie sie besonders in Zeiten reichlicherer Geldversorgung immer wieder vorkamen, ratsam erscheinen, eine Solidarhaftung der Aktionäre zu verlangen. Das Ergebnis dieses Gegensatzes war ein Hin- und Herpendeln der Gesetzgebung. Mit der fortschreitenden Industrialisierung räumte schließlich der ungeheure Kapitalbedarf der Haftungsbeschränkung und damit den Inhaberaktien den Vorrang ein. Jetzt konnten sich auch der Verwaltung fernstehende Sparer an einem Unternehmen beteiligen, ohne befürchten zu müssen, mit ihrem gesamten Vermögen für die Fehler anderer Leute geradezustehen. Allerdings fand dadurch der Entfremdungsprozeß, der den Arbeitern in den neuen Großbetrieben die Identifikation mit ihrer Arbeit erschwerte, sein Gegenstück in der Entfremdung des Aktionärs von seinem Unternehmen und den in ihm arbeitenden Menschen. Die französische Bezeichnung der Aktiengesellschaft als »Société Anonyme« verleiht dieser Erscheinung treffenden Ausdruck.

Das Auseinanderfallen von Kapitalgebern und Investoren verlangte nach einem Vermittler, der die Kommunikation zwischen beiden Seiten bewerkstelligte. Diese Aufgabe fiel dem Privatbankier zu. Von ihm erwartete man nicht, selbst Kredite zu geben, sondern Beteiligungs- und Fremdkapital zu vermitteln, den An- und Verkauf von Wertpapieren zu besorgen sowie schließlich Zahlungsvorgänge auch komplizierter Art und in fremden Ländern durchzuführen. Der Bankier wurde zum Berater von Unternehmern und Geldgebern, nicht selten auch zum Initiator und Mitgründer neuer Aktiengesellschaften. Das 19. Jahrhundert war seine große Zeit.

Daneben entwickelten findige Köpfe in verschiedenen Ländern Europas unterschiedliche Methoden und Instrumente zur Kapitalaufbringung und -bereitstellung. Gemeinsam war ihnen das Prinzip der Sammlung und Bündelung vieler kleinerer und mittlerer Sparbeträge (Passivgeschäft) und ihre zwar gemeinsame, aber auf eine ganze Reihe von Einzelrisiken verteilte Anlage im sog. Aktivgeschäft.

In Frankreich waren es die Brüder Péreire, die 1852 den Crédit mobilier ins Leben riefen und damit unsere modernen Wagnisfinanzierungsgesellschaften oder Venture Capital Funds vorwegnahmen. In Deutschland entstanden als Weiterentwicklung der landwirtschaftlichen Kreditvereine (Landschaften und Ritterschaften) die Hypothekenbanken. Deren selbstgewählte Aufgabe war es, durch Pfandrechte an Grund und Boden abgesicherte, langfristige Darlehen zu geben und das dafür benötigte Geldkapital durch den Verkauf kleingestückelter Pfandbriefe mit vergleichbaren Laufzeiten einzusammeln. Großbritannien aber als die führende Welthandelsnation schuf mit der Weiterentwicklung der Depositenbanken zu Filialgroßbanken ideale Instrumente für die Bereitstellung von kurzfristigen Krediten. Doch davon soll im nächsten Kapitel die Rede sein.

## *Geld aus Kredit – das Wunder der Giralgeldschöpfung*

Ihr Name »Depositenbanken« sagt es ebenso wie der Brockhaus von 1837: Ursprünglich waren sie als Verwahranstalten gedacht, denen der Kaufmann Geld oder Wertpapiere als »Depositum« zur sicheren Aufbewahrung anvertrauen konnte. Vom Geldverleihen war keine Rede, wenn auch bereits die erste derartige Bank, die Banco di Rialto in Venedig, dem venezianischen Staat mit Darlehen geholfen haben soll, ohne daß es ihrem »Credit« geschadet hätte.

Paul Jacob Marperger nennt in seiner 1717 erschienenen »Beschreibung der Banquen . . .«[2] folgende Vorzüge der großen Giro- und Depositenbanken:

1. sichere Verwahrung und Bewachung der Einlagen,
2. deren jederzeitige Verfügbarkeit,
3. Erhaltung der Qualität des Geldes, da es keiner Münzverschlechterung unterworfen ist,
4. Hebung des Ansehens der Stadt, in welcher es eine solche Bank gibt,
5. die Konzentration des Geldkapitals an einem Ort und
6. Erleichterung der Verwaltung des Gemeinwesens bis hin zu gelegentlichen Vorschüssen auf zu erwartende Einnahmen an den Landesherrn.

---

[2] Neudruck Frankfurt/M. 1969, S. 96 ff.

## *Giro- oder Depositenbanken*

**»*Bank* wird ursprünglich eine Anstalt genannt, worin Kaufleute Capitalien leicht, sicher und ohne große Unkosten niederlegen, um jeden Augenblick davon Gebrauch machen zu können. ... In der Umschreibe- oder Giro-, auch Depositenbank legen Kaufleute Geldsummen in gemünzten oder ungemünzten Metallen nieder, lassen sich einen unbedeutenden Abzug, Bankagio oder Bankaufgeld, gefallen, wovon die Kosten der Anstalt bestritten werden, und erhalten dann in den Bankbüchern ein Blatt, Folio oder Conto, auf dem für sie Rechnung geführt wird. Haben sie nun Zahlungen an ein Handelshaus zu machen, welches ebenfalls ein Bankconto besitzt, so wird ihnen die Summe ab- und jenem Hause zugeschrieben. Große Zahlungen werden auf diese Weise sehr bequem, ohne großen Aufwand und mit Vermeidung aller Gefahr bewerkstelligt, welche das Aufbewahren und der Transport der Gelder mit sich bringt. ... Oft sind damit Leihbanken verbunden, welche Darlehen zu mäßigen Zinsen nehmen und zu höhern ausleihen, wozu indeß deponirte Gelder nie verwendet werden sollten; es geschieht aber oft in der Hoffnung, daß inzwischen keine große Baarzahlung von der Bank verlangt werde. ...«**

Aus: Bilder-Conversations-Lexikon für das deutsche Volk, Bd. 1, Leipzig 1837.

Noch 1824 heißt es in den »Abhandlungen über Banken und Münzwesen« von Johann Georg Büsch[3]:
»*Bei den Girobanken ist es ... von ihrer ersten Einrichtung her eingeführt, daß sie dem Privatmanne nur auf edle Metalle, höchstens auch auf Kupfer, aber nicht auf Edelgesteine, nicht auf verderbliche Waren, ja auch nicht einmal auf liegende Gründe leihen ...*«

Wenn in den folgenden 100 Jahren die Depositen- oder Girobanken zur bedeutendsten Kreditquelle der Privatwirtschaft wurden, so war eine der wichtigsten Voraussetzungen dafür die starke Zunahme des unbaren Zahlungsverkehrs. Handel und Industrie brauchten Zahlungsinstrumente, die zweckmäßiger waren als Edelmetallmünzen, welche bei größeren Zahlungsvorgängen schwer zu handhaben waren, strenge Bewachung verlangten und obendrein noch einzeln auf Beschädigungen, Echtheit und Edelmetallgehalt geprüft werden mußten. Besonders dringend wurde dieser Bedarf in England empfunden. Hier war die wirtschaftliche Entwicklung bereits weit fortgeschritten, während die Zunahme an Zahlungsmitteln (Münzgeld und Banknoten) seit der Peelschen Bankakte von 1844 hinter den wirtschaftlichen Notwendigkeiten zurückgeblieben war.

Es entspricht dem englischen Nationalcharakter, obsolet gewordene Gesetze nicht ohne weiteres zu ändern oder aufzugeben, sondern stattdessen Mittel und Wege zu ersinnen, auch unter veränderten Umständen mit ihnen leben zu können. So geschah es auch hier. Mit dem Scheck wurde ein Zahlungsmittel entwickelt, welches den Bedürfnissen der englischen Bankkunden weit entgegen kam und zugleich mit dem Geldmonopol der Bank of England aufräumte. Der Scheck wurde so beliebt, daß die Encyclopaedia Britannica[4] behaupten kann: »*It has become the chief form of money in the domestic commerce of developed countries.*« (Im Binnenhandel der entwickelten Länder wurde er zur wichtigsten Form von Geld.)

Wollte ein Kunde der alten Hamburger Bank eine Forderung begleichen, so mußte er vormittags einen schriftlichen Auftrag

[3] 3. Aufl. Hamburg 1824, S. 27.
[4] 15. Aufl. 1985.

bei der Bank einreichen, eine bestimmte Summe von seinem Konto »abzuschreiben« und sie dem Konto des Gläubigers gutzubringen. Am nächsten Tag konnte dann der Geschäftspartner erfahren, ob er die versprochene Zahlung erhalten hatte. Auch unsere heutigen Überweisungsaufträge werden nach diesem Prinzip, das sich seit dem Dreißigjährigen Krieg kaum verändert hat, gehandhabt. Um wieviel einfacher und bequemer mußte es da dem englischen Kaufmann erscheinen, größere Zahlungen – wenn schon nicht mit etlichen Banknoten und Münzen – mit einem Stück Papier nahezu gleicher Qualität leisten oder empfangen zu können. Allerdings mußte zur Vermeidung von Scheckmißbrauch der Scheck rechtlich dem Wechsel gleichgestellt werden, was in den angelsächsischen Ländern auch geschah.

Der Scheckverkehr bot den Beteiligten noch weitere Vorteile. Wer sich bei einer Notenbank Geld lieh, erhielt Banknoten in Höhe des aufgenommenen Kredits und zahlte dafür auch dann volle Zinsen, wenn er das Papiergeld für eine Weile ganz oder teilweise in seiner Kasse behielt, den Kredit also streng genommen nicht voll in Anspruch nahm. Der Aussteller eines Schecks hingegen wurde von seiner Bank nur für den Betrag belastet, den er tatsächlich ausgegeben hatte. Außerdem erforderte der Scheck weniger Aufwand für sichere Aufbewahrung und Transport als Banknoten oder Münzgeld. »Kreuzte« man den Scheck, indem man quer über seine Vorderseite den Namen einer bestimmten Bank schrieb, so durfte der Betrag nur einem bei dieser Bank geführten Konto gutgeschrieben werden; beschränkte man sich dagegen auf die kurze Formel »& Co.«, so war die Gutschrift bei jeder beliebigen Bank möglich. In beiden Fällen war eine Barauszahlung am Bankschalter ausgeschlossen, was bedeutete, daß die Identität des Einlösers, ebenso wie bei dem späteren deutschen »Verrechnungsscheck«, jederzeit feststellbar war.

Gerade die Tatsache, daß der Scheckverkehr nicht an eine bestimmte Bank, ja nicht einmal an einen bestimmten Ort gebunden war, trug wesentlich dazu bei, ihn zum allgemein akzeptierten Zahlungsmodus werden zu lassen. Die Barzahlung verlor daneben mehr und mehr an Bedeutung. Hunderte von

Banken, von denen viele später durch Übernahmen oder Fusionen zu Filialen einiger großer Institute wurden, bildeten ein dichtes Netz und vergrößerten den ursprünglich auf eine einzelne Bank beschränkten Kreis (italienisch: Giro) der Kontoinhaber. Barzahlungen, nach Kaufmannsbrauch »fuori di banco« genannt, blieben im Geschäftsverkehr bald nur noch Sonderfällen und Lohnauszahlungen vorbehalten.

Auch die Banken merkten bald, daß der unbare Zahlungsverkehr durchaus in ihrem eigenen Interesse lag. Wie ein unerschöpfliches Dukatenfüllhorn aus dem Märchen setzte er sie nämlich immer wieder von neuem in die Lage, ihre Kredite auszudehnen, weil für alle Banken zusammen dadurch kaum ein Liquiditätsverlust eintrat. Die Summe aller Zahlungsausgänge des gesamten Bankenapparates entsprach ja im wesentlichen der Summe aller Zahlungseingänge. Nur Auslandszahlungen und Barabhebungen führten zu Liquiditätsabflüssen; aber selbst diesen standen auf der anderen Seite Zahlungseingänge aus dem Ausland und Bareinzahlungen gegenüber. Das englische Sprichwort »You cannot have the cake, and eat it, too« traf hier anscheinend nicht zu, denn tatsächlich konnte die Gesamtheit aller Banken ihren Liquiditätsüberschuß verleihen und am Ende fast ebenso liquide sein wie zuvor.

Nehmen wir einmal an, der bei einer Kreditausweitung einer bestimmten Gruppe von Banken zu beobachtende Netto-Liquiditätsverlust habe 20% betragen und 1000 Einheiten Gold oder Silber als überschüssige Liquidität zur Verfügung gestanden. Jetzt konnte diese Bankengruppe theoretisch nicht nur die 1000 Einheiten ihren Kunden als zusätzliche Kredite zur Verfügung stellen, sondern 1000 + 800 + 640 + 512 + 398 ... und so weiter, insgesamt nahezu das Fünffache des ursprünglichen Liquiditätsüberschusses. Zwangsläufig würde die Kreditausweitung zu erhöhten Guthaben der Zahlungsempfänger in den Büchern der Banken geführt haben. Diesen Vorgang nennen wir »Giralgeldschöpfung« und die Bankguthaben der Kunden »Buchgeld«.

In der Praxis war es nicht ganz so einfach, weil für die einzelnen Banken der Gruppe etwas andere Bedingungen herrschten als für ihre Gesamtheit. Auch für die Einzelbanken führte zwar ein Teil der Scheckzahlungen zu Gutschriften auf Konten der eigenen Kundschaft, und den Abflüssen von Liquidität an andere Institute standen Zahlungseingänge gegenüber, die von diesen kamen, so daß es sich einbürgerte, die gegenseitigen Forderungen gegeneinander aufzurechnen und nur die Salden auszugleichen. Jede einzelne Bank mußte aber ein höheres Maß an vorsorglicher Liquiditätsreserve halten, als es für die Gesamt-

heit erforderlich gewesen wäre, weil das Risiko unerwartet hoher Barabzüge für sie größer war. Dieses Risiko nahm mit zunehmender Größe der Bank ab, eine Tatsache, die den ohnehin stattfindenden Konzentrationsprozeß im Bankwesen förderte und beschleunigte.

Buchgeld und Giralgeldschöpfung basierten auf zwei wichtigen Grundvoraussetzungen. Die Kreditausweitung konnte nur stattfinden, wenn die Banken sich in ihrer Kreditpolitik im Gleichschritt bewegten. Sobald eine Bank der anderen vorauseilte, verlor sie mehr Liquidität, als sie durch Zahlungseingänge gewann. Schlimmstenfalls endete das mit Illiquidität und Zahlungseinstellung. Damit aber wurde die zweite Grundvoraussetzung tangiert: das unbedingte Vertrauen der Kunden in die Sicherheit und jederzeitige Verfügbarkeit ihrer Einlagen. Wurde dieses gestört, so konnte es zu einem »run« der Kunden zunächst nur einer, bald aber aller Banken kommen. Jedermann versuchte dann, seine Geldguthaben abzuheben, solange die Banken noch zahlungsfähig waren. Weil aber als Folge der Giralgeldschöpfung sehr viel mehr Buchgeld existierte, als Bargeld vorhanden war, konnten weder die einzelnen Banken noch ihre Gesamtheit auch nur entfernt daran denken, die Masse ihrer Kundeneinlagen gleichzeitig auszuzahlen. In das auf Gleichgewicht und Harmonie gerichtete Weltwährungssystem kam deshalb durch den unbaren Zahlungsverkehr und die Giralgeldschöpfung ein gefährliches Element krisenverschärfender Instabilität.

## *Wirtschaftskrisen*

Wirtschaftskrisen gibt es, seitdem Menschen wirtschaften. Schon im 1. Buch Mose des Alten Testaments haben Berichte von Mißernten und Teuerung ihren Niederschlag gefunden,[5] zugleich aber auch bereits ein solcher von antizyklischem Verhalten der betroffenen Menschen:
*»Und das Land trug in den sieben Jahren die Fülle; und sie sammelten alle Speise der sieben Jahre, so im Lande Ägypten waren, und taten sie in die Städte. Was für Speise auf dem Felde einer jeglichen Stadt umher wuchs, das taten sie hinein. Also schüttete Joseph das Getreide auf, über die Maßen viel wie Sand am Meer, also daß er aufhörte zu zählen; denn man konnte es nicht zählen . . .*

[5] 1. Mose 12, 10; 1. Mose 41, 54.

*Da nun die sieben reichen Jahre um waren im Lande Ägypten, da fingen an die sieben teuren Jahre zu kommen, davon Joseph gesagt hatte. Und es ward eine Teuerung in allen Landen; aber in ganz Ägyptenland war Brot.«*[6]

Krisen konnten durch Mißernten, Naturkatastrophen, kriegerische Unterbrechungen bestehender Handelsbeziehungen oder auch durch mangelnde Anpassung an den technischen Fortschritt, durch spekulative Überproduktion oder durch Änderung der Verbrauchergewohnheiten ausgelöst werden. Sehr häufig wirkten mehrere dieser Faktoren zusammen. Uns sollen hier nur die Wirtschaftskrisen des 19. Jahrhunderts interessieren. Bei diesen haben immer auch die überreichliche Ausdehnung und nachfolgende Kontraktion des Geld- und Kreditvolumens eine wichtige Rolle gespielt.

Die nordamerikanischen Zettelbankkrisen der Jahre 1814, 1830, 1837 und 1839 waren hauptsächlich auf den desolaten Zustand des amerikanischen Bankwesens und die Inkompetenz der verantwortlichen Politiker in jener Zeit zurückzuführen. Unlimitierte Papiergeldausgabe, wüste Bodenspekulationen und kriminelle Machenschaften gehörten zu ihren wichtigsten Begleiterscheinungen.

Gehörte bei der englischen Handelskrise von 1815 möglicherweise eine zu geringe Versorgung der Wirtschaft mit Geld und Kredit nach der vorausgegangenen Kriegswirtschaft zu den maßgeblichen Faktoren, so trifft für die folgende Krise eher das Gegenteil zu. Es gab in den 20er Jahren des 19. Jahrhunderts in England rund 500 private Notenbanken, von denen nur die Bank of England die Rechtsform der Aktiengesellschaft hatte. Alle anderen waren kleinere Institute mit höchstens sechs Teilhabern. In der Hochkonjunktur von 1822 bis 1824 ließen sich diese dazu verleiten, ihren Notenumlauf zu verdoppeln. Dadurch wurden die Börsenkurse in die Höhe getrieben und die Spekulation angeheizt, bis sie schließlich über den Rahmen wirtschaftlicher Vernunft hinausschoß. Manche Erscheinungen dieser Zeit erinnern stark an die South Sea Bubbles von 1720. Der fällige Rückschlag kam im Frühjahr 1825. Die Kurse fie-

---

[6] 1. Mose 41, 47–49 und 53–54.

len, einige Kredite wurden notleidend, und die Banken hüteten sich, die bisherige Kreditausweitung fortzusetzen. Ihrer monetären Nahrung beraubt, brach die Spekulation zusammen. Jetzt wurden die Bankkunden vorsichtig und versuchten, ihre Noten in bares Gold umzutauschen. Siebzig Banken sahen sich gezwungen, ihre Schalter zu schließen, und selbst die Bank of England überlebte nur dank eines Stützungskredits aus Paris. Die Krise hinterließ tiefe Spuren in der englischen Gesellschaft. Große Teile des Mittelstandes verarmten. Es kam zu umfangreichen Entlassungen und zu Arbeiteraufständen. Viele suchten ihr Heil in der Auswanderung.

Um für die Zukunft kapitalstärkere Kreditinstitute entstehen zu lassen, erlaubte die Bankakte von 1826 weitere Aktienbanken mit dem Recht eigener Notenausgabe außerhalb eines Umkreises von 65 Meilen rund um London. 1834 wurden dann nach erneuten Turbulenzen Aktienbanken ohne Notenprivileg auch in London zugelassen, während die Banknoten der Bank of England zu gesetzlichen Zahlungsmitteln erklärt wurden. Zusammengenommen schufen diese Maßnahmen ideale Voraussetzungen für die schon erwähnte Entwicklung und Ausweitung des flächendeckenden unbaren Zahlungsverkehrs.

Bei der Krise von 1847/48 spielten Mißernten, Strukturwandel durch technischen Fortschritt und Überspekulation in Eisenbahnwerten eine Rolle. Europa wurde damals von einem Kartoffelpilz heimgesucht, der stellenweise die gesamten Bestände verdarb und vor allem in Irland zu unbeschreiblichem Elend führte. Zwei Millionen Iren wurden damals durch die als »potato famine« in die Geschichte eingegangene Hungersnot zur Auswanderung gezwungen. Schlechte Getreideernten machten auch das Brot knapp und teuer. Besonders hart wurden davon die Heimarbeiter der noch in den Kinderschuhen steckenden Textilindustrie des europäischen Kontinents betroffen, die wegen der Konkurrenz der bereits mechanisierten englischen Spinnereien und Webereien ohnehin unterbeschäftigt waren. Soziale Unruhen mit gewaltsamer Zerstörung von Fabriken waren die Folge. Die Mißernten führten zu verringertem Frachtaufkommen und ließen eine Kreditstockung entstehen.

Daraufhin brach die vorausgegangene Überspekulation in Eisenbahnwerten zusammen. U.a. wurde auch Abr. Schaafhausen, eine bedeutende Kölner Bank, illiquide. Sie mußte unter staatlicher Garantie durch Umwandlung von Forderungen in Aktien saniert werden. Der daraus entstandene Schaafhausensche Bankverein wurde die erste große deutsche Bank in der Rechtsform der Aktiengesellschaft.

Bedrängte die 48er Krise vor allem die Völker des alten Kontinents, so traf die von 1857 – 59 die USA und Großbritannien besonders hart. Reiche Goldfunde in Kalifornien und in Australien hatten um die Jahrhundertmitte für eine plötzliche Vermehrung der internationalen Goldbestände gesorgt und dem Wirtschaftsleben neue Impulse gegeben. Sodann hatte der Krimkrieg (1853 – 1856) einen Exportboom der neutralen Staaten hervorgerufen. Beide Faktoren zusammen führten zu einer überreichlichen Liquidität, die ihrerseits die Börsenkurse anheizte. Besonders in Amerika kam es zu spekulativen Überhitzungen und in deren Verlauf zur Gründung einer großen Zahl neuer Aktiengesellschaften von zum Teil recht zweifelhafter Qualität.

Nach dem Ende des Krimkrieges beruhigte sich die Konjunktur, und die überhöhten Warenpreise gingen wieder zurück. Als dann der Sommer 1857 eine Rekordernte bescherte, brachen die Getreidepreise und mit ihnen auch die Wertpapierkurse, die ihren Höhepunkt schon 1856 überschritten hatten, zusammen. Im August stellte ein großes Bank- und Versicherungsunternehmen, die Ohio Life Insurance & Trust Co., seine Zahlungen ein. Das löste einen Run auf sämtliche amerikanische Banken aus. Über 1400 Banken mußten – mindestens vorübergehend – ihre Schalter schließen. Im ganzen sollen etwa 5000 Unternehmen zusammengebrochen sein.

Von Amerika griff die Krise nach England über. Die Bank of England erlebte einen so starken Abruf ihrer Edelmetallbestände, daß nicht einmal die Heraufsetzung ihres Diskontsatzes auf 10% – den Höchstsatz für über 100 Jahre – ausreichte, um liquide zu bleiben. Die Vorschriften der Peelschen Bankakte von 1844, welche praktisch auf eine 2/3 Golddeckung hinausliefen, konnten für eine Weile nicht eingehalten werden.

Der pragmatische Sinn der Engländer ließ sie den Vorrang der Notwendigkeit vor dem Gesetz in einer solchen extremen Situation einsehen. Ob deutsche Gründlichkeit und Prinzipientreue in ähnlicher Lage eine Aussetzung gesetzlicher Vorschriften auch bei uns erlaubt hätten, wollen wir dahingestellt sein lassen.

Wegen seiner engen Finanz- und Handelsbeziehungen mit England bekam in Deutschland nur Hamburg die Krise in ihrer vollen Schwere zu spüren. Hier waren die Auswirkungen in der Tat verheerend. Weil es zu den Besonderheiten der hamburgischen Banken gehörte, Handelsgeschäfte mit Südamerika und Skandinavien mit in England aufgenommenen Geldern zu refinanzieren, plötzlich aber kein Geld mehr aus England zu bekommen war, gerieten sie fast alle in die größte Bedrängnis. Der Hamburger Senat wandte sich mit der Bitte um eine größere Anleihe an Preußen. Die aufstrebende Großmacht lehnte jedoch das Hilfsersuchen nicht nur schnöde ab, sondern verpackte die Absage mit der Arroganz des Mächtigen in gute Ratschläge an die Hamburger Kaufmannschaft zu soliderer Geschäftsgebarung.

Österreich verhielt sich entgegenkommender. Es schickte einen Eisenbahnzug voller Silberbarren als Darlehen auf sechs Monate zu 6% Zinsen. Der Senat benutzte den Kredit zur Stützung der großen Bankhäuser – die kleinen ließ man zum Teufel gehen. Unter denen, die bei dieser Gelegenheit ihre Ersparnisse verloren, waren nicht wenige preußische Staatsbürger, die ihre Geschäfte über Hamburg abzuwickeln gewohnt waren.

Karl Marx hatte die Krise von 1847/48 in Frankreich, Belgien und Deutschland, die von 1857 aber in London erlebt. Da die eine Krise den Kontinent, die andere das Inselreich besonders schwer heimsuchte, gewann er den Eindruck, daß die Wirtschaftskrisen von Mal zu Mal immer schwerer würden, obwohl doch in Wirklichkeit in England die Ereignisse von 1847/48 wesentlich glimpflicher verlaufen waren als die von 1825 und in Deutschland im allgemeinen die 57er Krise lange nicht so schlimm war wie die von 1847/48. Es ist nicht auszuschließen, daß der unzutreffende, subjektive Eindruck die

Marxsche Verelendungstheorie mit beeinflußt hat.

Die nächste große Wirtschaftskrise war hauptsächlich ein deutsches Phänomen. Sie betraf jedoch auch Österreich-Ungarn und die USA. In der zweiten Hälfte der 60er Jahre hatte sich das Tempo der Industrialisierung und des Eisenbahnbaus beträchtlich beschleunigt. Neue Verfahren und neue Produkte hatten einen stürmischen Aufschwung der chemischen Industrie und der Stahlindustrie mit sich gebracht. Die Wirtschaftsräume waren größer und die Politik liberaler geworden. Seit 1870 bedurfte es in den deutschen Staaten keiner besonderen Lizenz mehr zur Gründung von Aktiengesellschaften.

Die langersehnte deutsche Einigung schuf ein optimistisches Klima, das 1870/71 in eine nationale Euphorie umschlug. Hunderte von Aktiengesellschaften schossen in den »Gründerjahren« 1870–1873 wie Pilze aus dem Boden. Die Überspekulation wurde durch einen starken inflationären Schub begünstigt, der durch die vorzeitige Tilgung deutscher Staatsschulden in der Größenordnung von 1$^{1}/_{2}$ Milliarden Mark banco (3 Mrd. Franc) aus der französischen Kriegsentschädigung entstand.

Weil und solange Geld im Überfluß vorhanden war, spekulierten die reich gewordenen Kriegslieferanten und Privatpersonen nicht nur im eigenen Land, sondern ebenso in österreichungarischen und nordamerikanischen Werten. Die damit verbundenen Risiken konnten oder wollten sie nicht erkennen.

Unter den zwielichtigen Gestalten, die damals innerhalb weniger Jahre große Vermögen zusammenrafften, hat Bethel Henry Strousberg (1823–1844) als »Eisenbahnkönig« eine traurige Berühmtheit erlangt. Zu Beginn der 60er Jahre hatte er in englischem Auftrag die Organisation des Baus zweier ostpreußischer Bahnen, der Tilsit-Insterburger und der Ostpreußischen Südbahn, in die Hand genommen. Mit den dabei gewonnenen Erfahrungen baute er die nächsten Bahnen auf eigene Rechnung: die Berlin-Görlitzer Bahn, die Rechte Oderuferbahn, die Märkisch-Posener, die Halle-Sorauer und die Hannover-Altenbekener Bahn, dazu die Brest-Grajewo Bahn, die ungarische Nordostbahn und die rumänischen Eisenbahnen. Insgesamt gebot er schließlich über eine Streckenlänge von rund 3000 km.

Natürlich hatte Strousberg für ein solch gewaltiges Unternehmen weder genügend Eigenkapital, noch hätte er allein die erforderlichen Kredite aufnehmen können. Deshalb schuf er sich seine Zahlungsmittel selbst. Die Unternehmen, die für ihn die Gleise verlegten sowie Schienen und Waggons lieferten, erhielten von ihm als Bezahlung nicht Gold und Silber, Banknoten, Schecks oder Wechsel, sondern – Aktien ihres Auftraggebers. Das hatte für Strousberg drei nicht zu unterschätzende Vorteile:

1. Die Aktienausgabe kostete ihn – abgesehen von Druck und Papier – nichts.
2. Solange das inflationäre Klima anhielt, stiegen die Aktienkurse von selbst. Das machte die Papiere nicht nur zu gerne akzeptierten Zahlungsmitteln, sondern es führte auch dazu, daß bei immer höherem Kursniveau immer weniger Aktien als Gegenwert für bestimmte Leistungen ausgegeben werden mußten. Strousberg fiel es daher leicht, die Majorität und damit die Kontrolle über seine Gesellschaften zu behalten.
3. Indem die Zulieferer eingebrachtes Sachkapital (Bahnkörper, Schienen, Waggons etc.) gegen Geldkapital (Aktien) tauschten, sorgten sie dafür, daß das Aktien- oder Eigenkapital der Bahngesellschaften im gleichen Maße wuchs wie die Sachanlagen. Das ergab scheinbar gesunde Bilanzrelationen und ermöglichte es Strousberg, nunmehr Schuldverschreibungen zu emittieren und auf dem Fundament des Aktienkapitals einen Turm von Schulden zu errichten. Die Fremdgelder brauchte er u. a. für Neuerwerbungen – wie etwa die Egestorffschen Lokomotivwerke in Hannover – und um genügend Bargeld für stolze Dividendenzahlungen, die die Aktienkurse noch weiter in die Höhe treiben sollten, in der Kasse zu haben.

Die Strousbergsche Finanzierungsmethode ist oft kopiert worden, und sie wird in ihren Grundzügen ganz legal auch heute noch angewandt, so z. B. bei der Übernahme einer Aktiengesellschaft durch eine andere. Dabei gilt der Grundsatz: Je höher der Kurs der eigenen Aktien im Verhältnis zum Preis des Übernahmeobjektes ist, desto billiger wird der Zukauf. Wer

## *Krisensymptome*

**»Im Zusammenhang mit den Ursachen kann man von Symptomen in dem Sinne sprechen, daß sich aus dem Eintreten gewisser äußerlicher Erscheinungen auf das Herannahen einer Krise schließen läßt. Die Erfahrung bezeichnet als die wesentlichsten Symptome: 1) große Unternehmungslust und Kühnheit der Spekulation; 2) rasche Bereicherungen einzelner Gruppen durch leicht realisierbare Gewinne bei allgemeiner Leichtgläubigkeit des großen Publikums, auffallende Steigerung des Luxus; 3) Verwegenheit der Agiotage und Übergreifen der Spielsucht in solche Kreise der Gesellschaft, die hierfür kein geschäftliches Verständnis besitzen; 4) bedeutendes und rasches Steigen der Warenpreise, Arbeitslöhne, Realitätenwerte, Kapitalzinsen und Diskontsätze und dem entsprechende Bewegung der Bankoperationen; 5) zahlreiche Überführung von Einzelunternehmen in Aktienunternehmungen. Beim Zusammentreffen dieser Symptome ist der Ausbruch von Krisen mit größter Wahrscheinlichkeit vorauszusehen.«**

Aus: Handelskrisen, in: Meyers Großes Konversations-Lexikon, 6. Aufl., Bd. VIII, Leipzig und Wien 1905.

Übernahmen plant, ist deshalb an einer möglichst hohen Bewertung der eigenen Aktien interessiert. Diese aber läßt sich in Zeiten überreichlicher Geldversorgung besonders leicht manipulieren.

Die Auswirkungen des durch die französische Kriegsentschädigung ausgelösten Inflationsschubs blieben nicht auf Börsenkurse und Spekulationen in Eisenbahnaktien beschränkt. Während des Krieges hatten Einberufungen zum Heeresdienst den Arbeitsmarkt weitgehend seiner Reserven beraubt; zugleich aber war die Nachfrage wegen der erhöhten Produktionsanforderungen gestiegen. Als dann der Krieg zu Ende ging, traten neu gegründete und erweiterte Unternehmen als zusätzliche Bewerber um Arbeitskräfte auf den Plan. Endlich sahen sich die Arbeitnehmer einmal am längeren Hebel. In den Jahren 1870 bis 1873 nutzten sie das Gesetz des Marktes zu ihrem eigenen Vorteil. Dabei schossen die Bergarbeiter mit Lohnsteigerungen von 60% den Vogel ab.

Nun gab es ohne Zweifel einen Nachholbedarf auf der Lohnseite, der angesichts der kostensenkenden Kapazitätserweiterungen und der überreichlichen Geldfülle vorübergehend sogar finanzierbar schien. Allerdings waren Preisanhebungen nötig, die sich in einem Anstieg der Lebenshaltungskosten um ca. 20% niederschlugen. Nicht genug bedacht hatte man offensichtlich, daß Deutschland zwar groß und mächtig geworden, aber dennoch nicht allein auf der Welt war. Andere Länder hatten ebenfalls eine leistungsfähige Industrie und schickten sich an, ihre Marktanteile durch Unterbietung der deutschen Preise zu vergrößern. Hinzu kam, daß Frankreich durch die ihm auferlegten Kontributionen gezwungen war, durch erhöhte Exportanstrengungen den Abfluß von Edelmetallen zu kompensieren.

So manche der neugegründeten deutschen Aktiengesellschaften war schon vom Augenblick der Produktionsaufnahme an nicht wettbewerbsfähig. Andere hatten es von vorneherein nur darauf abgesehen, einem leichtgläubigen Publikum das Geld abzuknöpfen. Es bedurfte nur eines kleinen Anstoßes, um das ganze Kartenhaus aus Kredit und Spekulation, aus zu schnell gestiegenen Löhnen und zu hohen Preisen zusammenstürzen zu lassen.

1873 kam es erst in Budapest und Wien und einige Monate darauf in den USA zu massiven Kursstürzen an den Wertpapierbörsen mit nachfolgenden Bankzusammenbrüchen. Wegen der vielfältigen Kapital- und Geldverflechtungen griff die Krise von Amerika aus wieder nach Europa über und traf dort die künstlich aufgeblähte deutsche Wirtschaft ganz besonders hart. Es kam zu einer schweren Depression, in deren Verlauf nicht nur eine ganze Reihe der neugegründeten Aktiengesellschaften wieder von der Bildfläche verschwand, sondern auch Löhne und Beschäftigungsniveau weitgehend wieder auf ihren Vorkriegsstand zurückfielen. Auch Strousberg ging mit seinen deutschen und ausländischen Eisenbahngesellschaften in Konkurs und wurde in Moskau zu mehrjähriger Verbannung verurteilt.

Der allgemeine Zusammenbruch war ein Anlaß, sowohl über die ungeschützte Lage der Arbeiter als auch über mögliche Betrügereien bei der Gründung von Aktiengesellschaften intensiv nachzudenken. Als Ergebnis solcher Überlegungen entstanden in den 80er Jahren einerseits das für lange Zeit fortschrittlichste Sozialversicherungssystem der Welt und andererseits neue gesetzliche Regelungen für die Sicherstellung angemessener Gegenleistungen bei der Ausgabe junger Aktien.

Angesichts der nach dem Sieg über Frankreich und der deutschen Einigung herrschenden Hochkonjunktur und Euphorie war ein empfindlicher Rückschlag in jedem Fall unausweichlich. Erst die durch die französische Kriegsentschädigung angeheizte Inflation und Spekulation ließ aber die Fehlentwicklungen so stark werden, daß aus der Krise eine langdauernde Depression wurde. Insofern erwiesen sich, rückschauend betrachtet, die den Franzosen abgenötigten Zahlungen als ein größeres Übel für die Sieger als für die Besiegten.

Alle hier beschriebenen Finanz- und Wirtschaftskrisen verliefen nach dem gleichen Muster:

1. Am Anfang stand immer eine plötzliche und starke Geldvermehrung, sei es durch Zufuhr von Edelmetallen aus dem Ausland, sei es durch übermäßige Papiergeldausgabe oder anderweitige Kreditausweitung der Banken.

2. Die reichliche Liquidität verlockte zur Spekulation. Börsenpapiere mit hohem Risiko und dementsprechend hohen Gewinnchancen wurden gekauft und die Kurse in die Höhe getrieben. Die schnellen Gewinne führten zu erhöhten privaten Ausgaben, zu optimistischer Beurteilung der allgemeinen Lage und daraufhin zu neuen Investitionen. Dabei wurde in der Hoffnung auf eine Verbesserung der Wettbewerbsfähigkeit nicht selten auch dann noch die Produktionskapazität ausgeweitet, wenn der Markt bereits gesättigt war. Daraus folgten dann Überkapazitäten und Preiskämpfe bis in eine Zeit hinein, in der die gute Konjunktur bereits wieder der Vergangenheit angehörte.
3. In dem Maß, in dem Handel und Produktion ihre Kreditinanspruchnahme ausdehnten, stand weniger Geld für Wertpapierkäufe zur Verfügung. Das ohnehin überhöhte Kursniveau wurde anfälliger für Rückschläge. Kam es jetzt zu Mißernten, Absatzschwierigkeiten oder anderen Störungen des Wirtschaftskreislaufs, so brach die Spekulation zusammen. Börsenkredite wurden notleidend, weil die Besicherung nicht mehr ausreichte; Wechsel konnten am Verfallstag nicht eingelöst werden, weil sich die mit ihnen bezahlten Waren nicht schnell genug verkaufen ließen oder gar, weil die dafür benötigten Beträge zwischenzeitlich für Börsenspekulationen benutzt und teilweise verloren waren. Erfolgreiche Geschäftsleute, deren Tüchtigkeit in aller Munde gewesen war, erwiesen sich plötzlich als Betrüger. Banken mußten ihre Ausleihungen einschränken und brachten dadurch ihre Kunden in Bedrängnis.
4. Jetzt wurden die Einleger mißtrauisch und hoben ihre Bankguthaben ab. Wenn erst einmal eine Bank ihre Zahlungen eingestellt hatte, kam es leicht zu einem Run auf alle Banken. Das Zahlungs- und Kreditsystem kollabierte, wenn es nicht durch Hilfe von außen gestützt wurde. Handel und Produktion aber mußten – oft auf Jahre hinaus – die schwersten Rückschläge hinnehmen.

Jede Krise führte immer auch zu einer Vernichtung von Geld und Geldkapital. Oft lösten sich, wenn Banken zusammenbrachen, die Guthaben ihrer Kunden mit einem Schlag in nichts auf. Selbst wo es nicht dazu kam, zog die Rückführung des Kreditvolumens eine Vernichtung von Giralgeld nach sich, so wie vorher die Kreditausdehnung dessen Vermehrung zur Folge gehabt hatte. Börsenverluste vernichteten Geldkapital, das jederzeit in Geld umtauschbar gewesen war und gerade so wie Bargeld und Bankguthaben potentielle Kaufkraft dargestellt hatte.

Die Vernichtung von Geld und Geldkapital war notwendig, um wieder geordnete wirtschaftliche Verhältnisse und angemessene Bewertungen zu ermöglichen, mochte sie auch im Einzelfall die Falschen treffen und Unschuldige um ihre Ersparnisse bringen. Die Krisen des 19. Jahrhunderts waren schmerzhafte Reinigungsprozesse, welche die Gesellschaft von ihrem Überhang an Kaufkraft ebenso wie von hochgekommenen betrügerischen Elementen befreiten. Kaufleute und Fabrikanten mahnten sie, so lange deren Erinnerung wach blieb, an die Notwendigkeit der Beachtung solider Geschäftsgrundsätze.

## *Inflation und Depression*

Bis zum Ende des Ersten Weltkrieges (1914 – 18) hatten sich die Welt, die auf ihr lebenden Menschen und mit ihnen auch das internationale Wirtschafts- und Währungssystem weit stärker verändert, als es selbst den verantwortlichen Politikern und ihren Beratern bewußt war. Die bisherigen, durch Tradition, Religion und Macht geheiligten Herrschaftsstrukturen stimmten nicht mehr. Ehefrauen, die vier Jahre lang unter erschwerten Bedingungen Männerarbeit verrichtet hatten, waren nicht länger bereit, sich auf die »drei K's« Kinder, Küche und Kirche zu beschränken. Völker anderer Hautfarbe, die zusammen mit ihren Kolonialherren einen weißen Feind besiegt hatten, nahmen Houston Steward Chamberlains unselige These von der Überlegenheit der weißen und zumal der nordischen Rasse nicht länger widerspruchslos hin. Die großen Kolonialreiche

Englands und Frankreichs waren daher, wenn auch um eroberte deutsche Kolonien erweitert, bereits in ihren Grundfesten erschüttert und destabilisiert.

In Mittel- und Osteuropa waren Kaiser und Könige gestürzt und durch neue Leute ersetzt worden. Diese waren in der Kunst des Regierens noch unerfahren und mußten zudem bemüht sein, entweder durch Terror oder durch opportunistisches Verhalten ihre Macht über den Augenblick hinaus zu sichern.

Ebenso wie die Hierarchien waren auch die bisherigen, meist bürgerlich geprägten Wertordnungen außer Kraft gesetzt worden. Bezeichnend dafür war z. B. der uneingeschränkte deutsche U-Boot-Krieg und später die Verlängerung der Hungerblockade Deutschlands weit über den Zeitpunkt des Waffenstillstands hinaus. Wie schon der amerikanische Sezessionskrieg (1861 – 1865) und der Burenkrieg (1899 – 1902) war auch der Erste Weltkrieg keine Auseinandersetzung zwischen Armeen und ihren Heerführern mehr, sondern ein erbitterter Volkskrieg, der die Zivilbevölkerung und ihr Privateigentum nicht ausgespart hatte.

Als Folge der allgemeinen Verrohung galten Menschenleben nicht mehr viel. Jahrelang hatten Handwerker, Bauern und Familienväter mit allen nur denkbaren Mitteln versucht, Handwerker, Bauern und Familienväter umzubringen, nur weil sie einer anderen Nation angehörten. Schien es da nicht ebenso gerechtfertigt, wenn Arbeiter mit Waffengewalt die Früchte der Revolution einbringen wollten oder wenn Offiziere in »vaterländischer Pflichterfüllung« sog. Volksverhetzer und notorische Aufrührer ohne Gerichtsverfahren »beseitigten«? Noch war ja nicht entschieden, ob Deutschland der Diktatur des Proletariats anheimfallen, ein demokratischer Verfassungsstaat werden oder im Chaos eines Bürgerkrieges versinken sollte. Und was das durch den Krieg in Teilen schwerverwüstete Frankreich anging, so war es ihm gleichgültig, ob die »boches« verreckten oder nicht, solange sie nur ihre Reparationen pünktlich ablieferten. Die Völker Europas waren mit allen Mitteln der psychologischen Kriegsführung zum Hassen erzogen worden. Jetzt verstanden sie sich besser auf Haß als auf Kooperation.

Die im Kriege hochentwickelte Technik der Massenbeeinflussung fand im Frieden ein breites Anwendungsfeld bei Arbeitskämpfen und politischer Propaganda. Geschickte Agitatoren verstanden es, Arbeitermassen um sich zu scharen und dem eingeschüchterten Bürgertum das Heft aus der Hand zu nehmen. Arbeiterklasse und Bürgertum hatten unterschiedliche Wert-

und Zielvorstellungen. Anstelle der Rede- und Informationsfreiheit und anderer Einzelrechte des Individuums interessierte den Arbeiter viel mehr die Koalitionsfreiheit als ein Mittel zur Durchsetzung seiner Forderungen. Höhere Löhne und gesicherte Arbeitsplätze waren ihm wichtiger als die Freiheit des Welthandels. Und was gar den Goldautomatismus anging, so mußte er ihm wie ein fauler Schwindel erscheinen, dazu berechnet, ihm bessere Lebensbedingungen zu verweigern. War nämlich in der Vergangenheit der Goldpreis hoch gewesen, so hatte es geheißen: Das Geld wird immer knapper, die ausländische Konkurrenz macht uns zu schaffen, und unsere Exporte gehen auch schon zurück. Bei sinkendem Goldpreis aber war die Wirtschaft unterbeschäftigt gewesen, und Mitarbeiter waren auf die Straße gesetzt worden.

Es konnte nicht ausbleiben, daß Demagogie und Emotionen eine weitaus größere Rolle in der politischen Auseinandersetzung spielten als die nüchterne Analyse von Tatbeständen und Entwicklungen. In Deutschland hinderte die Dolchstoßlegende Gebildete und Ungebildete daran, den Realitäten ins Auge zu sehen. Aber auch unter den Westmächten trieb der Nationalismus seltsame Blüten. Noch in den späten 20er Jahren hatte so mancher englische Kolonialclub ein Schild an der Tür mit der Aufschrift »Hunde und Deutsche sind nicht zugelassen«. Durfte man unter solchen Umständen das hohe Maß an gegenseitigem Verständnis und an Zusammenarbeit erwarten, auf das Welthandel und Weltwährungssystem nun einmal angewiesen sind?

Wir mußten uns so ausführlich mit den Veränderungen der westlichen Welt befassen, weil anders die zahlreichen Fehler der Politiker, die letztlich die großen Katastrophen der nächsten Jahrzehnte verursacht haben, nicht erklärbar sein würden. Auch so wird es nicht möglich sein, das ganze Geflecht von Ursachen und Wirkungen, von vermeidbaren wie auch von unvermeidbaren Fehlentscheidungen und ihren Folgen aufzudecken. Zwei Faktoren aber treten so deutlich hervor, daß man sie getrost als die Hauptursachen der kommenden Entwicklung betrachten kann: die Ignoranz der handelnden Personen sowie der Gruppenegoismus der hinter ihnen stehenden gesellschaftlichen Gruppen und Nationen. Dummheit und Eigennutz, diese beiden Schwestern, sind zu allen Zeiten nicht zu unterschätzende Triebkräfte der Politik.

In diesem Zusammenhang darf die Tatsache nicht unerwähnt bleiben, daß auch hochverdiente Wissenschaftler zu der allgemeinen Begriffsvernebelung beigetragen hatten. So beschreibt Felix Somary in seinen Lebenserinnerungen, wie schon 1909 auf der Wiener Tagung des Vereins für Sozialpolitik zum Thema Produktivität und Geldwert so berühmte Gelehrte wie Max Weber und Fritz Knapp die Entthronung des Goldes als Währungsgrundlage wissenschaftlich einläuteten:

*»Max Weber verwarf den Produktivitäts- und Knapp den Geldwertbegriff... Fünf Jahre vor Ausbruch der Weltkriegsära haben zwei der größten Gelehrten, denen die Wissenschaft viel verdankt, den Staaten einen Freibrief gegeben für illimitierte Kriegsproduktion und Geldbeschaffung. Denn im Produktivitätsbegriff und in der Basierung des Geldes auf Gold liegen die Grenzen für die Regierung...*
*Von dieser Tagung an galten in Deutschland und Österreich die Anhänger der Goldwährung als mittelalterliche, abergläubische Idioten in bedauernswerter Verteidigungsstellung. Zu Anfang des 18. Jahrhunderts war der theoretische Inflationismus nach einer Kriegsära erschienen, diesmal ging er ihr voraus.«*[7]

Tatsächlich waren die Ansichten von Weber und Knapp nicht rundweg falsch. Sie waren Ausdruck von Theorien, die von ganz bestimmten Blickwinkeln aus – bei Knapp war es z. B. der aus der staatlichen Rechtsordnung abgeleitete – gewisse Phänomene erklären wollten. Als verheerend war in diesem Fall lediglich die Außenwirkung, nämlich die scheinbare Rechtfertigung staatlicher Inflationspolitik, anzusehen.

Wissenschaftlich sanktioniert oder nicht, hatten die Notenbanken während des Krieges viel von ihrem ursprünglichen Charakter als privatwirtschaftliche Erwerbsbetriebe eingebüßt. Ihre Goldeinlösungspflicht war de facto oder de jure aufgeho-

---

[7] Felix Somary, Erinnerungen aus meinem Leben, 4. Aufl., Zürich 1959, S. 87 f.

ben und Staatsschulden unterschiedlichster Art unbegrenzt zur Währungsdeckung zugelassen worden. Ihre eigentliche Aufgabe war es nun, dem jeweiligen Staat bei der Finanzierung seiner Kriegsausgaben zur Hand zu gehen. So wurden die Notenbanken buchstäblich zu »Handlangern« des Staates.

Wenn die Regierungen es schon nicht fertiggebracht hatten, den Krieg zu verhindern, hätten sie wenigstens versuchen müssen, einen möglichst hohen Teil der Kosten durch Steuern hereinzuholen. Schließlich ging es ja darum, den privaten Verbrauch zugunsten des Staates einzudämmen. Deshalb wäre es sinnvoll gewesen, gleich bei Kriegsbeginn hohe Verbrauchsteuern sowie noch höhere Luxussteuern auf nicht lebensnotwendige Güter einzuführen und darüber hinaus mindestens den Einkommens- und Vermögenszuwachs der Kriegsgewinnler abzuschöpfen. Die sozial Schwächsten hätte man dabei mit gewissen Subventionen unterstützen können.

Tatsächlich beschritten die kriegführenden Nationen einen nahezu entgegengesetzten Weg. Um die hochgeputschte Begeisterung der Bevölkerung nicht zu dämpfen, scheuten sie vor drastischen Steuererhöhungen zurück und zogen es vor, sich zu verschulden. Dabei beschränkte man sich nicht etwa darauf, durch den Verkauf von Kriegsanleihen die überschüssige Kaufkraft des privaten Sektors abzuschöpfen, sondern man erklärte die Staatsschuld zur Grundlage der Währungsdeckung und ließ die Notenbanken dafür neugedrucktes Papiergeld ausgeben. Dadurch wurde die private Nachfrage zusätzlich angeheizt. Die Güter wurden knapp und teuer. Um das nicht allzu deutlich werden zu lassen, setzte man auf gewissen Gebieten Höchstpreise fest und verknappte dadurch das Angebot noch mehr. Jetzt wurde es nötig, neben dem Geld, das seine Funktion als Bezugsrecht nicht mehr erfüllen konnte, eine Parallelwährung aus weiteren, knapper gehaltenen Bezugsrechten, welche auf einzelne Waren lauteten, auszugeben. Um der sozialen Gerechtigkeit willen erhielt davon jedermann gleichviel, unabhängig davon, ob er die betreffenden Waren benötigte oder nicht. Daß jeder »Bezugsberechtigte« seine Rechte voll in Anspruch nahm, darf uns kaum wundern. Schließlich kam die Zeit, in der man selbst mit Bezugsscheinen keine Waren mehr erhalten konnte.

Ein unsozialeres, ungerechteres und unzweckmäßigeres System der Kriegslastenverteilung ist auch mit viel Phantasie nur schwer vorstellbar. Verschuldete Boden- und Aktienspekulanten durften sich über die Entwertung ihrer Schulden freuen. Gerissene Kaufleute kauften mit geliehenem Geld knappe Waren, die es noch ohne Bezugsscheine gab, und horteten sie, was zu einer zusätzlichen Verknappung führte. Die legalen Leistungsanreize gingen verloren, zumal die Reallöhne sanken. Die Hauptlast hatten die Rentner und die Staatsdiener zu tragen. Dagegen blieben Sparer, die ihr Gold im Strumpf und unter dem Strohsack verwahrten, zunächst noch ungeschädigt.

Mindestens in Deutschland gingen die geschilderten Maßnahmen Hand in Hand mit einer bewußten Täuschung der Öffentlichkeit einher. Das geht aus der Art der technischen Abwicklung, der von langer Hand vorbereiteten »finanziellen Mobilmachung«, hervor. Um möglichst wenig Aufmerksamkeit zu erregen, ließ man nämlich die bisherigen Deckungsvorschriften des Reichsbankgesetzes in Kraft, unterschob ihnen aber eine andere Bedeutung. Wie schon oben beschrieben, sah das Gesetz eine sog. »Bardeckung« von einem Drittel des Notenumlaufs durch Gold und eine »bankmäßige Deckung« von zwei Dritteln durch Handelswechsel vor. Zur Bardeckung zählte auch ein in seiner Höhe eng begrenzter Betrag an Reichskassenscheinen. Mit Beginn des Krieges wurden nun zur Bardeckung auch Darlehenskassenscheine in unbegrenzter Höhe zugelassen. Das waren banknotenähnliche Papiere, die von Tochtergesellschaften der Reichsbank ohne gleichwertige Deckung ausgegeben wurden. Daneben ließ man im Rahmen der bankmäßigen Deckung der Reichsbanknoten ebenfalls unlimitiert Schatzwechsel des Reichs und kurzfristige Reichsschatzanweisungen zu.

Bei alledem scheint es doch noch so etwas wie ein währungspolitisches Gewissen der Verantwortlichen gegeben zu haben. Man verwandte nämlich größte Mühe darauf, die Keller der Reichsbank mit Gold zu füllen, und zwar weit über den für kriegswichtige Importe benötigten Bedarf hinaus. Mit dem Schlagwort »Das Geld bleibt im Lande«, womit nach den alten Regeln des Goldautomatismus das Edelmetall gemeint war,

***Entwicklung wichtiger Positionen aus dem Ausweis der Reichsbank 1913 – 1918***

| Stand am Jahresende | 1913 | 1914 | 1915 | 1916 | 1917 | 1918 |
|---|---|---|---|---|---|---|
| | (Mio. M.) | (Mio. M.) | (Mio. M.) | (Mio. M.) | (Mio. M.) | (Mio. M.) |
| Gold in Barren und Münzen | 1 170 | 2 093 | 2 445 | 2 521 | 2 407 | 2 262 |
| Darlehens-kassenscheine | – | 871 | 1 255 | 415 | 1 305 | 5 263 |
| Schatzwechsel und Schatz-anweisungen | – | 2 738 | 5 218 | 8 871 | 14 208 | 27 157 |
| Banknotenumlauf | 2 594 | 5 046 | 6 918 | 8 055 | 11 468 | 22 188 |

Quelle: Deutsche Bundesbank, Deutsches Geld- und Bankwesen in Zahlen 1876 – 1975, Frankfurt/M. 1976, S. 36 f.

glaubte man alsdann, alle Warnungen vor einer unbegrenzten Papiergeldvermehrung beiseite schieben zu können. So schreibt Otto Pfleiderer in der von der Deutschen Bundesbank herausgegebenen offiziellen deutschen Währungsgeschichte »Währung und Wirtschaft in Deutschland 1876–1975«:

*»Der Gedanke, daß ... sich eine Inflation entwickeln könnte und daß die etwas zu tun haben könnte mit dem wachsenden Umfang der Geldschöpfung durch die Notenbank, ist erst sehr allmählich aufgedämmert. Jedenfalls in den alljährlichen Verwaltungsberichten der Reichsbank findet sich vor 1920 kaum ein Hinweis auf solche Zusammenhänge.«*[8]

Mit dem Einsammeln des Goldes der Zivilbevölkerung wurde der sozialen Ungerechtigkeit die Krone aufgesetzt. Mit ungeheurem Propagandaaufwand wurde dem Volk beigebracht, daß es seine patriotische Pflicht sei, sich in den schweren Stunden des von gierigen Feinden bedrängten Vaterlandes von seinem Goldbesitz zu trennen. Nicht nur die umlaufenden 10- und 20-Mark-Stücke sollten abgeliefert werden, sondern ebenso auch Goldschmuck und sogar Trauringe. Für diese wurden im Tausch Eisenringe ausgegeben und dazu eine Urkunde mit der Aufschrift »GOLD GAB ICH FÜR EISEN.«

Erinnern wir uns: Gold war vor allem das Spargeld des kleinen Mannes. Nur wohlhabende Leute, Gutsbesitzer, Fabrikanten, Kaufleute und die höheren Beamten besaßen Wertpapiere. Geldscheine gab es hauptsächlich in großen Werten, wie sie die einfachen Leute nur selten in die Hand bekamen. So kam es, daß die Goldablieferung im ganzen die relativ ärmeren Bevölkerungsschichten viel schwerer traf als die reichen. Arbeiterfamilien, deren Lebensstandard so niedrig war, daß sie die Salzlake vom jährlichen Schweineschlachten ein ganzes Jahr lang zum Würzen des Essens benutzten, tauschten ihre gesamten Ersparnisse von 10–20 000 Mark in wertloses Papier ein. Und das alles, damit die Reichsbankkeller stets wohl gefüllt waren. Zur Freude der Siegermächte war der Goldbestand der Deut-

[8] Frankfurt/M. 1976, S. 160.

schen Reichsbank am Ende des Jahres 1918 mit 2,26 Milliarden Mark fast doppelt so hoch wie Ende 1913 und mehr als viermal so hoch wie der Durchschnitt der Jahresendbestände von 1901 bis 1910.

Natürlich wurde Gold auch zur Bezahlung lebenswichtiger Importe gebraucht. In gewissem Umfang floß deshalb Gold in die neutralen Länder ab. Schweden zum Beispiel erlebte als Lieferant der kriegführenden Mächte das seltene Phänomen einer Goldinflation. Nach den gewohnten Gesetzen des Goldautomatismus hätten die steigenden Preise zu erhöhten Importen und damit zu einer Dämpfung der heimischen Konjunktur führen müssen. Wegen des Krieges war jedoch die Einfuhr nur in eingeschränktem Umfang möglich und obendrein teuer. Die Preisdämpfung konnte daher nicht stattfinden, und Schweden erlitt eine höchst unangenehme Teuerung.

Ähnliches beobachteten die Vereinigten Staaten von Amerika als Hauptnutznießer des Krieges. Sie lieferten reichlich Material an die Westmächte, während zum Beispiel der Import von Farben und Arzneimitteln aus Deutschland, der in Friedenszeiten eine nicht unbedeutende Rolle gespielt hatte, wegen der Blockade der deutschen Häfen und der Überwachung der Meere durch die englische Flotte fast ganz zum Erliegen kam. Einige abenteuerliche Fahrten deutscher Handels-U-Boote linderten allenfalls einen akuten Arzneimittelmangel, konnten aber an der faktischen Absperrung kaum etwas ändern.

Der hohe amerikanische Exportüberschuß führte zu reichlichen Goldeinnahmen. Nun hatten die USA Ende 1913, also noch gerade vor dem Kriegsausbruch in Europa, ihr Federal Reserve System als oberste Währungsinstanz erhalten. Im Gegensatz zu den europäischen Notenbanken war dieses von vorneherein nicht als privatwirtschaftlicher Erwerbsbetrieb ausgelegt, sondern ausdrücklich zu dem Zweck geschaffen worden, die Geschäftspolitik der amerikanischen Kreditinstitute zu überwachen und durch geeignete Maßnahmen zu steuern. Außerdem sollte es Bank- und Wertpapiergeschäfte für die Bundesregierung betreiben. Seiner Aufgabenstellung entsprechend, benutzte »die Fed« das zufließende Gold nicht zur Grundlage einer Kreditausdehnung, weil ohnehin schon Hochkonjunktur

*10 Wege zur Inflation*

1. Immer, wenn ein Volk oder eine Regierung glaubt, für staatliche Leistungen nicht bezahlen zu müssen, ist Geldentwertung die Folge.
2. Maßlose Herrscher, die die Grenzen vernünftigen Handelns nicht erkennen oder nicht sehen wollen, zerrütten das Geldwesen ihrer Nationen.
3. Rüstungsausgaben, die nicht durch Steuern oder Tribute finanziert werden, haben Geldentwertung zur Folge. Deshalb führen Kriege sehr oft zu Inflationen.
4. Schwache Regierungen, die nach Popularität haschen oder zu kraftlos sind, überzogene Forderungen abzuwehren, gehen den Weg des scheinbar geringsten Widerstandes, indem sie Inflationspolitik betreiben.
5. Staaten, die sich zu stark verschulden, verlieren ihre politische Handlungsfreiheit und bleiben schließlich darauf angewiesen, Inflationspolitik zu betreiben.
6. Völker, die ihren Regierungen zu geringe Steuern bewilligen oder Steuerhinterziehung als Nationalsport betreiben, werden zwangsläufig durch die Entwertung ihres Geldes besteuert.
7. Korruption im großen Stil fördert die Inflation, so wie Inflationen Korruption im großen Stil fördern.
8. Wenn Arbeitgeber und Gewerkschaften Lohnerhöhungen vereinbaren, die über den Zuwachs an Produktivität hinausgehen, kommt es zwangsläufig zu Preissteigerungen. Diese können durchgesetzt werden, weil mit der zusätzlichen Kaufkraft auch die Nachfrage steigt.
9. Inflation kann importiert werden, wenn anhaltende Zahlungsströme aus dem Ausland als Folge von nachhaltigen Exportüberschüssen, Tributzahlungen oder dergleichen das inländische Geldvolumen anschwellen lassen.
10. Wenn Notenbanken sich gegenseitig Kredite einräumen oder über Kreuz ihre Währungen ankaufen, werden die Geldvolumina der betreffenden Länder »inflationiert«, d. h. aufgebläht.

herrschte, sondern legte es still. Das war der Beginn der berühmten Goldhortungspolitik der Amerikaner, von der später noch die Rede sein soll.

Doch wenden wir uns wieder den Verhältnissen in Deutschland zu. Bei Kriegsende betrugen die Schulden des Deutschen Reiches 150 Milliarden Mark. Hinzu sollten noch Verpflichtungen aus dem Versailler Vertrag in Höhe von 132 Milliarden Goldmark kommen. Eine Gesamtverschuldung von 282 Milliarden Mark mag dem Sachunkundigen auf den ersten Blick relativ harmlos erscheinen, wenn er sie mit den Schulden der deutschen Bundesregierung in Höhe von 475 Milliarden DM (ohne Bahn und Post) 70 Jahre später vergleicht. Eine solche Gegenüberstellung wäre jedoch unsinnig, wenn sie nicht auch die wirtschaftliche Leistungsfähigkeit der Nation mit einbeziehen würde. Diese aber dürfte – sehr grob geschätzt – 1988 mit etwa dem 40–50fachen von derjenigen des Deutschen Reiches in der unmittelbaren Nachkriegszeit zu veranschlagen sein. Allerdings bleibt jeder Versuch eines quantitativen Vergleichs nicht nur wegen des Fehlens zuverlässiger statistischer Daten höchst problematisch.

Eine sehr starke Regierung hätte den Versuch unternehmen können, der Inflation jetzt Einhalt zu gebieten. Dazu wäre es nötig gewesen, Staatsausgaben und Kredite um den Preis einer erzwungenen Unterbeschäftigung und Arbeitslosigkeit zu drosseln. Angesichts der gegebenen innen- und außenpolitischen Situation war jedoch an derartige Maßnahmen überhaupt nicht zu denken.

Zunächst einmal waren die Verhältnisse im Innern alles andere als stabil. Wenn es überhaupt so etwas wie eine rechtsstaatliche Ordnung gab, so war diese in erster Linie der Besonnenheit und dem Verantwortungsgefühl der Sozialdemokratie und ihrer Führer sowie der Zentrumspartei zu verdanken. Die Erzbergersche Finanzreform, durch die erst eine leistungsfähige Reichsfinanzverwaltung geschaffen und dem Reich die Ertragshoheit über Einkommen-, Körperschaft- und Umsatzsteuer zugewiesen wurde, muß angesichts der verworrenen Nachkriegsverhältnisse als eine organisatorische Meisterleistung angesehen werden. Jetzt auch noch eine restriktive Wirtschafts- und Finanzpolitik zu betreiben, hätte jede demokratische Regierung überfordert und zu ihrem gewaltsamen Sturz geführt. Unter außenpolitischen Gesichtspunkten war Vollbeschäftigung notwendig, um die hohen Reparationsleistungen aufbringen zu können.

Hinzu kam, daß immer noch nur wenige Einzelpersonen das Wesen der Inflation begriffen. Selbst ein Experte wie der Finanzminister der bayerischen Räterepublik, Sylvio Gesell, vertrat z. B. als Vertreter einer sog. Freiwirtschaftslehre und Erfinder des Schwundgeldes die Auffassung, eine kontinuierliche Entwertung des Papiergeldes bewirke eine Steigerung von dessen Umlaufgeschwindigkeit und belebe so das allgemeine Wirtschaftsklima. In gewisser Weise nahm er damit Vorstellungen der späteren Keynesianer vorweg. Nun, er sollte reichliche Gelegenheit bekommen, die Folgen der Entwertung des Papiergeldes zu studieren.

Seit der Reichsgründung von 1871 war das ganze deutsche Volk es gewohnt gewesen, seine Währung als etwas »Währendes«, ja, immerwährend Gleichbleibendes zu betrachten. Die Mark war stabil, und zwar unabhängig davon, ob man ihren Wert an dem des Goldes, des Dollars, des Pfund Sterling oder auch an ihrer Kaufkraft maß. An dieser Überzeugung hatten selbst die Erfahrungen der Kriegsjahre noch nicht viel ändern können. Freie Devisenbörsen hatte es ja nicht gegeben, und staatliche Reglementierungen hatten dafür gesorgt, daß die Auszehrung der Mark der Öffentlichkeit nicht zum Bewußtsein gekommen war. Auch hatte jeder echte deutsche Patriot sich gescheut, seine Preise oder Honorare im Krieg zu erhöhen. Infolgedessen hatten die tatsächlich eingetretenen Preissteigerungen in keinem Verhältnis zu der Geldvermehrung gestanden.

Nach dem Kriege begriff man erst allmählich, daß außer den gewohnten gesellschaftlichen und moralischen Werten und Maßstäben auch die materiellen ins Wanken gekommen waren. Staunend beobachtete man, wie sich auf einmal der Wert des Wertmaßstabs Geld von Tag zu Tag änderte – und das noch nicht einmal gleichmäßig. Die Preise in Mark für Gold, Dollars, Kohlen oder Butter fluktuierten unabhängig voneinander, manchmal sogar gegenläufig.

Eine solche Zeit des Umbruchs aller Werte und Maßstäbe hatte die Menschheit zuletzt in der Renaissance- und Reformationszeit erlebt. Auch damals war die geistige und politische Revolution von einer Inflation eingeleitet und begleitet worden.[9] In jener Zeit hatte ein Hamburger Künstler seine Ratlosigkeit – oder die seiner Auftraggeber – in dem steinernen Bildnis eines dudelsackspielenden Esels ausgedrückt und eine Umschrift dazugesetzt, die sich in modernem Hochdeutsch etwa so liest:

»Die Welt steht Kopf und ich armer Esel
habe deshalb das Pfeifen lernen müssen.«

Der dudelsackspielende Esel war dann zu einem Symbol Hamburgs geworden, ähnlich wie 350 Jahre später der Wasserträger Hummel.

Auch jetzt mußten die Esel das Musizieren erlernen und die Menschen sich an den Gedanken gewöhnen, daß mit dem Kaiserreich und seinen Ordnungen u.a. auch die Stabilität der Mark untergegangen war. Was blieb ihnen nun schon anderes übrig, als sich damit abzufinden? Daß man an diesem Zustand etwas ändern könnte oder gar sollte, dämmerte den Verantwortlichen erst ganz allmählich.

Zwar wurde schon 1919 das Reichsnotopfer, eine Vermögensabgabe, 1920 eine Reichseinkommensteuer, die den Lohnsteuerabzug durch den Arbeitgeber vorschrieb, sowie Körperschaft- und Kapitalertragsteuer und 1922 eine Reichsvermögensteuer, um nur die wichtigsten neuen Steuern zu nennen, eingeführt; die Zahlungen gingen aber immer erst nach einer weiteren Entwertung des Geldes ein. Nach wie vor blieb daher die Neuverschuldung bei der Reichsbank die Haupteinnahmequelle des Reiches. Auf dem Höhepunkt der Inflation im September/Oktober 1923 betrug der Steueranteil an den Regierungsausgaben schließlich nur noch 2%.

Erst im Nachhinein erkannte man, daß auch die Geldentwertung eine Steuer war, wenn auch eine illegale, willkürliche und unsoziale. John Maynard Keynes hat diese Erkenntnis in die Worte gekleidet: *»Die Einkommensteuerquittung, die wir in*

---

[9] Vgl. die Ausführungen über die spanische Silberinflation S. 49 ff.

**Entwicklung wichtiger Positionen aus dem Ausweis der Reichsbank 1919 – 1923**

| Stand am Jahresende | 1919 | 1920 | 1921 | 1922 | 1923 |
|---|---|---|---|---|---|
| | (Mio. M.) | (Mio. M.) | (Mio. M.) | (Mio. M.) | (Mio. M.) |
| Gold in Barren und Münzen | 1 089 | 1 092 | 995 | 1 005 | 467 |
| Darlehens-kassenscheine | 10 993 | 23 372 | 6 863 | 238 473 | 9 304 209 |
| Schatzwechsel und Schatz-anweisungen | 41 251 | 57 626 | 132 331 | 1 184 464 | 322 724 949 |
| Banknotenumlauf | 35 698 | 68 805 | 113 640 | 1 280 095 | 496 507 425 |

Quelle: Deutsche Bundesbank, Deutsches Geld- und Bankwesen in Zahlen 1876 – 1975, Frankfurt / M. 1976, S. 36 f.

**Indexziffern für Banknotenumlauf, Dollarkurs, Großhandelspreise sowie Löhne und Gehälter 1913 – 1923**

| Jahresende | Notenumlauf | Dollarkurs | Großhandelspreise | Löhne von gelernten Reichsbetriebsarbeitern, Gr. III | Gehälter von höheren Reichsbeamten, Gr. XI |
|---|---|---|---|---|---|
| | Monatsende Dezember | Monatsdurchschnitt Dezember | Monatsdurchschnitt Dezember | Dezember | Dezember |
| 1913 | 1 | 1 | 1 | 1 | 1 |
| 1914 | 1,95 | 1,07 | 1,25 | 1,0 | 1,0 |
| 1918 | 8,55 | 1,97 | 2,45 | 2,6 | 1,5 |
| 1919 | 13,75 | 11,1 | 8,03 | 4,0 | 1,7 |
| 1920 | 26,5 | 17,4 | 14,4 | 7,6 | 3,8 |
| 1921 | 43,8 | 45,7 | 34,9 | 14,0 | 8,1 |
| 1922 | 493 | 1 808 | 1 475 | 400 | 228 |
| 1923 | 191 406 Mrd. | 1 000 Mrd. | 1 260 Mrd. | 694 Mrd. | 509 Mrd. |

Zusammengestellt nach Angaben der Deutschen Bundesbank in: Deutsches Bankwesen in Zahlen 1876 – 1975, Frankfurt/M., 1976, S. 36 f., und Währung und Wirtschaft in Deutschland 1876 – 1975, Frankfurt/M., 1976, S. 172.

*England vom Finanzamt bekommen, dürfen wir in den Papierkorb werfen; in Deutschland nennt man sie Banknoten und tut sie in die Brieftasche.«* [10]

Als im Januar 1923 Frankreich unter Ministerpräsident Poincaré geringfügige Rückstände bei den deutschen Reparationslieferungen an Holz und Kohle zum Vorwand nahm, um mit 80 – 100 000 Mann das Ruhrgebiet zu besetzen, rief die von W. Cuno geführte deutsche Reichsregierung die Bevölkerung zum passiven Widerstand auf. Daraufhin nahmen die Inflationsziffern astronomische Dimensionen an. Waren in den besetzten Gebieten bis dahin Kohlen gefördert und Güter produziert worden, so hörte nunmehr nahezu jede produktive Tätigkeit auf. Dadurch fielen Millionen von Menschen, die für ihren Lebensunterhalt auf staatliche Unterstützung angewiesen waren, der Reichskasse zur Last. Die Regierung mußte sich infolgedessen noch viel mehr bei der Notenbank verschulden, und der Banknotenumlauf stieg von 2 Billionen M im Januar 1923 bis auf 3200 Billionen im August.

In diesem Augenblick begann die Bevölkerung, die Annahme des wertlosen Geldes zu verweigern. Schon vorher war sie dazu übergegangen, ebenso wie die Wirtschaft den Dollar als Wertmaßstab für alle Transaktionen zu benutzen. Die »Repudiation« genannte Zurückweisung des Geldes ging von den ländlichen Gebieten aus. Hier war gerade Erntezeit, und die Bauern weigerten sich, ihre Produkte für wertloses Papier herzugeben. Dadurch drohte eine Hungersnot in den Städten.

Jetzt streikten auch noch die ca. 10 000 Mitarbeiter der reichseigenen Notendruckerei. Während die Geldentwertung mit Riesenschritten voraneilte, genügten wenige Tage, in denen keine höheren Werte gedruckt wurden, um ein vollständiges Chaos zu erzeugen. Unruhen brachen aus. In einigen Städten wurden bereits die Bäckereien gestürmt und geplündert. Der Regierung blieb nichts übrig, als das Ende des passiven Widerstands auszurufen und die Währungsverhältnisse auf eine ganz neue Basis zu stellen.

---

[10] J. M. Keynes, Ein Traktat über Währungsreform, München und Leipzig 1924; S. 64.

Als Zwischenwährung bis zu einer endgültigen Neuregelung des deutschen Geldwesens wurde auf dem Verordnungswege die »Rentenmark« geschaffen, die durch hypothekarische Belastung des gesamten deutschen Grundbesitzes gedeckt sein sollte. Rechtlich und wirtschaftlich war das Humbug, denn natürlich konnte man im Zahlungsverkehr mit dem Ausland den Saldenausgleich nicht durch Übertragung irgendwelcher Grundstücke an das Federal Reserve System oder an die Bank

of England vornehmen. Die Maßnahme hatte aber den erwünschten psychologischen Effekt, Vertrauen bei der Bevölkerung zu erzeugen. Zugleich wurde mit einer restriktiven Fiskalpolitik und rigorosen Haushaltskürzungen begonnen – wichtige Voraussetzungen für den Erfolg der Stabilisierung.

Ein Jahr später konnte der Reichstag mit dem Münzgesetz vom 30. August 1924 und dem Bankgesetz vom gleichen Tag die deutsche Reichsmark aus der Taufe heben. Sie war als Golddevisenwährung konzipiert und entsprach damit internationalem Standard.
Das Umtauschverhältnis bei der Stabilisierung betrug eine Billion zu eins (1 000 000 000 000 : 1).

Wägt man die Vor- und Nachteile der großen Inflation ab, so ist zunächst positiv folgendes festzustellen:

1. Sie ermöglichte es einem noch ungefestigten, schwachen politischen System zu überdauern, was wir nicht gering ansehen dürfen, lauteten die Alternativen doch Diktatur oder Bürgerkrieg.
2. Sie tilgte die Kriegsschulden des Reiches, wenn auch nicht die fast ebenso hohen Reparationslasten.
3. Sie erlaubte es Unternehmern, die die Zeichen der Zeit erkannt hatten, mächtige Konzerne aufzubauen und so die internationale Wettbewerbsfähigkeit der deutschen Industrie zu steigern.

Die scheinbaren Vorteile erweisen sich allerdings bei näherem Zusehen als gravierende Nachteile:

Zu 1: Das demokratische Regierungssystem hatte überlebt, war aber entscheidend geschwächt worden, indem es die volle Verantwortung für die Geldentwertung und die aus ihr folgende Enteignung des gehobenen Arbeiter- und kleinbürgerlichen Mittelstandes übernommen hatte. Ein Staat, der seine Bürger so schamlos betrog, durfte von ihnen keine Sympathien und Treuegefühle mehr erwarten.

Zu 2: Schuldentilgung und Staatsfinanzierung durch Inflation führten zu einer Lastenverteilung, die in ihrer Willkür und Einseitigkeit mit rechtsstaatlichen Grundsätzen nicht zu vereinbaren war. Das demokratische Staatswesen verlor dadurch seinen rechtsstaatlichen Charakter.

Zu 3: Die Begünstigung der Konzernstrategen hatte eine sozialpolitisch höchst unerwünschte Vermögensumschichtung und -konzentration zur Folge. Männer wie der Berliner Grundstücksspekulant Otto Markiewiczs, die

Montanindustriellen Hugo Stinnes und Friedrich Flick[11] oder der Eisenhändler Otto Wolff konnten in wenigen Jahren große Vermögen anhäufen, während gleichzeitig Beamte, Angestellte und Arbeiter, aber auch so manche vermögende Witwe ihre Ersparnisse einbüßten. Zumal die Staatsdiener verloren mit ihrem finanziellen Rückhalt auch die innere Unabhängigkeit, die es ihnen erlaubt hätte, bei Differenzen mit dem Staat auf ihr Amt zu verzichten. Das sollte zehn Jahre später verhängnisvolle Folgen haben.

Der Konzentrationsprozeß in der Wirtschaft wurde noch zusätzlich durch das uns heute absurd anmutende Bemühen der Reichsbank gefördert, die Qualität der deutschen Währung dadurch zu verbessern, daß sie neben den vielen schlechten Krediten an den Staat möglichst umfangreiche, vermeintlich bessere Wechselkredite zu extrem niedrigen Zinsen an die Industrie vergab. Ungewollt heizte sie dadurch die Inflation noch weiter an und bewirkte so das Gegenteil von dem, was sie beabsichtigt hatte.

Von den Nachbarstaaten erlebten Österreich und Ungarn ähnliche Inflationen wie Deutschland. Allerdings wurde die österreichische Krone schon ein Jahr vor der Mark im November 1922 stabilisiert, wobei ein Abwertungssatz von 15000:1 gewählt wurde. In Frankreich verfiel der Franken bis auf 20% seines ursprünglichen Wertes, doch gelang es 1924 mit amerikanischer Hilfe, einem weiteren Rückgang Einhalt zu gebieten und die Staatsschulden als langfristige Anleihen zu konsolidieren. Auch die deutschen Naturallieferungen trugen dazu bei, es nicht zu übermäßigen Preissteigerungen kommen zu lassen.

Das einzige Land, welches versuchte, durch konsequente Besteuerung die Kriegslasten einigermaßen gerecht zu verteilen, war Großbritannien. Dort wurde die Steuerschraube so hart angezogen, daß viele reiche Grundbesitzer aus dem Hochadel

---

[11] Es ist bezeichnend, daß Friedrich Flick – 25 Jahre später der reichste Deutsche – im 1913 in Berlin erschienenen Jahrbuch der Millionäre Deutschlands von Rudolf Martin noch nicht einmal als »einfacher Millionär« erwähnt wird.

sich genötigt sahen, Gemäldesammlungen, Ländereien und andere Vermögenswerte zu verkaufen.

Um die Mitte des Jahrzehnts war endlich wieder ein Normalzustand der europäischen Währungen mit festen Paritäten erreicht. Der damalige britische Schatzkanzler, Winston Churchill, verkündete am 28. April 1925 in einer seiner großen Unterhausreden Englands Rückkehr zum Goldstandard. In Übereinstimmung mit den Citybankern, wenn auch gegen den Rat etlicher Wissenschaftler entschied Churchill sich für die traditionsgeheiligte alte Parität des Pfundes zum Gold und zum Dollar ($ 4,86), obwohl dadurch die englischen Exportgüter im internationalen Vergleich um etwa 10% zu teuer wurden. Er ahnte nicht, welch verhängnisvolle Folgen er damit heraufbeschwor.

Im Hinblick auf die starken Währungsfluktuationen der 70er und 80er Jahre könnten wir geneigt sein, eine 10%ige Überbewertung des britischen Pfund Sterling als nicht sonderlich dramatisch anzusehen. Deshalb sollten wir uns die unterschiedlichen äußeren Bedingungen deutlich vor Augen führen. Abgesehen davon, daß die Wechselkurse in den späten 20er Jahren im Unterschied zu unserer Vergleichsperiode ein für allemal fixiert waren und Abwertungen außerhalb jeglichen Vorstellungsvermögens lagen, gehören seit dem Zweiten Weltkrieg hohe Neuverschuldungsraten der Regierungen und ein verhältnismäßig starkes Geldmengenwachstum zu den Selbstverständlichkeiten des Lebens. Ein zu hohes Preisniveau eines Landes mit überbewerteter Währung wird dabei schnell von denen der Konkurrenten eingeholt.

Um die Mitte der 20er Jahre herrschten jedoch andere Bedingungen. Frankreich hatte bewußt eine niedrigere Parität gewählt und war nicht gewillt, diesen Vorteil aufzugeben. Die Amerikaner aber, deren Edelmetallbestände bereits das Doppelte der vorgeschriebenen Höhe erreicht hatten, horteten das zugeflossene Gold in sicheren Stahlkammern unter der Erde, statt es zur Grundlage einer wirtschaftlichen Expansion zu machen. Damit verstießen sie nicht nur gegen ihre eigenen inflationären Instinkte und Traditionen, sondern vor allem in den Augen der Engländer gegen die geheiligten Spielregeln des Goldautomatismus, ohne die ein freier Welthandel nicht funktionieren konnte. Dementsprechend sahen sich die USA einem permanenten britischen Druck ausgesetzt, endlich ihre währungspolitischen Wildwestmanieren aufzugeben, sich wie eine zivilisierte Nation zu verhalten und die Preise in Amerika steigen zu lassen.

Die »Fed« blieb gegenüber diesen Forderungen taub, zumal sie im Widerspruch zu der ihr bei ihrer Errichtung zugewiesenen Aufgabe standen. Ihre verantwortlichen Repräsentanten glaubten an das, was sie als »Währungsmanagement« verstanden, mochte es auch die Europäer in fataler Weise an merkantilistische Ideen des 17. und 18. Jahrhunderts erinnern.

Wir können den Amerikanern ihre Haltung nicht verdenken. Exportüberschüsse waren nämlich nicht die einzige Quelle, aus der das Gold nach Nordamerika sprudelte. Eine andere wurde aus den Fluchtgeldern gespeist, die besonders zu Beginn der 20er Jahre aus den politisch und wirtschaftlich destabilisierten Ländern Europas und Asiens in das gelobte Land der Freiheit strömten. Hätte man diese nicht neutralisiert, so wäre schon damals eine wilde Spekulationswelle über das Land gerollt mit allen negativen, aus dem 19. Jahrhundert sattsam bekannten Begleit- und Folgeerscheinungen. Mochten es Churchill und seine Citybanker begreifen oder nicht, die scheinbar so heile Welt der Vorkriegszeit mit ihren idealen Voraussetzungen für ein reibungsloses Funktionieren des Goldautomatismus gab es nicht mehr, und Großbritannien war auch nicht mehr der Pol, nach dem sich alle Kompaßnadeln der Finanzwelt ausrichteten.

Wir dürfen uns nicht wundern, daß bei den so unterschiedlichen Vorstellungen von Aufgaben und Zielen der Währungspolitik das internationale Zusammenspiel der Notenbankgouverneure einem Kammerkonzert ähnelte, bei dem ein Teil des Orchesters Schuberts Forellenquintett und ein anderer »Rock Around The Clock« spielte.

Auch das Verhalten der Völker und ihrer Regierungen entsprach in den »golden twenties« eher dem eines surrealistischen Narrenschiffs als einer besonnenen Politik hochzivilisierter Nationen.

Italien hatte sich schon zu Anfang des Jahrzehnts dem Faschismus Benito Mussolinis ausgeliefert und diesem 1925 die alleinige Macht im Staate überlassen. Polen verwarf 1926 das parlamentarische System und beugte sich dem General Pilsudski. In Spanien herrschte schon seit 1923 der Diktator Primo di Rivera. Weitere Länder (Bulgarien, Jugoslawien, Portugal, Ungarn) glaubten auf die Alleinherrschaft starker Persönlichkeiten angewiesen zu sein.

In Rußland begann 1925 Jossif Wissarionowitsch Dschugaschwili (1878 – 1953), der sich selbst »Stalin« (der Stählerne) nannte, sein Jahrzehnte währendes Terrorregime.

England beharrte auf seiner zu hoch angesetzten Parität des Pfund Sterling und mutete, um dennoch international wettbewerbsfähig zu bleiben, seinen Arbeitern Lohnkürzungen zu. Darüber kam es zum Generalstreik und zu einem über ein Jahr währenden Streik der britischen Bergarbeiter.

Frankreich betrieb seine eigene Goldhortungspolitik, ohne sich um die Spielregeln des Goldautomatismus zu kümmern. Im Verhältnis zu Deutschland hielt es das Rheinland als Faustpfand besetzt und bestärkte dadurch sowie durch wiederholte Demütigungen und Erpressungen den deutschen Nationalismus und seine rechtsextremen Vertreter. Selbst die hochsensiblen Geld- und Bankbeziehungen mußten für Erpressungsversuche herhalten. Kam es nämlich zu Meinungsverschiedenheiten zwischen beiden Ländern, so wurden plötzlich alle französischen Guthaben von den deutschen Großbanken abgezogen, um zusätzlichen wirtschaftlichen Druck zu erzeugen. Daß dies auf ausdrückliche Weisung der Regierung geschah, ist allerdings nicht nachzuweisen.

Alle Siegermächte waren sich in dem Bestreben einig, weit mehr aus dem besiegten Deutschland herauszuholen, als dieses leisten konnte, ihm aber zugleich die Möglichkeit zu verwehren, die für die Reparationen erforderlichen Devisen zu verdienen. Offenbar waren manche ihrer politischen Führer Opfer ihrer eigenen Propaganda geworden und nicht mehr in der Lage, die Folgen ihres Tuns nüchtern abzuwägen. So träumte etwa der australische Ministerpräsident William Morris Hughes (1862 – 1952) von 800 – 1000 Milliarden Goldmark deutscher

Kriegsentschädigung, einige hundertmal so viel, wie Deutschland törichterweise 1871 den besiegten Franzosen abverlangt hatte.

Generell war man sich darin einig, daß die Deutschen sämtliche Kriegsschulden aller Westmächte bezahlen sollten und darüberhinaus auch noch mehr, damit der Krieg nicht »umsonst« geführt worden wäre. Jährliche Raten von 2 – 3 Milliarden Goldmark hielt man zunächst für zumutbar – oder besser, erzwingbar. Sie ließen sich aber auf die Dauer nicht realisieren. Der als großzügiges Entgegenkommen gefeierte Youngplan von 1929 sah dann schließlich jährliche Annuitäten von 2,05 Milliarden Goldmark für die Dauer von weiteren 59 Jahren, also bis 1988, vor.

Wie sehr solche Vorstellungen, jedenfalls für jene Zeit, an den Realitäten vorbeigingen, mögen die folgenden Zahlen zum Leistungs- und Kapitalverkehr in den Jahren 1924 bis 1933 verdeutlichen:

In dem bezeichneten Jahrzehnt betrug der deutsche Netto-Kapitalimport 13,8 Milliarden RM. Ebenso hoch war das Gesamtdefizit der Leistungsbilanz (das ist die Gegenüberstellung der Werte von Ein- und Ausfuhr und der Dienstleistungen einschließlich der Kapitalerträge). Zum Defizit der Leistungsbilanz trugen die Reparationen einschließlich Sachlieferungen und Dienstleistungen mit 11,44 Milliarden RM bei.[12] Daraus kann man etwas vereinfachend folgern, daß sämtliche Reparationsleistungen zwar im Inland durch Steuern aufgebracht, zur Übertragung an die Siegermächte aber wegen fehlender Außenhandelsüberschüsse durch Kapitalimporte finanziert werden mußten und daß darüber hinaus noch ein weiteres Defizit von weit über 2 Milliarden RM verblieb.

Die Berliner Reichsregierung schöpfte derweil aus dem vollen, so, als ob Deutschland den Krieg gewonnen und nicht verloren hätte. Endlich einmal war die Arbeiterklasse durch ihre Repräsentanten an der Regierungsverantwortung beteiligt. Jetzt sollten diese zusehen, daß sich der Anteil der Arbeitnehmer am Kuchen des Sozialprodukts kräftig erhöhte.

---

[12] Vgl. Heinrich Irmler in: Währung und Wirtschaft in Deutschland 1876 – 1975, S. 291.

Vor allem das Arbeitsministerium tat in dieser Hinsicht des Guten reichlich zuviel und trieb die deutsche Wirtschaft in eine Krise. Massenarbeitslosigkeit war die Folge. Kaum hatten sich danach die Verhältnisse halbwegs normalisiert, setzte das Arbeitsministerium seine vorherige Politik fort und machte damit jede Hoffnung zunichte, daß Deutschland in absehbarer Zeit in der Lage sein würde, auch nur einen nennenswerten Teil der so dringend benötigten Außenhandelsüberschüsse zu erwirtschaften.

Auch in anderer Beziehung betrieb die Reichsregierung eine hemmungslos leichtfertige Ausgabenwirtschaft, bis sie sich Ende 1929 einer strikten Zügelung durch die Reichsbank unterwerfen mußte, um einen Staatsbankrott zu vermeiden.

Die Kommunen eiferten dem Vorbild der Regierung insoweit nach, als sie in großzügiger Weise Sportplätze, Grün- und Parkanlagen, Schwimmbäder und andere schöne Dinge, die sie sich eigentlich nicht leisten konnten, zulegten und mit aufgenommenen Krediten bezahlten. Was sie sich nicht klar machten und wohl auch nicht wissen wollten, war, daß diese langfristigen und unproduktiven Investitionen mit kurzfristigen Auslandsgeldern finanziert worden waren.

Die Reichsbank sah den unkontrollierten Zustrom von Auslandsgeld und dessen meist unproduktive Verwendung mit größter Besorgnis und sie hätte es lieber gesehen, wenn die deutschen Kreditinstitute sich mit der Hereinnahme ausländischer Gelder mehr zurückgehalten hätten. Ganz allgemein stellte sie fest, daß die Geschäftsbanken aus Wettbewerbs- und Kostengründen dem kurzfristigen Ertrag aus risikoreicheren Geschäften zu Lasten der Sicherheit mehr und mehr den Vorrang einräumten. In diesem Zusammenhang verlangte sie von ihnen, den nach Ansicht der Reichsbank allzu üppig wuchernden Eigenhandel in Aktien und Aktienpaketen einzuschränken. Notwendigerweise hatte das einen Zusammenbruch der Börsenspekulation zur Folge mit einem denkwürdigen Börsenkrach am Freitag, dem 13. Mai 1927.

Jetzt nahmen die Zentralbankchefs von Berlin und London, Hjalmar Schacht und Montagu Norman, Fühlung miteinander auf und sie verabredeten ein gemeinsames Treffen mit Verantwortlichen des amerikanischen Federal Reserve Systems. Nach wie vor benutzten nämlich die Amerikaner ihre anhaltenden Zahlungsbilanzüberschüsse nicht zu einer Ankurbelung ihrer eigenen Wirtschaft, sondern legten sie zu hohen Zinssätzen in Deutschland und anderen europäischen Ländern an. Dieses »Recycling« hielt zwar die Preise im eigenen Land relativ stabil; es erhöhte aber die Instabilität der europäischen Wirtschaft und ihres Finanzsystems.

In den ersten Julitagen des Jahres 1927 fand in New York eine Geheimkonferenz von Währungsexperten statt, an der neben Norman und Schacht der stellvertretende Gouverneur der Banque de France, Charles Rist, sowie der starke Mann des Federal Reserve System und Governor der Federal Reserve Bank of New York, Benjamin Strong, teilnahmen. Es gelang, den Amerikaner von der Notwendigkeit einer amerikanischen Zinssenkung zu überzeugen. Dadurch sollte der Zinsabstand zwischen New York und London vergrößert und überschüssige internationale Liquidität zur Entlastung der Bank of England und Auffüllung ihrer geschwundenen Reserven nach London gelockt werden. Außerdem versprach man sich von dieser Maßnahme eine Ankurbelung der amerikanischen Wirtschaft, die zu einer Steigerung der englischen und deutschen Exporte führen sollte.

Vereinbarungsgemäß wurde der amerikanische Diskontsatz von 4% auf 3,5% ermäßigt. Außerdem kauften die Federal Reserve Banken in den kommenden Monaten »am offenen Markt« für 340 Millionen Dollar amerikanische Staatsanleihen; sie pumpten also mit Gewalt zusätzliche Liquidität in dieser Höhe in die Bilanzen der amerikanischen Geschäftsbanken hinein. Wie sich schon bald darauf herausstellen sollte, kamen diese Maßnahmen zu spät, und sie waren zu massiv.

*»Ein großes Reich muß man leiten*
*sachte, wie man kleine Fischlein brät.«*
(Laotse)

Nirgendwo ist die Beachtung dieser Maxime wichtiger als auf dem hochempfindlichen Gebiet der Geld- und Kreditpolitik. Gerade deshalb hatte es sich zur Zeit des Goldautomatismus als wichtige Verhaltensregel herausgestellt, Senkungen des Diskontsatzes sehr frühzeitig, dafür aber in kleinen Schritten vorzunehmen. Den Wirtschaftsunternehmen blieb es dabei überlassen, den angebotenen billigeren Wechselkredit in Anspruch zu nehmen, sobald sich mit dessen Hilfe das Geschäft ausdehnen ließ. In diesem Zusammenhang lautete eine Grunderfahrung der Bank of England: »You can lead a horse to water, but you cannot make him drink« (Man kann ein Pferd wohl zur Tränke führen, aber nicht zum Saufen zwingen). Das bedeutete: wenn die Unternehmer keine Möglichkeit sahen, ihr Geschäft kurzfristig auszudehnen, nahmen sie den angebotenen Kredit nicht in Anspruch.

Bei der beschriebenen Aktion vom 2. Halbjahr 1927 handelte es sich nicht um ein passives Warten auf eine erhöhte Kreditnachfrage, sondern um aktives »Währungsmanagement«. Dem armen Pferd wurde, noch bevor es auch nur den ersten Schluck getan hatte, eine Tonne Wasser über den Kopf gestülpt. Kein Wunder, daß es durchging.

Wie wir gesehen haben, setzt eine Liquiditätszufuhr von außen das Geschäftsbankensystem in die Lage, sein Kreditvolumen um ein Vielfaches auszudehnen. Die 340 Millionen Dollar der »Fed« erweiterten daher das Kreditpotential der Banken mit einem Schlag um Milliardenbeträge. Die aber waren so schnell gar nicht unterzubringen, jedenfalls nicht in Form von Krediten an die gewerbliche Wirtschaft.

Auf ihrer Suche nach nützlicher Verwendung für ihre brachliegenden Dollars verfielen die Geschäftsbanken auf Wertpapierbeleihungen. Die großen Brokerhäuser boten ansehnliche Zinssätze für Gelder, die man jederzeit wieder abrufen konnte (call money). Außerdem saßen sie in New York oder Chicago und nicht in dem weit entfernten London. Warum sollte man da Transferspesen und Zinsverluste in Kauf nehmen, wenn man im eigenen Lande hochrentable, hochliquide und (scheinbar) absolut sichere Anlagen tätigen konnte? So kam es, daß ein großer Teil der neu gewonnenen Liquidität dazu benutzt wurde, Börsengeschäfte zu refinanzieren und dadurch eine phänomenale Hausse anzuheizen.

Irgendwann einmal überschlägt sich jede Spekulationswelle, und sei es auch aus noch so geringfügigem Anlaß. In diesem Fall brach sie in den letzten Oktobertagen des Jahres 1929 zusammen. Bei rückläufigen Kursen deckten die Aktienwerte plötzlich nicht mehr die ihnen zugrunde liegenden Kredite. Panikverkäufe setzten ein und lösten eine Lawine von unvorstellbarer Gewalt und Geschwindigkeit aus. Nie zuvor gingen in so kurzer Zeit so viele und so große Vermögen verloren.

Der Börsenkrach hatte zwangsläufig Konsumeinschränkungen zur Folge. Zu allererst betrafen sie nur Luxusgüter. Firmenzusammenbrüche und Entlassungen zogen jedoch auch andere Bereiche in Mitleidenschaft. Wo vorher schrankenloser Optimismus geherrscht hatte, sah man jetzt sorgenvoll in die Zukunft. Investitionen wurden aufgeschoben, Aufträge storniert und Rohstoffimporte eingeschränkt. Die Krise griff zunächst auf die Rohstoffländer und dann von dort auf deren Hauptlieferanten, Deutschland und England, über.

In Deutschland stieg die Zahl der Arbeitslosen von 1,6 Millionen im Oktober 1929 auf 3,3 Millionen im Oktober 1930 und 4,9 Millionen im Januar 1931. Mit der Arbeitslosigkeit wuchs die Anfälligkeit für die Parolen extremer Parteien. Hitlers Nationalsozialisten, bisher eine ganz unbedeutende Splitterpartei, die bei den Reichstagswahlen von 1928 nur gerade 2,5% der Stimmen erhalten hatte, konnten im September 1930 erstmalig die 10%-Hürde überspringen und mit der Verschärfung der Krise bei den beiden Wahlen von 1932 ihren Stimmenanteil auf 31% resp. 26,5% steigern. Dazu mag beigetragen haben, daß der demokratische Staat und seine Institutionen mit ihren Maßnahmen die Krise immer mehr verschärften, statt ihr wirkungsvoll zu begegnen.

Im März 1931 führten Deutschland und Österreich, denen eine Wiedervereinigung im Versailler Vertrag untersagt worden war, Verhandlungen über eine Zollunion – eine politische Torheit sondergleichen, wie sich bald herausstellen sollte. Als die Welt von dem Vorhaben erfuhr, wurden in großem Umfang ausländische Einlagen von den Wiener Banken abgezogen. Die französische Notenbank verweigerte sich einer Mithilfe bei der Abwehr der drohenden Katastrophe. So nahm das Verhängnis seinen Lauf. Am 11. Mai brach die traditionsreiche Österreichische Kreditanstalt zusammen.

*»Weder Berlin noch Wien noch Paris wußten damals, wo sie standen; sie glaubten nur, einen Diplomatenstrauß auszufechten und ahnten nicht die furchtbare Gefahr, die für die Existens des ganzen Wirtschaftssystems heraufzog.«* [13]

Jetzt erkannte man auch in anderen Ländern, welche Risiken mit der hohen Auslandsverschuldung der europäischen Banken verbunden waren und rief die ausgeliehenen Gelder zurück. Besonders betroffen waren zunächst Deutschland und Italien. Während jedoch die faschistische Regierung in Rom die Probleme unter Ausschluß der Öffentlichkeit bereinigen und dadurch den Schaden begrenzen konnte, spielte sich im demokratischen Deutschland jede Einzelheit im Scheinwerferlicht der Presse ab. Der für jedes Kreditwesen tödliche Vertrauensschwund war deshalb hier nicht zu bremsen.

In den Monaten Mai und Juni 1931 verlor die Reichsbank durch die Abzüge von Auslandsgeldern über 800 Millionen Reichsmark an Gold und Devisen, nahezu ein Drittel ihres Bestandes. Am 19. Juni schlug der amerikanische Präsident Hoover ein einjähriges Moratorium für politische Schulden (Reparationslasten) vor. Dieses kam am 7. Juli zustande. Inzwischen war jedoch eine der großen deutschen Banken, die Darmstädter und Nationalbank (Danatbank) in so große Schwierigkeiten geraten, daß die Reichsbank glaubte, ihr keine weiteren Mittel mehr zur Verfügung stellen zu können. Am 13. Juli stellte die Danatbank ihre Zahlungen ein. Daraufhin setzte ein run der Bevölkerung auf sämtliche deutsche Banken ein, und die beiden folgenden Tage mußten zu Bankfeiertagen erklärt werden, damit Zeit für die technische Vorbereitung von Hilfsmaßnahmen sowie für Verhandlungen mit ausländischen Notenbanken gewonnen wurde.

Die Sanierungsmaßnahmen umfaßten u. a. die Gründung mehrerer Sonderinstitute, welche den deutschen Geschäftsbanken eingefrorene Vermögenswerte abnehmen oder bestimmte

---

[13] Felix Somary, Erinnerungen aus meinem Leben, 4. Aufl., Zürich 1959, S. 220.

***Kennzahlen zur finanziellen und wirtschaftlichen Entwicklung in Deutschland 1925 – 1934***

| Jahr | Auslandsgelder d. Kreditinst. am Jahresende*) Mio. RM | Bestand d. Reichsbank an Gold u. Devisen am Jahresende Mio. RM | Brutto-Sozial-Produkt z. Marktpreisen Mrd. RM | Arbeitslose im Jahresdurchschnitt Tsd. |
|---|---|---|---|---|
| 1925 | 1000 | 1270 | 70,4 | 636 |
| 1926 | 2200 | 2350 | 73,7 | 2010 |
| 1927 | 4599 | 2147 | 82,3 | 1327 |
| 1928 | 6698 | 2914 | 88,1 | 1391 |
| 1929 | 7397 | 2687 | 88,4 | 1899 |
| 1930 | 7296 | 2685 | 82,4 | 3076 |
| 1931 | 5309 | 1156 | 69,0 | 4520 |
| 1932 | 4200 | 920 | 56,7 | 5575 |
| 1933 | 2526 | 395 | 58,4 | 4804 |
| 1934 | 1790 | 84 | 65,5 | 2718 |

*) = Einlagen und aufgenommene Kredite

Zusammengestellt nach Angaben der Deutschen Bundesbank in: Deutsches Geld- und Bankwesen in Zahlen 1876 – 1975; Frankfurt/M. 1976.

Kredite bei der Reichsbank beleihungsfähig machen sollten, sowie die Übernahme von Aktien notleidender Großbanken durch das Reich und die Deutsche Golddiskontbank. Der letzteren wurde das dafür benötigte Kapital von der Reichsbank aus ihrem Jahresgewinn zur Verfügung gestellt.

Die deutsche Reichsbank befand sich im Sommer 1931 in einem »Bermudadreieck« aus teuflischen Sachzwängen. Konjunkturpolitisch war es bei dem hohen Arbeitslosenstand geboten, die Wirtschaftstätigkeit durch reichliche Kreditversorgung bei niedrigen Zinsen anzuregen. Für die Geschäftsbanken sollte die Reichsbank »lender of last resort« sein, d. h., ihnen im Notfall Liquiditätshilfen geben, damit es nicht zu Zusammenbrüchen und einer Vertrauenskrise kam. Nach außen aber mußte sie im Interesse ihrer internationalen Kreditwürdigkeit ihre eigene Zahlungsbereitschaft wahren. Tatsächlich gelang es ihr nicht, auch nur einem dieser drei Eckpunkte zu entsprechen. Sie verhinderte durch extrem hohe Zinsen jeden Ansatz zu einer wirtschaftlichen Erholung, sie ließ das Bankwesen zusammenbrechen, und sie konnte auf die Dauer ihre Devisen-Zahlungsbereitschaft doch nicht aufrechterhalten.

. Man kann der Reichsbank aus diesem Ablauf der Ereignisse keinen Vorwurf machen. Internationale Kreditwürdigkeit und Reparationsverpflichtungen verlangten die unbedingte Aufrechterhaltung sowohl der Reichsmarkparität als auch der Zahlungsbereitschaft in Gold und Devisen gegenüber dem Ausland. Das galt umso mehr, als es erst 1929 bei den Verhandlungen um das sog. Young-Abkommen zur Regelung der Reparationsleistungen höchst unerquickliche Auseinandersetzungen um die Frage des Transferschutzes gegeben hatte. Deutschland war immer noch der besiegte Feind, auf dessen Leistungsvermögen keine Rücksicht genommen wurde. So hatte sich die Reichsregierung auch in dieser Frage dem Verlangen der Siegermächte fügen müssen. Jetzt stand die Vertragswürdigkeit des Deutschen Reiches auf dem Spiel. Daneben bestand das Problem der Gleichbehandlung von in- und ausländischen Bankkunden. Es schien in einem Rechtsstaat nicht verantwortbar, ausländische Bankgläubiger anders zu behandeln als inländische.

Auf der anderen Seite nahmen die Anforderungen der Geschäftsbanken ein solches Ausmaß an, daß der Reichsbank nichts anderes übrigblieb, als durch kräftige Erhöhungen des Diskontsatzes (bis auf 15% am 1. August) einerseits einen Zinsanreiz für das Verbleiben von Auslandsgeldern zu schaffen und andererseits die Wünsche der Kreditinstitute nach weiterer Hilfeleistung einzuschränken und zu erschweren. Sie sah sich sogar genötigt, Kreditrestriktionen zu verfügen, um die Geschäftsbanken zu einer noch weiteren Einschränkung ihrer Kredite zu zwingen.

Konjunkturpolitisch stellten diese Maßnahmen so ziemlich das Verkehrteste dar, was Menschenhirne sich ausdenken konnten. Eine ganze Reihe großer und kleiner Wirtschaftsunternehmen, die ohne diese Krediterschwerungen überlebt und ihre Mitarbeiter weiter beschäftigt hätten, wurde in die Illiquidität und zur Selbstaufgabe gezwungen. Bedenkt man die längerfristigen Folgen, so ist festzustellen, daß der erzwungene Vorrang der Außenpolitik vor der binnenwirtschaftlichen Stabilität wesentlich mit dazu beigetragen hat, Adolf Hitler (1889 – 1945) zur Macht zu verhelfen. Eine bösartige Ironie der Geschichte wollte es, daß in den kommenden Jahren die Westmächte von dem Diktator widerspruchslos hinnehmen sollten, was sie jeder demokratisch legitimierten Reichsregierung verweigert hätten.

Im Sommer 1931 hatte sich allerdings der deutsche Parlamentarismus bereits weitgehend selbst aufgegeben. Unfähig oder nicht bereit, eine handlungsfähige Koalition zu bilden, überließ man die Regierungsgeschäfte einer tolerierten Minderheit unter dem Zentrumspolitiker und Gewerkschaftsführer Heinrich Brüning (1885 – 1970). Diese mußte zusehen, wie sie den von den vorangegangenen Koalitionen hinterlassenen Scherbenhaufen mit Hilfe präsidialer Notverordnungen mehr schlecht als recht verwaltete. Die erste Stufe zum Ermächtigungsgesetz von 1933 war damit bereits erklommen.

Die berühmteste und folgenschwerste der genannten Notverordnungen dürfte die vom 8. Dezember 1931 gewesen sein. Durch sie wurden die Dienst- und Versorgungsbezüge der Reichsbeamten um 9%, die tarifvertraglichen Löhne und Gehälter auf den Stand vom 10. Januar 1927, die vertraglich gebundenen Preise um 10% und die Zinsen auf 6% oder, wenn sie mehr als 8% betragen hatten, um ein Viertel gesenkt.

Trotz ihrer deflatorischen Wirkung war diese Maßnahme nicht so absurd, wie sie späteren Kritikern erschienen ist. Hatte bei früheren Krisen die Geldvernichtung lediglich einen vorhandenen Überhang beseitigt, so war sie dieses Mal weit darüber hinaus gegangen und hatte dadurch ein erneutes Ungleichgewicht geschaffen. Das wog umso schwerer, als Preise und Löhne nicht, wie es der bisher geltenden Lehre entsprach, der fehlenden Nachfrage entsprechend zurückgegangen waren, sondern sich ganz unterschiedlich bewegt hatten, je nachdem, ob sie kartellartig gebunden waren oder nicht. Am stärksten wirkten sich die entstandenen Diskrepanzen in der Landwirtschaft aus. Die frei beweglichen Erzeugerpreise landwirtschaftlicher Produkte waren fast ins Bodenlose gefallen, die landwirtschaftlichen Löhne jedoch sowie die Preise für Düngemittel, Maschinen etc. nahezu unverändert hoch geblieben. Dabei war der Index der Lebenshaltungskosten seit 1929 um nicht weniger als 18 Prozentpunkte gefallen, die Reallöhne also in entsprechendem Umfang gestiegen.

Wenige Jahre später hätte man durch Geldvermehrung und staatliche Mehrausgaben die beweglichen Preise in die Höhe getrieben und sie wieder mit Löhnen und Gehältern in Einklang gebracht. 1931 aber war ein solches Vorgehen politisch indiskutabel und wissenschaftlich noch nicht genügend gerechtfertigt. So schlug man den umgekehrten Weg ein, die Löhne und gebundenen Preise der verminderten Geldmenge und dem gesunkenen allgemeinen Preisniveau anzupassen. Die vierte Notverordnung war nichts anderes als ein Versuch, auf der Grundlage damaliger Erkenntnis einem einigermaßen gerechten Gleichgewichtszustand näherzukommen und zugleich der deutschen Wirtschaft im internationalen Wettbewerb die Exportfähigkeit zu erhalten.

In diesem Zusammenhang dürfen die haushaltsrechtlichen Verpflichtungen der Reichsregierung und die Notendeckungsbestimmungen des Reichsbankgesetzes nicht außer acht gelassen werden. Reichsbank und Reichsregierung waren in dieser Beziehung die Hände gebunden. Sie durften keine expansive Finanzpolitik betreiben oder zulassen. Nur eine starke Regierung hätte sich über die gesetzlichen Bestimmungen hinwegsetzen können, keinesfalls ein nur gerade toleriertes Minderheitskabinett. Hinzu kommt, daß das Denken der Menschen in Deutschland immer noch stark von den Erfahrungen der großen Inflation geprägt war. Weder die Öffentlichkeit noch auch die verantwortlichen Politiker, ja nicht einmal die Wissenschaftler, hatten die neuartigen Probleme von Deflation und Depression in der Industriegesellschaft bisher geistig verarbeitet.

Im Ausland sah es in dieser Hinsicht nicht anders aus. Die Katastrophe vom Sommer 1931 hatte sich entgegen den ersten Erwartungen nicht eingrenzen lassen. Amerikanische und französische Einleger fürchteten um ihre Guthaben in England, französische und englische um die in den USA. Schon bald sah sich die Bank of England in ähnlichen Nöten wie vorher die Deutsche Reichsbank. Allerdings gab es einen entscheidenden Unterschied: Großbritannien hatte eine starke und handlungsfähige Regierung. Als nämlich der Labour-Premierminister Ramsay MacDonald (1866–1937) erkannt hatte, welche Probleme auf ihn zukamen, war er mit seinem Kabinett zurückgetreten und hatte zusammen mit der konservativen Partei und den Liberalen eine sog. »Nationalregierung« gebildet. Mit diesem innenpolitischen Rückhalt und unbelastet von den außenpolitischen Zwängen, denen die deutsche Reichsregierung unterlegen war, befreite er am 20. September 1931 die Bank of England von ihrer Goldeinlösungspflicht. Nicht nur für das klassische Land des Goldstandards, sondern ebenso auch für die britischen Dominien und in der Folge für den skandinavischen Währungsblock war damit die Bindung an das Gold entfallen.

Weil das Pfund Sterling eine internationale Leitwährung und Grundlage vieler Außenhandelskontrakte war, lauteten die britischen Auslandsverpflichtungen, anders als in Deutschland, auf Einheiten des einheimischen Geldes. Die Loslösung vom Gold verursachte deshalb schwere Verluste für die ausländischen Gläubiger. Sie erhielten umso weniger für ihre Forderungen, je mehr der Kurs des englischen Pfundes an den Devisenbörsen sank. Es war ein Teufelskreis: Die Abzüge ließen den Pfundkurs sinken. Darum war es geboten, sein Geld in Sicherheit zu bringen, bevor es noch mehr an Wert verlor. Gerade das aber führte zu weiteren Kursstürzen.

Solche Erfahrungen ließen für den US-Dollar ähnliches befürchten. Deshalb versuchten In- und Ausländer, ihre Dollarguthaben in Gold umzutauschen oder wenigstens bar abzuheben. Allein im September 1931 mußte das Federal Reserve System Gold im Werte von 725 Millionen Dollar abgeben. Im Oktober schlossen über 500 Kreditinstitute ihre Schalter. Damit lag für das zurückliegende Jahrzehnt die Zahl der Bankzusammenbrüche in der Größenordnung von etwa 10000, Grund genug, Vorsorge für eine bessere Hilfeleistung an notleidenden Banken zu treffen. Neben der Gründung von Hilfsinstitutionen sollte u. a. auch diesem Ziel der Glass-Steagall-Act von 1932 dienen, der der Federal Reserve durch die Zulassung von Bundesanleihen als Notendeckung eine größere Beweglichkeit gab.

Es dauerte eine Weile, bis auch die letzten Amerikaner begriffen, was das bedeutete. Ihr Notenbanksystem war zu einer späten Kopie von John Laws Banque Royal geworden. Staatsschulden als Währungsdeckung vertragen sich nicht gut mit der Einlösbarkeit von Noten in Gold. Offenbar war es jetzt allerhöchste Zeit, Papiergeld und Guthaben in Gold und Goldzertifikate einzutauschen. Ein neuer run auf die Banken setzte ein. Bisher waren Zahlungsmittel, gleich welcher Art, aus Sorge vor Bankpleiten gehortet worden. Jetzt fühlte man sich nur noch sicher, wenn man Gold besaß. So wurde mit einem Schlag Gold das begehrteste Gut in ganz Amerika. Der neu gewählte amerikanische Präsident Franklin Delano Roosevelt (1882–1945) mußte seine Amtstätigkeit im März 1933 damit beginnen, daß er ebenso wie der Herzog von Orleans nahezu zwei Jahrhunderte vor ihm den privaten Goldbesitz verbot. Am 19. April 1933 gaben die USA die Goldbindung des Dollars offiziell auf.

Inzwischen hatte sich in Amerika die Erkenntnis durchgesetzt, daß eine Goldpreiserhöhung genügend internationale Liquidität schaffen könnte, um der Weltwirtschaft wieder auf die Beine zu helfen. Auch Präsident Roosevelt hatte sich davon überzeugen lassen. Dennoch ließ er zur allgemeinen Überraschung die Londoner Weltwirtschaftskonferenz vom Juni und Juli 1933, die entsprechende Beschlüsse hätte fassen können, an seiner Weigerung, den Dollar schon jetzt zu stabilisieren, scheitern. Als treusorgender Hausvater seiner Nation kaufte er erst ein halbes Jahr lang zu ständig wechselnden Kursen so viel Gold wie irgend möglich für die USA auf, bevor er am 31. Januar 1934 eine Stabilisierung der amerikanischen Währung bei gleichzeitiger Goldpreiserhöhung auf $ 35,– pro Unze (was einer Abwertung des Dollars um 41% gleichkam) verkündete. Wenn die USA sich schon an einer internationalen Währungsstabilisierung beteiligten, dann sollte das seiner Meinung nach wenigstens zu einem guten Geschäft werden.

Der Vorgang war typisch für das internationale Klima jener Zeit. Jedes Land versuchte auf seine Weise, mit Hilfe von Abwertungen, Exportsubventionen, Schutzzöllen und anderen Einfuhrhemmnissen Vorteile für sich selbst zu Lasten der anderen Nationen zu erzielen. Eine echte Zusammenarbeit gab es nicht.

Nach den Debakeln des Jahres 1931 wurde es Finanzwissenschaftlern und Wirtschaftspolitikern in aller Welt zunehmend klar, daß einer Wirtschaftskrise von solchen, bisher nicht gekannten Dimensionen nur durch öffentliche Arbeitsbeschaffungsprogramme großen Stils beizukommen war. Allerdings fehlte es noch an den rechtlichen Voraussetzungen, an den Institutionen und an den vorbereitenden Planungen. Deshalb dauerte es noch bis 1933, bevor solche Programme deutlich wirksam werden konnten.

Als Hitler im Januar 1933 die Macht in Deutschland an sich riß, konnte er auf mancherlei Planungen und Vorbereitungen aufbauen. Nicht anders erging es dem amerikanischen Präsidenten Roosevelt, dessen Amtszeit einige Wochen später begann. Beide benutzten ähnliche Methoden zur Ankurbelung der Konjunktur. Das zeigt, daß diese dem allgemeinen Erkenntnisstand ihrer Zeit entsprachen.

Offensichtlich kam es darauf an, Einkommen zu schaffen, ohne zugleich das bestehende Überangebot an Gütern und Dienstleistungen noch mehr zu erhöhen. Dafür boten sich Infrastrukturmaßnahmen großen Stils an, wie z. B. der Bau von Autobahnen und Landgewinnungsarbeiten in Deutschland oder Kraftwerksbau und Umstrukturierung des verödeten Tennessee Valley in den USA.

In Deutschland entlastete der obligatorische Reichsarbeitsdienst den Arbeitsmarkt um einen ganzen Jahrgang. Die spätere Wiedereinführung der allgemeinen Wehrpflicht hatte eine ähnliche Wirkung. Zunächst aber ging es auch in Deutschland um überwiegend zivile Projekte. Entgegen einer weit verbreiteten Auffassung sind Rüstung und Militär **nicht** notwendige Voraussetzungen für das Florieren der Wirtschaft.

Im Gegensatz zu den meisten anderen Ländern hatte das Deutsche Reich seine Währung nicht abgewertet, sondern bei der alten Parität belassen. Stattdessen hatte es die Zwangsbewirtschaftung aller Devisen eingeführt. Auch an den Notendeckungsvorschriften war nichts wesentliches geändert worden. Deshalb wurde es notwendig, ähnlich wie im Ersten Weltkrieg, das Gesetz mit einem Trick zu unterlaufen. Die Arbeitsbeschaffungsmaßnahmen wurden durch Sonderinstitute und öffentlich-rechtliche Körperschaften durchgeführt, die sich unauffällig bei der Reichsbank verschulden konnten. Im Grunde handelte es sich um einen großen Schwindel – aber er erfüllte einen konjunkturpolitisch notwendigen Zweck.

Einige Jahre später, als sich in den meisten Ländern bereits wieder ein deutlicher Konjunkturaufschwung abgezeichnet hatte, lieferte der englische Nationalökonom John Maynard Keynes mit seiner Allgemeinen Theorie der Beschäftigung, des Zinses und des Geldes eine nachträgliche Rechtfertigung der defizitären Finanzpolitik.

Die von ihm vertretenen Gedanken wurden schon bald zu einer Art von Weltanschauung, um die zwei Generationen von Nationalökonomen erbittert (und nicht immer sachlich) gestritten haben. Wie immer man zu seiner Theorie stehen mag, müssen wir doch anerkennen, daß Keynes zu den großen Denkern der Volkswirtschaftslehre gehört und deutlichere Spuren als jeder andere im Geldwesen des 20. Jahrhunderts hinterlassen hat.

## *John Maynard Keynes (1883 – 1946)*

John Maynard Keynes war der Sohn eines bedeutenden britischen Nationalökonomen und Erkenntnistheoretikers in Cambridge. Seine Mutter, Tochter eines Theologen, gehörte zu den frühesten Studentinnen der dortigen Universität. Das hohe intellektuelle Niveau seines Elternhauses kam der eigenen geistigen Entwicklung zugute. Deshalb bereitete es ihm keine großen Schwierigkeiten, ein Stipendium zum Besuch von Englands Eliteschule, Eton College, zu erhalten. Nach ehrenvollem Abschluß erhielt er ein weiteres Stipendium zum Studium der Mathematik am King's College in Cambridge. Nach dem Abschluß seiner Studien trat er 1906 in das Indien-Ministerium ein. Hier hatte er Gelegenheit, sich erstmalig intensiv mit Währungsproblemen zu befassen. Zahlreiche seiner Veröffentlichungen belegen, daß das Thema Geld ihn zeit seines Lebens nicht wieder losgelassen hat.

Im Ersten Weltkrieg wurde er in das Schatzamt berufen, wo er hauptsächlich mit der Bewirtschaftung der immer knapper werdenden Fremdwährungen zu tun hatte. 1919 leitete er die Delegation des Schatzamtes bei der Friedenskonferenz. Er hatte Berechnungen über die deutsche Leistungsfähigkeit angestellt, die ihm eine Vorstellung von den Beträgen gaben, die man von Deutschland als Reparationen fordern konnte. Als er erlebte, daß nicht die Vernunft, sondern Haß, Gier und Rachsucht die Höhe der Reparationen bestimmen sollten, legte er verbittert und krank vor Enttäuschung über das Verhalten seiner eigenen Regierung sein Mandat nieder. Sein Gewissen und die Sorge um die Auswirkungen unsinniger Vertragsbedingungen auf die Weltwirtschaft brachten ihn jedoch dazu, mehrere Bücher über die wirtschaftlichen Folgen des Versailler Vertrages und die Notwendigkeit seiner Revision zu schreiben. Das brachte ihm den Vorwurf mangelnder Vaterlandsliebe ein und verärgerte die britische Regierung so sehr, daß sie auf Jahre hinaus seine Beratung nicht mehr in Anspruch nahm.

Als Mitglied des Lehrkörpers von King's College in Cambridge für das Fach Social Economy beobachtete Keynes mit Sorge gewisse deflatorische Erscheinungen der Nachkriegszeit in Amerika und in Großbritannien. Er mußte erkennen, daß der Goldautomatismus der Vorkriegszeit nicht wieder reibungslos funktionieren würde, teils wegen der Goldhortungspolitik der USA, teils aber auch, weil im Gegensatz zum 19. Jahrhundert die Löhne ebenso wie die Preise von Produkten starker Großunternehmen nicht mehr in beiden Richtungen beweglich waren, sondern sich tendenziell nur nach oben verändern konnten. In einer Reihe von Arbeiten warnte er vor der Rückkehr zur alten Goldparität des Pfund Sterling wie auch vor dem Goldstandard überhaupt. Stattdessen schwebte ihm eine Währung vor, die statt am Gold an einer stabilen Kaufkraft ausgerichtet war. Wir sahen bereits, daß seine Warnungen unbeachtet blieben.

Nach Churchills Wiedereinführung des Goldstandards und der alten Parität des englischen Pfundes hatte Keynes mehr als genug Gelegenheit, die verheerenden Folgen einer überbewerteten Währung in einem Land mit überalteter Industriestruktur zu beobachten. Schon damals wurde er zum Befürworter öffentlicher Arbeitsbeschaffungsmaßnahmen. Er war der Überzeugung, der Staat müsse sowohl durch seine Geldpolitik als auch durch eigene Projekte das Investitionsvolumen im Lande steigern. Etliche seiner Anregungen wurden in das Parteiprogramm der liberalen Partei übernommen.

John Maynard Keynes war Liberaler aus Überzeugung, dabei aber kein Anhänger eines Manchester-Liberalismus des vergangenen Jahrhunderts. Freiheit war für ihn nicht gleichbedeutend mit Willkür. Er hatte gesehen, wie beim Übergang der politischen Macht von Adel und Bürgertum auf die Arbeiterklasse in zahlreichen Ländern Diktatoren das Heft in die Hand genommen und die Rechte des Einzelnen beschnitten hatten. Hier schien es einen allgemeinen Trend zu geben, den man nur dann aufhalten konnte, wenn man bereit war, dem Staate von sich aus größere Interventions- und Gestaltungsmöglichkeiten einzuräumen.

Wenn wir uns jetzt den Grundzügen von Keynes' Allgemeiner Theorie zuwenden, sollten wir bedenken, daß jede wissenschaftliche Aussage abhängig ist von Standort, Fragestellung und Beobachtungsmethode dessen, der die Aussage macht. Die Art der Fragestellung, die verwendeten Definitionen und die Entscheidung darüber, welche Erscheinungen vernachlässigt oder als konstant angesehen werden sollen, haben immer einen wesentlichen Einfluß auf das Untersuchungsergebnis. Unterschiedliche Theorien müssen sich deshalb durchaus nicht gegenseitig ausschließen, obwohl ihre Urheber uns das nicht selten versichern. In vielen Fällen verhalten sie sich komplementär zueinander, daß heißt, sie ergänzen sich gegenseitig.

Keynes' Standort war der eines britischen Nationalökonomen, dessen persönliche Erfahrungen nicht durch die deutsche Inflation, sondern im Gegenteil durch die Deflationszeit der 20er und 30er Jahre in den angelsächsischen Ländern geprägt waren. Seine Fragestellung sollte, wie er im Vorwort zur deutschen Ausgabe seiner Allgemeinen Theorie schreibt, *»einen wichtigen Beitrag zur Auslegung zeitgenössischer Ereignisse und zur Formung einer zeitgenössischen Politik«* leisten. Einige Jahrzehnte später hätte er vermutlich eine ganz anders aufgebaute Untersuchung mit anderen Ergebnissen zum gleichen Thema vorgelegt. Das heißt nicht, daß wir nicht auch heute noch von Keynes lernen könnten. Allerdings ist die Lektüre seines hastig hingeschriebenen, schlecht redigierten und ungeschickt übersetzten Hauptwerks nicht gerade als Vergnügen zu bezeichnen.

Keynes geht von einer einheitlichen, nach außen abgeschlossenen Volkswirtschaft aus. Er definiert deren Gesamteinkommen als übereinstimmend mit dem Wert ihrer Produktion, ihre laufenden Investitionen als den Teil der laufenden Produktion, der nicht verbraucht wird und die Ersparnis als den Überschuß des Einkommens über den Verbrauch. Sodann stellt er die folgenden Gleichungen auf:

Einkommen = Wert der Produktion

Wert der Produktion = Verbrauch + Investition

Ersparnis = Einkommen ./. Verbrauch

Also:

Ersparnis = Investition

Der private Verbrauch dient nach Keynes hauptsächlich der Befriedigung von Grundbedürfnissen. Er ändert sich deshalb nur langsam und relativ wenig. Um die Produktion und damit die Einkommen zu erhöhen, muß man bei den Investitionen ansetzen. Hier führt Keynes den schon vor ihm von R. F. Kahn benutzten Begriff des Multiplikators ein. Weil mit der Zunahme des Realeinkommens, wenn auch mit einer gewissen Verzögerung, auch der Verbrauch steige, werde sich das Einkommen auf die Dauer um mehr als die Investitionssumme erhöhen, nämlich um einen »Multiplikator« genannten Faktor k.

## *John M. Keynes über Zins und Geldmenge in der Deflation*

**»Die Bedeutsamkeit des Geldzinsfußes ergibt sich ... aus der Verbindung der Merkmale, daß dieser Zinsfuß sich infolge der Wirkung des Beweggrundes der Liquidität einer Änderung im Verhältnis der Geldmenge zu anderen in Geld gemessenen Formen von Vermögen gegenüber etwas unempfindlich verhält und daß die Elastizitäten sowohl für die Erzeugung, als für den Ersatz des Geldes Null (oder unbeachtlich) sind (oder sein können). Die erste Bedingung bedeutet, daß die Nachfrage in überwiegender Weise auf Geld gerichtet sein kann, die zweite, daß bei diesem Ereignis Arbeit nicht für die Erzeugung von mehr Geld beschäftigt werden kann, und die dritte, daß an keinem Punkt eine Milderung dadurch entsteht, daß irgendein anderer Faktor, wenn er billig genug ist, den Dienst des Geldes ebensogut erfüllen kann. Die einzige Linderung – von Änderungen in der Grenzleistungsfähigkeit des Kapitals abgesehen – kann (solange der Hang zur Liquidität unverändert ist) von einer Zunahme in der Geldmenge, oder – was in der Wirkung das gleiche ist – von einer Erhöhung des Geldwertes kommen, die einer gegebenen Menge ermöglicht, vermehrte Gelddienste zu leisten.«**

Aus: J. M. Keynes, Allgemeine Theorie der Beschäftigung, des Zinses und des Geldes, übersetzt von Fritz Waeger, München und Leipzig 1936, S. 196.

Keynes glaubte festgestellt zu haben, daß in den reifen Industriegesellschaften Amerikas und Englands – jedenfalls um 1929 – kein ausreichender Bedarf an zusätzlichen Industrieanlagen, Bürogebäuden und Wohnhäusern bestand, um Investitionen in der Höhe der Geldkapitalbildung (Ersparnis) zu gewährleisten. In der Terminologie von Keynes und im Hinblick auf seine obigen Gleichungen folgte daraus, daß eine unfreiwillige Investition in Form erhöhter Lagerhaltung von nicht absetzbaren Waren stattfinden mußte, die schließlich eine Ermäßigung von Produktion und Einkommen erzwang.

Die klassische Lehre war davon ausgegangen, daß sich bei fehlender Investitionsbereitschaft der Zins zurückbilde, bis niedrige Zinsen einen ausreichenden Anreiz für neue Investitionen bilden würden. Ebenso mußten nach dem Gesetz von Angebot und Nachfrage die Löhne zurückgehen, bis wieder eine ausreichende Beschäftigung gegeben sei. Auf diese Weise stelle sich von selbst wieder eine Gleichgewichtslage mit Vollbeschäftigung ein.

Diese Aussagen wurden von Keynes verneint. Für ihn war der Zins kein Preis für Konsumverzicht oder Konsumaufschub, sondern eine Belohnung dafür, daß die Verleiher ihr Geld trotz einer »Liquiditätspräferenz« nicht horteten. Der Wunsch, liquide zu bleiben und die Verfügungsgewalt über die vorhandenen Barmittel nicht aufzugeben, war aber, wie die Ereignisse der Jahre 1931 und 1932 gezeigt hatten, u. U. gerade dann besonders ausgeprägt, wenn aus ganz ähnlichen Beweggründen die Investitionsbereitschaft nachließ. Weil das so sei, wirke der Zins nicht als Regulator im klassischen Sinne. Darum sei auch nicht mit einer automatischen Wiederherstellung eines Vollbeschäftigungsgleichgewichts zu rechnen; vielmehr sei im Gegenteil sogar eine Gleichgewichtslage bei Unterbeschäftigung denkbar.

Keynes folgerte aus diesen Überlegungen, daß es die Aufgabe des Staates sei, mit öffentlichen Investitionen die Lücke zu schließen, die sich aus dem Auseinanderklaffen von Ersparnis und freiwilliger Investition ergäbe. Einer solchen aktiven Politik stehe allerdings die nicht beliebige Vermehrbarkeit einer durch Gold gedeckten Währung entgegen. Deshalb sei es notwendig, der Bevölkerung klarzumachen, daß irgendetwas anderes, wie zum Beispiel Käse, gerade so gut wie das Gold sei und dann eine Käsefabrik (sprich: Zentralbank) unter öffentlicher Leitung zu betreiben sei. Mit anderen Worten: Keynes forderte beliebig vermehrbares Geld in der Hand des Staates.

Am Schluß seines Werkes zeichnete er das paradiesische Bild einer zukünftigen Gesellschaft, in der der Unterschied von Reich und Arm teilweise eingeebnet wird, weil Geld genug vorhanden ist, die Zinsen niedrig sind und das Kapital aufhört, knapp zu sein. Sogar der Frieden ließe sich leichter erhalten, da bei Vollbeschäftigung in allen Ländern die wirtschaftlichen Motive entfielen, Kriege zu führen. Der internationale Handel wäre nicht länger ein verzweifeltes Mittel, die Beschäftigung im Inland durch das Aufzwingen von Verkäufen in fremden Märkten und die Einschränkung von Käufen aufrechtzuerhalten, sondern ein williger und ungehinderter Austausch von Gütern und Dienstleistungen zum gegenseitigen Vorteil.

Die neue Lehre trug wesentlich dazu bei, das Wesen von Deflationen besser zu verstehen und die zu ihrer Bekämpfung getroffenen Maßnahmen auch theoretisch zu rechtfertigen. Den Zweiten Weltkrieg konnte sie allerdings ebensowenig verhindern wie die Kriege in China, Korea und Vietnam, in Kambodscha und El Salvador, am Persischen Golf, in Palästina, im Libanon, in Nigeria und am Kongo, in Indien, Pakistan und Afghanistan und wo sonst überall in der Welt die Völker übereinander herfielen. Sie hat die Unterschiede zwischen Arm und Reich nicht aufgehoben, sondern eher verschärft, und vor allem hat sie dazu beigetragen, das Elend der unterentwickelten Länder noch zu vergrößern (vgl. S. 23 ff.). Nicht einmal die Vollbeschäftigung, um die es ihr doch in erster Linie ging, konnte sie längerfristig sicherstellen. Die vermeintliche Beschäftigungsgarantie schwächte nämlich den Leistungswillen und das Leistungsvermögen der Arbeitgeber wie der Arbeitnehmer und veranlaßte beide, sich so zu verhalten, daß die nächste Beschäftigungskrise unvermeidlich wurde.

Der Mißerfolg war zu einem Teil auf Übertreibungen der Verantwortlichen zurückzuführen. Der Zugang zur Notenpresse erwies sich nämlich als eine zu große Versuchung für die

Politiker. In dieser Hinsicht mußten die Keynesianer die gleiche Erfahrung machen wie vor ihnen schon John Law. Dem Staat und seiner Regierung die Bestimmung der Geldmenge überlassen, heißt, ihn zur unbeschränkten Selbstbedienung einzuladen. Bekanntlich könnte man ebensogut einen Hund wochenlang unbewacht in einer Metzgerei einsperren und von ihm erwarten, daß er täglich nur ein Würstchen frißt.

Das Geld der Welt muß nicht durch Gold gedeckt sein. Es darf aber auch nicht der Willkür von Königen und Tyrannen oder dem Opportunismus und den kurzfristigen Wahlerfordernissen demokratischer Regierungen und Parlamente ausgeliefert werden.

## *Der Zweite Weltkrieg*

Im Vergleich zum Ersten war der Zweite Weltkrieg (1939 – 1945) anfangs mit weit geringeren finanz- und geldpolitischen Umwälzungen verbunden. Die vorhergehende Aufrüstung paßte sich in allen Ländern zunächst noch in die Maßnahmen zur Wiederbelebung der Konjunktur ein. Außerdem konnten die zuständigen Behörden mit mehr Erfahrung und mit einem verbesserten Instrumentarium an die Bewältigung ihrer Aufgaben gehen. Anders als 1914 versuchte man schon frühzeitig und mit Erfolg, den privaten Verbrauch zugunsten des Staates einzuschränken. Die Begebung von Anleihen spielte dabei eine wichtige Rolle.

In Deutschland hatte die totalitäre Reichsregierung unter Hitler ohnehin kriegsmäßige Vollmachten: Devisenbewirtschaftung seit 1931, Kontrolle über die Lohnentwicklung seit der Auflösung der Gewerkschaften 1933, Wegfall der parlamentarischen Haushaltskontrolle seit dem Ermächtigungsgesetz von 1933, Einfluß auf die Geschäftspolitik der Kreditinstitute über das Aufsichtsamt für das Kreditwesen seit Ende 1934, Preisstopp seit 1936 und so weiter und so weiter.

Zwar war schon 1933 mit einer gewissen Steigerung des militärischen Aufwands begonnen worden; die Rüstungsausgaben blieben aber bis 1935 im internationalen Vergleich eher bescheiden. Erst 1936 begann die eigentliche Aufrüstung. Hierbei leisteten (wie schon seit 1934) die sog. »Mefo-Wechsel« einen Finanzierungsbeitrag. Bei der Mefo (Metallurgische Forschungsgesellschaft m.b.H.) handelte es sich um eine Scheinfirma, deren eigentlicher Zweck die unsichtbare Rüstungsfinanzierung war. Die Heereslieferanten wurden mit von der Mefo akzeptierten Wechseln bezahlt und konnten diese dann über ihre Hausbanken bei der Reichsbank diskontieren lassen. Die Wechsel hatten die übliche Laufzeit von drei Monaten, waren aber insgesamt über fünf Jahre prolongierbar. Während dieser Zeit belasteten sie den Staatshaushalt nicht.

Ab 1937 kam es zu Spannungen zwischen Reichsregierung und Reichsbank wegen der hohen Rüstungsausgaben, die im Januar 1939 in einem von dem gesamten Reichsbankdirektorium unterzeichneten vertraulichen Protestschreiben »An den Führer und Reichskanzler« gipfelten. Das Schreiben beweist einen hohen persönlichen Mut der Unterzeichner. Reichsbankpräsident Schacht und die Direktoriumsmitglieder Ehrhardt, Vocke und Blessing durften von Glück sagen, daß sie nur ihrer Posten enthoben wurden. In Hitlers Augen hatten sie Hochverrat begangen, war er doch bereits zum Krieg entschlossen.

Unmittelbar nach Kriegsausbruch wurden kräftige Zuschläge auf die Lohn- und Einkommensteuer sowie auf verschiedene Verbrauchsteuern eingeführt und im weiteren Verlauf des Krieges die Steuerschraube noch mehr angezogen. Infolgedessen gelang es, die Ausgaben in den ersten Kriegsjahren überwiegend und während der ganzen Kriegsdauer immerhin fast zu einem Drittel durch Steuern zu decken.

Anders als beispielsweise in den angelsächsischen Ländern, wo der Verkauf von »war bonds«, »liberty bonds« und »victory loans« an das Publikum eine große Rolle spielte, gab es in Deutschland keine öffentliche Auflegung von Kriegsanleihen. Hitler fürchtete, daß Reminiszenzen an den Ersten Weltkrieg negative psychologische Rückwirkungen haben könnten. Außerdem wollte er auf keinen Fall eine »finanzielle Volksabstimmung« riskieren. Da schien es ihm doch zweckmäßiger zu sein, die private Kaufkraft so weit wie irgend möglich durch Steuern

## *Aus der Mahnung des Reichsbankdirektoriums an den »Führer und Reichskanzler« vom 7. Januar 1939*

**»Die Reichsbank hat seit langem auf die für die Währung entstehenden Gefahren einer Überspannung der öffentlichen Ausgaben und des kurzfristigen Kredites hingewiesen. Am Ende des Jahres 1939 ist die *Währungs- und Finanzlage an einem Gefahrenpunkt* angelangt, der es uns zur Pflicht macht, Entschliessungen zu erbitten, die es ermöglichen, der drohenden Inflationsgefahr Herr zu werden ...**

**In entscheidendem Masse aber wird die Währung von der hemmungslosen Ausgabenwirtschaft der öffentlichen Hand bedroht. Das unbegrenzte *Anschwellen der Staatsausgaben* sprengt jeden Versuch eines geordneten Etats, bringt trotz ungeheurer Anspannung der Steuerschraube die Staatsfinanzen an den Rand des Zusammenbruchs und zerrüttet von hier aus die Notenbank und die Währung. Es gibt kein noch so geniales und ausgeklügeltes Rezept oder System der Finanz- und Geldtechnik, keine Organisation und keine Kontrollmassnahmen, die wirklich wirksam genug wären, die verheerenden Wirkungen einer uferlosen Ausgabenwirtschaft auf die Währung hintanzuhalten. *Keine Notenbank ist imstande, die Währung aufrechtzuerhalten gegen eine inflationistische Ausgabenpolitik des Staates ...«***

Zitiert nach: Deutsche Bundesbank, Währung und Wirtschaft in Deutschland 1876 – 1975, Frankfurt/M. 1976, S. 382.

abzuschöpfen und daneben eine »geräuschlose Finanzierung« zu betreiben, wobei Banken und Versicherungen die erforderlichen Gelder bereitzustellen hatten.

Unter den kriegführenden Mächten verfolgte nur Japan die gleiche Finanzierungsstrategie. Möglicherweise waren einzig die totalitären Regimes im Land der aufgehenden Sonne und in Deutschland stark genug, ihren Völkern das Geld gleich ganz wegzunehmen, während die Demokratien dem Bürger das Gefühl lassen mußten, der Krieg koste nichts. Er behielt ja seine Ersparnisse und hatte sie nur an die Allgemeinheit ausgeliehen.

Ein wenig verhielt es sich mit dem Unterschied der Kriegsfinanzierung wie mit dem zwischen dem Räuber und dem Taschendieb. Das Geld war so oder so weg, nur, im zweiten Falle merkte man es nicht sofort. Natürlich konnte keine Rede davon sein, den Anleihegläubigern zu Lebzeiten die gleiche Kaufkraft zurückzuerstatten, die sie ihrem Staat überlassen hatten, oder ihnen durch erhöhte Zinsen einen Ausgleich für die allmähliche Wertminderung zu bieten. Im Gegenteil: Um ein genügend großes Volumen an Kriegsanleihen absetzen zu können und die Zinsen so niedrig wie möglich zu halten, mußten die Notenbanken notgedrungen eine inflationäre Politik des federleichten Geldes betreiben und so einen neuen Kaufkraftüberhang erzeugen. Nach Kriegsende war es dann die hohe Schuldenlast und deren Verzinsung, die zu einer dauerhaften Fortsetzung des inflationären Kurses zwang.

In allen kriegsführenden Ländern sahen sich Banken, Sparkassen und Versicherungsgesellschaften genötigt, freiwillig oder unfreiwillig ihrem jeweiligen Staat umfangreiche Kredite zur Verfügung zu stellen. In Deutschland kamen auf diese Weise bis zum Kriegsende annähernd 190 Milliarden Reichsmark zusammen. Das ist ziemlich genau die Hälfte aller beurkundeten Reichsschulden zum Zeitpunkt des Zusammenbruchs. (Zum Vergleich: Die gesamten direkten Kriegsausgaben lagen in der Größenordnung einer halben Billion Reichsmark.)

Die den besetzten Ländern abgepreßten Sach- und Finanzleistungen stellten eine dritte Finanzierungsquelle für die Reichsregierung dar. Wie alle Eroberer verstand es auch Hitler, den

Mangel und die Finanzprobleme des eigenen Landes zu einem guten Teil in die unterworfenen Gebiete zu exportieren. So ließ er z. B. in napoleonischer Manier von den Niederlanden einen »Kriegskostenbeitrag für den Kampf gegen den Bolschewismus« einfordern und Belgien die nicht unbeträchtlichen Goldvorräte seiner Nationalbank abnehmen. Zeitweilig sollen solche »anderen laufenden Einnahmen« des Staatshaushalts das inländische Steueraufkommen erreicht und sogar überschritten haben.[14]

Zusammengenommen stellten die verschiedenen Finanzierungsmaßnahmen in der ersten Kriegshälfte unter finanzpolitischen Gesichtspunkten eine relativ »gesunde«, noch nicht inflationäre Kriegsfinanzierung dar. Erst 1942/43 wendete sich mit dem Kriegsglück auch in dieser Beziehung das Blatt. Den steigenden Kosten stand eine stagnierende und schließlich sinkende Leistungsfähigkeit der Volkswirtschaft gegenüber. Die Steuereinnahmen hatten ihren Höhepunkt erreicht oder schon überschritten und ließen sich auch mit noch weiter angehobenen Steuersätzen nicht mehr steigern. Außerdem schien es riskant, einer kriegsmüden Bevölkerung weitere Steuererhöhungen zuzumuten. Deshalb wurde von nun an, wie im Ersten Weltkrieg, die Reichsbank in erheblichem Umfang zur inflationären Kriegsfinanzierung herangezogen. Allerdings gab es zwei bedeutsame Unterschiede zu den Verhältnissen während des ersten Krieges, und es kam deshalb auch zu ganz anders gearteten Kriegsfolgeerscheinungen:

1. Löhne und Preise unterlagen einer strengen Kontrolle durch den Staat. Mit der steigenden Geldmenge wuchs zwar die Nachfrage; bei einem konstanten oder gar sinkenden Warenangebot und künstlich festgehaltenen Preisen konnte sich aber kein Gleichgewichtszustand von Angebot und Nachfrage bilden. Ein großer Teil der Kaufkraft kam infolgedessen überhaupt nicht zum Zuge. Es war wie bei einer Tombola, bei der 10 Autos verlost werden sollen, aber 20

[14] Vgl. Karl-Heinrich Hansmeyer und Rolf Caesar: Kriegswirtschaft und Inflation (1936–1948), in: Währung und Wirtschaft in Deutschland 1876–1975, S. 402.

**_Die Entwicklung von Staatsschulden und Notenumlauf im 1. und 2. Weltkrieg_**

| Notenumlauf am Jahresende in Mio. M/RM | | Zuwachs % | Verschuldung des Reiches am Ende des Haushaltsjahres Mio. M/RM | | Zuwachs % |
|---|---|---|---|---|---|
| 1914 | 5 046 | | 1913/14 | 5 202 | |
| 1918 | 22 188 | | 1917/18 | 104 945 | |
| | | 340 | | | 1 917 |
| 1939 | 11 798 | | 1938/39 | 30 676 | |
| 1945 | 56 425 | | 1944/45 | 379 800 | |
| | | 378 | | | 1 138 |

Zahlenangaben nach Deutsche Bundesbank, Deutsches Geld- und Bankwesen in Zahlen 1876–1975, S. 37 u. 313.

Gewinnerlose verteilt werden. Wenn dort der »Preis« für ein Auto nicht auf zwei Gewinnlose erhöht wird, muß die Hälfte der Berechtigten leer ausgehen. Einen solchen Zustand nennt man **gestaute Inflation.**

In der Regel lassen sich drei Phasen einer gestauten Inflation beobachten. In der ersten, in welcher Geldmenge und Warenangebot nur wenig auseinanderliegen, werden die zu knappen Güter nur an gute Freunde oder potentiell gefährliche (oder nützliche) Funktionäre von Staat oder Partei verkauft. Die anderen Kunden müssen mit Ladenhütern geringerer Qualität vorlieb nehmen. In der zweiten Phase erhält nur noch der etwas, der selbst etwas Gesuchtes anzubieten hat, und zum Schluß will überhaupt niemand mehr etwas verkaufen.

2. Durch die feindlichen Luftangriffe wurden immer mehr Produktionsanlagen zerstört. Der Staat aber lenkte alle Kraftreserven auf die Aufrechterhaltung der kriegswichtigen Erzeugung. Daher sank das Angebot an den Gütern des

täglichen Bedarfs, während andererseits Vertreibung und Bomben gerade diesen Bedarf an den Notwendigkeiten des Lebens über das normale Maß hinaus in die Höhe schnellen ließen. In den letzten Kriegsmonaten hätten selbst bei einer Freigabe der Preise auch Millionäre keinen einigermaßen normalen Lebensstandard bestreiten können. Einzig die lokalen Größen der nationalsozialistischen Staatspartei konnten sich selbst eine ausreichende Versorgung sichern.

Eine damals oft gehörte Redensart lautete: »Der Krieg dauert so lange, bis die Engländer Ratten fressen und wir Rattenersatz.« Die Wirklichkeit sah nicht viel anders aus. Mit dem militärischen und politischen Zusammenbruch ging der Zusammenbruch dessen, was von einer Lebensmittel- und Warenversorgung der Bevölkerung noch übrig geblieben war, einher. Es gab keine Nähnadeln und keine Knöpfe, keine Rasierklingen, keine Nägel, keine Werkzeuge, keine Kleidung, keine Schuhsohlen, keine Kohlen, keine Kartoffeln und kein Brot. Milch und Butter, Eier oder Seife waren zu Luxusgütern geworden, für die man sein vorletztes Hemd hergab. Niemand wollte oder konnte mehr etwas verkaufen, und auch die Bauern kamen ihrer Ablieferungspflicht nur zögernd nach.

Weil man für Geld nichts mehr kaufen konnte, fiel der Handel auf die Methoden der jüngeren Steinzeit zurück. Auf dem Schwarzen Markt ließ sich die Kleidung des gefallenen Ehemannes nach und nach gegen Kartoffeln und Brot und die goldene Taschenuhr des Großvaters sogar gegen Kaffee eintauschen. Den Kaffee streckte man mit gerösteten und gefärbten Sägespänen und gab ihn in kleinen Portionen für Magermilch her, mit der man das Baby am Leben erhielt. Wem es gelungen war, einen Koffer voll Kohlen aus einem wartenden Güterzug zu stehlen,[15] konnte sich dafür eine Hose oder einen Pullover kaufen. Der Pullover wurde aufgeribbelt und aus der Wolle Strümpfe gestrickt, von denen ein Paar für einen Hammer und eine Zange geopfert wurde. Damit ließen sich dann die rostigen

---

[15] Nachdem der Kölner Kardinal Frings den ihm anvertrauten Gläubigen Generalabsolution für den Kohlendiebstahl aus Not erteilt hatte, bürgerte sich hierfür der Ausdruck »fringsen« ein.

Nägel aus dem Trümmerholz der zerstörten Wohnung herausziehen und gerade klopfen.

Besonders beliebt waren die Zigaretten der amerikanischen Besatzungstruppen. Weil in ihnen die meisten Umsätze stattfanden, bürgerte es sich ein, die »Amis« als Werteinheit dem größeren Teil aller Tauschgeschäfte zugrunde zu legen. Einzelne Zigaretten, Päckchen und Stangen von Amis waren die Einheiten der neuen Währung, wobei eine Stange bereits ein kleines Vermögen darstellte. Wieder einmal, wie schon am Ende der Steinzeit und bei den Handelsexpeditionen des 17., 18. und 19. Jahrhunderts, zeigte es sich, daß beim Tauschhandel allgemein beliebten und gleichförmigen Gütern handlicher Größe eine Tendenz innewohnt, zum Geld zu werden.

G. Schmölders hat schon 1947 die Zigarettenwährung zum Gegenstand einer wissenschaftlichen Untersuchung gemacht und auf ihre einzigartige Stabilität hingewiesen. Trotz reichlichen Nachschubs aus den USA kam es nämlich zu keiner Zigaretteninflation, weil ungefähr im gleichen Umfang die Zigaretten aus dem Verkehr genommen und geraucht wurden, nachdem sie ihrer Zahlungsmittelfunktion nur wenige Male gedient hatten. Nach dem Urteil von Schmölders hatte *»keine Währung der Welt ... eine derart wirksame, unerbittliche und zuverlässige Geldmengenregulierung aufzuweisen«.* [16]

Für den Handel zwischen Fabriken und anderen größeren Wirtschaftsunternehmen war die Zigarettenwährung allerdings ungeeignet. Dieser Wirtschaftssektor mußte deshalb auf der niedrigeren Kulturstufe des reinen Tauschhandels verharren. Sollte eine zerstörte Fabrik wieder aufgebaut werden, so galt es zunächst, den wenigen verbliebenen Arbeitern etwas zu essen zu verschaffen. Das geschah möglicherweise, indem man Trümmerholz oder noch vorhandene Fässer bei einem Fischhändler gegen eingesalzene Heringe tauschte. Ziegel lieferte der eigene Ruinensteinbruch. Sie mußten nur auseinandergeschlagen und von anhaftenden Mörtelresten befreit werden. Zement konnte man im Tausch gegen Kohlen bekommen. Also

[16] G. Schmölders, Die Zigarettenwährung, in: Kölner Universitätszeitung, 2. Jg., 1947, H. 5, S. 71, zitiert nach K.-H. Hansmeyer u. R. Caesar in: Währung und Wirtschaft in Deutschland 1876 – 1975, S. 422.

tauschte man je einen verglühten Eisenträger bei einer Kohlenzeche gegen zwei oder drei Waggons Schlammkohle; das war ein Gemisch aus Kohlengrus und Wasser. Für den Transport sollte man selber sorgen. Hatte der Fabrikleiter Glück, so kannte vielleicht sein Onkel einen Reichsbahnbeamten in der richtigen Abteilung, dessen Bruder für seine Entnazifizierung eine Bescheinigung seines anständigen Verhaltens brauchte und

der dafür einige Waggons für ein paar Tage bereitstellte. Alle diese Arrangements wurden mündlich abgesprochen. Sie kosteten unendlich viel Zeit und eine große Zahl von meist vergeblichen Telefongesprächen. Der Wiederaufbau mußte deshalb warten, bis wenigstens das Fernsprechnetz notdürftig wieder hergestellt war.

An eine Bereinigung des Geldwesens war erst zu denken, nachdem eine gewisse Mindestproduktion von Gütern wieder angelaufen war. Wo es überhaupt noch keine Waren gibt, kann auch eine Währungsreform sie nicht herbeizaubern. Allerdings wurde auf dem Gebiet der späteren DDR schon 1945 eine Reform in dem Sinne durchgeführt, daß die privaten Banken abgeschafft und dafür das einstufige Staatsbankensystem nach sowjetischem Muster eingeführt wurden. Damit war bereits die Grundsatzentscheidung für eine Zentralverwaltungswirtschaft, in der das Geld kein Mittel zur freien Konsumwahl, sondern hauptsächlich eine Rechengröße zur Planfeststellung und Plankontrolle ist, gefallen. Weil die Kaufkraft des Geldes in einem solchen System keine Rolle spielt, hatte es daher mit einer weitergehenden Geldreform keine Eile.

Die Sowjets wie auch die Behörden der russischen Besatzungszone wollten ihre Entscheidung auf keinen Fall rückgängig machen, ja, sie waren sogar bestrebt, auch die Westzonenverhältnisse nach Möglichkeit in ihrem Sinne zu beeinflussen. Daher blieben alle Bemühungen um eine gemeinsame Währungsreform ohne Erfolg. Der später oft geschmähte »Alleingang« der Westmächte bei der westdeutschen Währungsreform war deshalb nichts anderes als die Ablehnung der von den Sowjets im Alleingang getroffenen Vorentscheidung für ihren eigenen Zuständigkeitsbereich.

Die westdeutsche Währungsreform hatte das Ziel, nach 15 Jahren Planwirtschaft und Dirigismus wieder die Voraussetzungen für eine marktwirtschaftliche Ordnung in den drei Westzonen zu schaffen. Sie wurde von deutschen Sachverständigen im Auftrag und unter der Verantwortung der Westalliierten vorbereitet.

Mit Wirkung vom 20. Juni 1948 wurden alle Schuldverhältnisse im Verhältnis 10,– RM : 1,– DM, wiederkehrende Leistungen wie Löhne, Mieten, Renten etc. jedoch 1 : 1 umgestellt. Die Altgeldbestände einschließlich der Bankguthaben wurden – nach längerem Hin und Her – schließlich auf 6,5% zusammengestrichen. Jeder Bürger bekam als Erstausstattung eine »Kopfquote« von DM 40,– und zwei Monate später eine weitere von DM 20,–. Auch die öffentlichen Kassen und die Arbeitgeber erhielten eine Erstausstattung, die Arbeitgeber z. B. DM 60,– pro Beschäftigten. Der aus der Umstellung der Schuldverhältnisse im Verhältnis 10 : 1 entstehende Gewinn der Schuldner war, wenn auch über einen längeren Zeitraum verteilt, an das Finanzamt abzuführen.

Banken und Versicherungsgesellschaften, deren Vermögenswerte erzwungenermaßen fast ausschließlich aus Forderungen gegen das nicht mehr existierende Deutsche Reich bestanden, wurden saniert, indem sie nach einem ausgeklügelten Berechnungsverfahren sog. Ausgleichsforderungen beanspruchen konnten. Das waren niedrig verzinsliche und unverkäufliche Forderungen gegen die spätere Bundesrepublik Deutschland (das Umstellungsverfahren zog sich über eine ganze Reihe von Jahren hin). Dadurch wurden die Empfänger in die Lage versetzt, ihr Eigenkapital auf der richtigen (Passiv-) Seite ihrer Bilanzen auszuweisen.

Es war erstaunlich, wie viele Sachen es plötzlich zu kaufen gab, sobald man mit gutem Geld dafür bezahlte. Dafür gab es verschiedene Ursachen: Hortungskäufe, die nur getätigt wurden, um wertloses Geld einzulösen, fielen fort; Kaufleute und Bauern brachten versteckte Vorräte zum Vorschein, und es lohnte sich auch wieder, zu arbeiten und dabei die Wünsche der Kunden zu berücksichtigen.

Auch die großzügige Auslandshilfe spielte eine große Rolle. Besonders das von dem amerikanischen Außenminister George Catlett Marshall (1880–1959) in Gang gebrachte Europäische Wiederaufbauprogramm, an dem auch Westdeutschland mit 1,7 Milliarden Dollar partizipierte, half bei der Einfuhr wichtiger Waren und durch die Möglichkeit, den DM-Gegenwert zusätzlich als Starthilfedarlehen zu vergeben.

Welch ein Unterschied zu den Verhältnissen von 1919! Damals war es nur darum gegangen, dem besiegten Feind weiteren

Schaden zuzufügen. Jetzt aber half der Sieger dem unterlegenen Gegner mit geschenktem und geliehenem Kapital, seine zerstörte Wirtschaft wieder in Gang zu setzen.

Schon einige Monate vor der Währungsreform hatte die amerikanische Militärregierung mit der Errichtung der Bank Deutscher Länder (der späteren Deutschen Bundesbank) eine neue Notenbank nach dem Vorbild ihres eigenen Federal Reserve System geschaffen. Wenn die Währungsreform Erfolg hatte, so ist es außer der mutigen stufenweisen Aufhebung des Bezugscheinsystems, das ja im Prinzip eine Konkurrenzwährung darstellte, auch der soliden Währungspolitik unter dem Präsidenten ihres Direktoriums, Wilhelm Vocke (1886 – 1973), zu verdanken.

Die Neuordnung des Geldwesens war die Voraussetzung für den Aufbau eines freien demokratischen Staatswesens. Insofern war es nur folgerichtig, wenn dieser erst nach der Währungsreform begonnen und ein Jahr später am 8. Mai 1949 mit der Annahme des Grundgesetzes abgeschlossen wurde.

## *Bretton Woods*

Inzwischen hatte auch auf internationaler Ebene eine Bereinigung des Geldwesens stattgefunden. Allen für das Währungsgefüge Verantwortlichen waren die chaotischen Zustände der 30er Jahre, in denen die einzelnen Nationen sich gegenseitig durch Abwertungen und Importhemmnisse zu übertrumpfen suchten, herzlich leid gewesen. Infolgedessen hatten sich schon im Juli 1944 Vertreter aus 35 Ländern in Bretton Woods in New Hampshire, USA, auf die Prinzipien eines neuen internationalen Währungssystems geeinigt. Die Sowjetunion hatte an den Vorbereitungen mitgewirkt, sich dann aber doch nicht entschließen können, den Abkommen und der Schlußakte der Konferenz zuzustimmen.

Zunächst war ein Internationaler Währungsfonds (IWF) gegründet worden, dessen Satzungen zugleich Regeln für das Wechselkurssystem und die Konvertibilität (Umtauschbarkeit) der Währungen enthielten. Der IWF sollte bei vorübergehenden Zahlungsbilanzdefiziten einzelner Länder aus dem laufenden Verkehr diesen mit Fremdwährungskrediten helfen. Alle Mitgliedsländer leisteten deshalb Einzahlungen in den Fonds, und zwar 10–25% in Gold, 25–40% in eigenen nationalen Zahlungsmitteln und 50% in Schuldverschreibungen.

Für die Währungsparitäten galt die Verpflichtung der Mitgliedsstaaten, ihre Währungen entweder als Gegenwert einer bestimmten Menge Gold oder in US-Dollars zu definieren. Nur für den Dollar blieb es bei der seit dem 31. Januar 1934 festgelegten Parität von »15 5/21 grains of gold 9/10 fine«, was US-$ 35,– für die Feinunze Gold bedeutete. In der Praxis hieß das: Golddeckung für den Dollar und indirekte Golddeckung durch das Medium Dollar für die übrigen Währungen.

Die Mitgliedsstaaten durften die Höchst- und Tiefstkurse ihrer Währungen auf dem Devisenmarkt nicht mehr als höchstens 1% von der Parität abweichen lassen. Stieg der Kurs bis zur erlaubten Grenze, mußte die betreffende Notenbank US-Dollars oder andere fremde Währungen ankaufen, fiel er, so war sie gezwungen, die zu reichlich angebotene eigene Währung aufzunehmen und mit Gold, US-Dollar oder anderen Devisen zu bezahlen. Die Einprozentgrenze galt für das Verhältnis zum Dollar; untereinander konnten die Währungen bis zu 2% von der rechnerischen Parität abweichen. Die Relationen zwischen britischem Pfund und französischem Franken oder zwischen holländischem Gulden und Schwedenkrone konnten sich deshalb innerhalb einer Gesamtspanne von maximal 4% bewegen.

Die USA hatten sich nur um den Kurs ihrer Währung im Verhältnis zum Gold zu kümmern. Für sie waren insofern die anderen Währungen ohne Belang. Ihre Verpflichtung bestand darin, den Goldpreis durch Käufe und Verkäufe in dem Edelmetall auf US-$ 35,– pro Feinunze +/– 1% zu halten. Dadurch blieben sie die Goldschatzkammer der Welt, und es erübrigte sich für die anderen Länder, eigene große Goldbestände aufzubauen.

Das Bretton-Woods-System ging von grundsätzlich stabilen und unveränderlichen Paritäten aus. Man war sich darüber klar, *»daß die Wechselkurspolitik eines Landes auch das Wohl-*

*ergehen der anderen Länder betrifft«*[17] und hatte mit den geschlossenen Verträgen der wechselseitigen Abwerterei ein Ende bereiten wollen. Außerdem hoffte man, daß feste Wechselkurse einen disziplinierenden Einfluß auf die Politiker ausüben und sie an allzu großzügigem Umgang mit dem Geld ihrer Wähler – zum Schaden nicht nur des eigenen Landes, sondern auch der Welt – hindern würden.

Andererseits sollte bei sich ergebenden fundamentalen Ungleichgewichten die Möglichkeit zu Anpassungen bestehen. Diese sollten aber nicht einseitig von dem betreffenden Land dekretiert werden, sondern nur nach Konsultation des IWF, bei größeren Änderungen sogar nur mit dessen Zustimmung vorgenommen werden dürfen.

Man war sich darüber klar, daß nach Kriegsende die hauptbeteiligten Länder Schwierigkeiten haben würden, die für sie angemessenen Paritäten ihrer Währungen zu finden. Diesen gestand man deshalb vorläufige Paritäten mit dem Vorbehalt späterer Änderung zu. In diesem Sinne fand im September 1949 eine Generalanpassung statt, bei der man das britische Pfund um 30,5% abwertete und die Paritäten von 26 weiteren Ländern neu festgesetzt wurden. Auch die Bundesrepublik Deutschland nahm bei dieser Gelegenheit eine Neubewertung der Deutschen Mark vor und setzte deren Parität 20,6% niedriger als nach der Währungsreform auf DM 4,20 für den US-$ fest.

Mit dem Abkommen von Bretton Woods wurde zum ersten Mal in der Weltgeschichte der Versuch unternommen, zwischen gleichberechtigten Ländern aus aller Welt ein System von Spielregeln zur Handhabung ihrer Währungen zu vereinbaren und schriftlich zu fixieren. Beim Goldautomatismus hatte es sich um Usancen gehandelt, die aus dem Goldstandard zwangsläufig folgten und deshalb keiner schriftlichen Niederlegung bedurften. In den 30er Jahren war dann das währungspolitische Chaos ausgebrochen, bei dem jede Nation einseitig nur ihre eigenen Vorteile verfolgt, aber nicht gewonnen hatte. Jetzt ging es darum, das Geldwesen gemeinsam zum allseitigen Nut-

---

[17] Jahresbericht des IWF 1949, S. 21.

zen zu manipulieren. Welch eine Herausforderung für die Völker der Welt! Würden ihre politischen Führer sich der gemeinsamen Verantwortung gewachsen zeigen, nationale Egoismen zurückstellen und sich durch die Vertragsregeln an allzu großzügiger Ausgabenwirtschaft hindern lassen? Wenn das der Fall sein sollte, standen sie an der Schwelle eines neuen, durch Vernunft und Kooperationsbereitschaft gekennzeichneten Zeitalters.

Leider war dem Vertragswerk von Bretton Woods keine lange Dauer beschieden. Seine Aufweichung fing damit an, daß die Mehrheit der angeschlossenen Länder über ihre Kreditfazilitäten beim Internationalen Währungsfonds hinaus mehr und immer mehr internationale Liquidität zur Finanzierung ihrer inflationären Politik verlangte. Diesen Wünschen wurde durch großzügige Gratiszuteilungen von sog. »Sonderziehungsrechten« (special drawing rights = SDRs) entsprochen, für die Jacques Rueff den treffenden Ausdruck »Bewässerungsprojekte während der Sintflut« geprägt hat.[18] Darüber hinaus aber trat eine Entwicklung ein, die 1944 noch unvorstellbar gewesen war: Ausgerechnet der US-$, die Währung des reichsten Landes der Welt, verschlechterte sich so rapide, daß die USA die Goldeinlösungspflicht für den Dollar nicht aufrechterhalten konnten.

Am 15. August 1971 erklärte der amerikanische Präsident Richard Nixon die Verpflichtungen der USA aus den Verträgen für nicht mehr existent. Nie wieder, so Nixon, solle der Dollar zum Spielball der internationalen Spekulation werden. Daß nicht die Spekulation, sondern amerikanische Präsidenten den Dollar heruntergewirtschaftet hatten, vergaß er zu erwähnen.

Jetzt erst wurde der entscheidende Schwachpunkt des Systems von Bretton Woods aller Welt offenkundig. Die USA betrachteten den Dollar als ihr eigenes Geld, mit dem sie tun und lassen konnten, was sie wollten. Die übrigen Vertragspartner aber hatten in ihm die auf Gold lautende Deckung ihrer jeweiligen Währungen gesehen, und es war ihnen durchaus nicht

---

[18] Rueff, J., Die Währungssünden der Westlichen Welt, Frankfurt 1972, S. 148.

gleichgültig, was damit passierte. Tatsächlich hatten sie ungewollt die großzügige Auslandshilfe der USA, den privaten Aufkauf und Ausbau von Fabriken, Bergwerken und Erdölförderanlagen in aller Welt und schließlich auch noch den unseligen Vietnamkrieg durch die Entwertung ihrer Währungsreserven mitfinanziert. Wie groß diese Entwertung war, zeigte der Anstieg des freien Goldpreises von ursprünglich US-$ 35,– über US-$ 60,– Ende 1972 auf US-$ 120,– Mitte 1973.

Zwei Abwertungen des (nicht mehr in Gold konvertiblen) Dollars auf eine Parität von US-$ 42,22 pro Feinunze Gold und etliche Aufwertungen der DM und anderer starker Währungen genügten unter diesen Umständen nicht, die amerikanischen Währungsprobleme zu lösen. Wollte man die Freizügigkeit des internationalen Geld- und Kapitalverkehrs erhalten, so blieb nichts anderes übrig, als den Dollar »floaten« zu lassen, d. h., seine Kurse im Verhältnis zu den anderen Währungen einem einigermaßen freien, wenn auch von den Notenbanken beeinflußten Spiel der Marktkräfte zu überlassen. Seit 1973 gehört daher der wie ein Jojo auf- und absteigende Dollarkurs zu den nicht kalkulierbaren Risiken des Wirtschaftslebens.

Eine im September 1973 nach Nairobi einberufene Weltwährungskonferenz zeigte die Unmöglichkeit, zu einem System stabiler Wechselkurse zurückzufinden. Der Versuch, sich weltweit freiwillig den Spielregeln einer gemeinsam erarbeiteten Währungsordnung zu unterwerfen, war vorerst endgültig gescheitert.

# Fünftes Kapitel
# Elektronisches Geld

## *Immer mehr Geld*

*»Die Gedanken der Ökonomen und Staatsphilosophen (sind), sowohl wenn sie im Recht, als wenn sie im Unrecht sind, einflußreicher, als gemeinhin angenommen wird. ... Ich bin überzeugt, daß die Macht erworbener Rechte im Vergleich zum allmählichen Durchdringen von Ideen stark übertrieben wird. Diese wirken zwar nicht immer sofort, sondern nach einem gewissen Zeitraum; denn im Bereich der Wirtschaftslehre und der Staatsphilosophie gibt es nicht viele, die nach ihrem fünfundzwanzigsten oder dreißigsten Jahr durch neue Theorien beeinflußt werden, so daß die Ideen, die Staatsbeamte und Politiker und selbst Agitatoren auf die laufenden Ereignisse anwenden, wahrscheinlich nicht die neuesten sind. Aber früher oder später sind es die Ideen, und nicht erworbene Rechte, von denen die Gefahr kommt, sei es zum Guten oder zum Bösen.«*

Diese Schlußworte aus Keynes' »Allgemeiner Theorie der Beschäftigung, des Zinses und des Geldes« sollten sich besonders in bezug auf seine eigenen Gedanken bestätigen. Bis etwa 1980 übten seine Anhänger und deren akademische Schüler einen ungewöhnlich starken Einfluß »zum Guten oder zum Bösen« auf die Wirtschafts- und Finanzpolitik zahlreicher Länder aus. In erster Linie galt das für Großbritannien. Hier wurde nach dem Kriege erstmals der konsequente Versuch unternommen, einen »Wohlfahrtsstaat« mit Vollbeschäftigung einzurichten und so, wie Keynes es vorgeschlagen hatte, finanziell abzusichern.

»Sozialismus in Freiheit« war die Devise. Alle würden besser leben, jeder nach seinen Fähigkeiten zum allgemeinen Wohlstand beitragen und staatliche Planung würde sicherstellen, daß jeder nach seinen Bedürfnissen versorgt würde.

Das Experiment ist gescheitert. Das Keynessche Gedankenmodell mochte mathematisch stimmen; nur verhielten sich die Menschen nicht so, wie die Theorie es von ihnen erwartet hatte. Die Verstaatlichung der Grundstoffindustrien ließ die Arbeitsbedingungen nicht besser, wohl aber die Arbeit ineffektiver werden. Die Beschäftigungsgarantie lähmte Leistungswillen und Innovationsbereitschaft. Der staatlichen Planung fehlte die notwendige Flexibilität. Daher gelang es ihr nicht, eine angemessene Versorgung der Bevölkerung sicherzustellen.

Alle staatlichen Wohltaten gingen letztlich zu Lasten des allgemeinen Lebensstandards. Die Preise stiegen wegen der überreichlichen Geldversorgung um ein Mehrfaches schneller als in der Bundesrepublik. Immer wieder mußte das Pfund abgewertet werden. Dadurch verteuerten sich die Importwaren und erhielten schließlich den Charakter von Luxusartikeln. Schließlich drohte Großbritannnien gar zum Armenhaus Europas zu werden.

Zehn Jahre nach dem endgültigen Abbruch des Experiments wetteifert die einst führende Wirtschaftsmacht der alten Welt mit Italien um den 13. Platz in der europäischen Rangfolge hinsichtlich des Bruttosozialprodukts pro Kopf der Bevölkerung. Die so hoffnungsvoll zur Reform ihrer Gesellschaft angetretenen Briten machten die bittere Erfahrung, daß die Wohlfahrt einer Nation von der Leistung der Bevölkerung und ihrer Wirtschaft und nicht vom Volumen der staatlichen Ausgaben abhängt.

So wie in England der freiheitliche Sozialismus, wurden in der Bundesrepublik Deutschland Marktwirtschaft und gutes Geld einem Test durch die harte Wirklichkeit unterworfen. Die erste Bewährungsprobe kam mit dem Ausbruch des Koreakonfliktes im Juni 1950 noch zu früh. Wiederaufbau und Reorganisation der westdeutschen Wirtschaft hatten gerade erst begonnen, und es gab weder Vorrats- noch Produktionsreserven, als die Bevölkerung aus Sorge vor einer Ausweitung des Krieges auf Europa die Läden stürmte und hamsterte, was immer sie im letzten Krieg entbehrt hatte. Auch das Ausland legte Vorräte an, was die Rohstoffpreise auf dem Weltmarkt geradezu explosionsartig steigen ließ. Hinzu kamen die Auswirkungen unmittelbar vorhergegangener konjunkturfördernder Maßnahmen, wie Steuerrückzahlungen und niedrige Zinsen. Alles zusammen ließ die westdeutschen Preise und Löhne innerhalb eines Jahres um mehr als 20% in die Höhe schnellen.

Im Bundestag triumphierte die Opposition, welche die Aufhebung der Bewirtschaftung und des Bezugsscheinwesens von vorneherein für verfehlt gehalten hatte. Selbst im Kreis der Bundesregierung gab es herbe Vorwürfe für den »Vater der sozialen Marktwirtschaft«, Ludwig Erhard (1897 – 1977). Erhard aber war überzeugt, daß in Friedenszeiten auf die Dauer der Marktmechanismus immer zu einer besseren Versorgung der Bevölkerung führen muß als jede staatliche Zuteilung von Waren. Er hielt gutes Geld für eine bessere und einem freiheitlichen Gemeinwesen angemessenere Währung als die gerade erst abgeschafften Bezugsscheine. Als Bundeswirtschaftsminister beharrte er auf seiner Meinung und verhinderte so einen Rückfall in die allgemeine Zuteilungsmentalität.

Es gelang tatsächlich, den Preisauftrieb zu dämpfen und ihn teilweise sogar wieder rückgängig zu machen. Dazu half neben ungewöhnlich harten und einschneidenden Maßnahmen der Notenbank eine sparsame Haushaltspolitik des Finanzministeriums mit jahrelanger Stillegung eines Teils der eingenommenen Steuern. Das auf diese Weise zustande gekommene staatliche Finanzpolster hat uns einige Jahre später um eine wertvolle Erfahrung bereichert.

Geld macht sinnlich! Auf diese kurze Formel brachte der Bankier Fürstenberg die Erfahrung, daß die wenigsten Menschen und noch viel weniger politische Gruppierungen es fertigbringen, längere Zeit größere Barmittel verfügbar zu haben, ohne sie auszugeben. Als die Bundestagswahl von 1957 herannahte, konnten die Abgeordneten der Versuchung nicht widerstehen, den sog. »Juliusturm« stimmenwirksam auszugeben, obwohl der inzwischen längst zur Finanzierung anderer staatlicher Ausgaben vorgesehen war. Aber trotz dieser Tatsache und trotz der durch den Koreakrieg ausgelösten Turbulenzen stieg der Preisindex der Lebenshaltungskosten in dem ganzen Jahrzehnt von 1950 bis 1960 nur um insgesamt 20%, während er sich in Großbritannien um 50% und in Frankreich sogar um

70% erhöhte. Im gleichen Zeitraum verdoppelte sich – in konstanten Preisen gerechnet – das westdeutsche Sozialprodukt.

Es war die Zeit des sog. »Wirtschaftswunders«. Sie war gekennzeichnet durch den Wiederaufbau der Produktionsanlagen, eine starke Vermehrung der Beschäftigtenzahl durch den Flüchtlingsstrom aus dem Osten und fehlende Belastung durch Rüstungsausgaben. Diese drei Faktoren ermöglichten durch ihr Zusammentreffen wirtschaftliche Zuwachsquoten, wie sie sonst für Industrienationen nahezu unerreichbar sind.

Auch das folgende Jahrzehnt brachte eine relativ stetige Entwicklung und Erhöhung des Volkswohlstands bei mäßigen, aber schon erhöhten Preissteigerungsraten. 1966 gab es eine milde Rezession. Außerdem brach das zweite Kabinett Erhard auseinander. Dadurch wurde der Weg frei für ein neues Experiment: die Kombination der Keynesschen Lehre mit der in der Bundesrepublik Deutschland bereits fest etablierten sozialen Marktwirtschaft. Diese Politik wurde von einer breiten Öffentlichkeit und der großen Mehrheit aller Wähler wenn schon nicht begriffen, so doch gewollt und mitgetragen.

»Stabilität« hieß das gemeinsame Ziel. Das sog. Stabilitätsgesetz vom 8. Juni 1967 sah staatliche Planung und Interventionen vor, welche *»im Rahmen der marktwirtschaftlichen Ordnung gleichzeitig zur Stabilität des Preisniveaus, zu einem hohen Beschäftigungsstand und außenwirtschaftlichem Gleichgewicht bei stetigem und angemessenem Wirtschaftswachstum beitragen«* sollten (§ 1).

Schon die Ziele des Gesetzes waren in sich widersprüchlich. Marktwirtschaftliche Ordnung bedeutet basisdemokratische Entscheidungen der Verbraucher über Art und Umfang der Produktion. Wird nämlich die Nachfrage zu groß, steigen die Preise und rufen neue Produzenten auf den Plan, die ein zusätzliches Angebot an den Markt bringen. Finden dagegen die Verbraucher keinen Gefallen an den angebotenen Waren, so kaufen sie sie nicht. Staatliche Planung und Interventionen setzen sich zwangsläufig über die basisdemokratischen Kaufentscheidungen hinweg und ersetzen sie durch die Vorstellungen irgendwelcher Bürokraten oder bestenfalls einzelner Wählergruppen, deren Repräsentanten gerade an der politischen

Macht teilhaben. Preisstabilität, hoher Beschäftigungsstand und außenwirtschaftliches Gleichgewicht schlossen sich bei den gegebenen Weltwährungsverhältnissen gegenseitig aus, und Interventionen verhindern allzu leicht ein stetiges Wirtschaftswachstum, wenn sie gegen die Marktentwicklung gerichtet sind.

Tatsächlich war es mit der wirtschaftlichen Stabilität vorbei, sobald das Stabilitätsgesetz verabschiedet war. Preise und Löhne stiegen schneller als zuvor. Die Zahl der Arbeitslosen kletterte nach einer ausgesprochenen Überbeschäftigung in 1969/70 von 150000 bis auf 2,3 Millionen in 1985. Zu diesem Zeitpunkt aber waren Bund und Länder bereits so hoch verschuldet, daß die Zinsen für die aufgenommenen Kredite keinen weiteren Spielraum mehr für konjunkturfördernde staatliche Investitionen übrig ließen. An ein außenwirtschaftliches Gleichgewicht war bei den unterschiedlichen Inflationsraten in Europa und angesichts des amerikanischen Währungsdebakels überhaupt nicht zu denken. Zu einem angemessenen und stetigen Wachstum aber konnte es u. a. auch deshalb nicht kommen, weil immer wieder mit riesigen staatlichen Subventionen veraltete und unter normalen Bedingungen nicht mehr lebensfähige Produktionen und Industrien künstlich aufrechterhalten und so an einer Umstellung auf moderne Verfahren und Produkte gehindert wurden. Die Fehlleitung von Kapital als Folge unangebrachter Steuervergünstigungen und Subventionen bildet ein trauriges Kapitel in der westdeutschen Wirtschaftsgeschichte der Nachkriegszeit.

Trotz der genannten negativen Erscheinungen stiegen die Preise in der Bundesrepublik Deutschland weniger schnell als in ihren Nachbarländern, jedoch bis zum Zusammenbruch des Bretton-Woods-Systems etwa im Gleichklang mit den USA. Daran wird deutlich, daß es den Vereinigten Staaten dank der Reservefunktion des Dollar für die übrigen Währungen gelungen war, ihre eigene Inflation zu exportieren und auf die ganze Welt zu verteilen.

Es war wie bei der großen spanischen Silberinflation des 16. und 17. Jahrhunderts. Ein einziges Land entwertete mit dem überreichlich vermehrten eigenen Geld zugleich die Zahlungsmittel der anderen Nationen und trieb dadurch in aller Welt die Preise hoch. Durch seine Importe vernichtete es heimische Arbeitsplätze, trug aber zum Aufbau neuer Industrien in anderen Ländern bei.

Ohne umfangreiche Importe hätten die Amerikaner ihren Lebensstandard nicht halten können; wegen der Importe aber entstand ein wachsender Groll auf die erfolgreichen Ausländer, denen man – manchmal zu Recht und oft zu Unrecht – unfaire Handelspraktiken vorwarf. Vermutlich haben die Spanier seinerzeit ähnliche Vorwürfe an die Adresse der Briten, Franzosen und Niederländer gerichtet. Jedenfalls hatten ihre kriegerischen Auseinandersetzungen durchaus auch eine wirtschaftliche Komponente.

Wir haben gesehen, daß die Aufhebung der Goldeinlösungspflicht für den US-Dollar den Goldpreis kräftig in die Höhe schnellen ließ. Im Sommer 1973 erreichte er das 3½fache, im Winter 1974/75 das 5fache und 1980 sogar das 20fache seines ursprünglichen Dollarwertes. Für die erdölproduzierenden Länder, zumal des Nahen Ostens, für die Gold der eigentliche Wertmaßstab war, schien bereits der erste Preisschub gleichbedeutend mit einer Minderung ihrer Einnahmen auf einen Bruchteil der ursprünglichen Erlöse zu sein, und sie sannen deshalb auf Abhilfe. Schon 1973 war der Unterschied zwischen den in Dollar oder in Gold ausgedrückten Erdölerlösen so groß, daß trotz aller Schwierigkeiten und Interessenunterschiede eine Einigung der Produzenten zu Lasten der Verbraucher zustande kam.

Im September 1973 erhöhte die OPEC (Organization of Petrol Exporting Countries) den Referenzpreis für Erdöl um 70% und im Dezember noch einmal um 130%. Die Auseinandersetzungen mit Israel lieferten dann den Moslems der arabischen Länder zusätzlich noch eine ideologische Basis ihrer Einigkeit. 1974 versuchten sie, Nordamerika und Westeuropa politisch mit einem Erdölboykott zu erpressen. Das brachte weitere Unruhe und Unsicherheit in das Preisgefüge.

1975, 1977, 1979 und 1980 fanden weitere Ölpreiserhöhungen statt. Das marktwirtschaftliche System der westlichen Industrieländer sah sich dadurch vor eine unerhörte Herausforderung gestellt. Die niedrigen Preise der Vergangenheit hatten bei stark steigenden Löhnen im Kohlenbergbau die Umstellung von Kohle auf Öl sowohl in der Industrie als auch bei den privaten Haushalten gefördert und beschleunigt. Jetzt konnte man auf das Öl nicht mehr verzichten. Eine Rationierung schien ebenso unvermeidlich wie Fahrverbote für die Autofahrer.

Die Meisterung der Krise war beinahe ein Wunder, aber sie gelang. Natürlich gab es starke Turbulenzen und Friktionen. Die konnten bei einer so starken und plötzlichen Veränderung des weltwirtschaftlichen Umfelds nicht ausbleiben. Immerhin gehörte eine ausreichende Energieversorgung zu den wichtigsten Voraussetzungen für jede wirtschaftliche Leistung. Weithin galt der Energieverbrauch pro Kopf der Bevölkerung sogar als Maßstab für den Wohlstand einer Nation.

Die Verteuerung eines unentbehrlichen Energieträgers und petrochemischen Rohstoffs mußte sich bei den Preisen fast aller Industrieprodukte bemerkbar machen und insofern zu einer Senkung des Lebensstandards führen. Darüberhinaus verschlechterten sich die Zahlungsbilanzen vieler ölimportierender Länder in besorgniserregender Weise und zwangen diese selbst bei vorliegender Unterbeschäftigung noch zu einer Drosselung der heimischen Konjunktur.

Die meisten Länder der Welt erlebten einen rapiden Schwund ihrer Währungsreserven, während sich bei einigen wenigen der Reichtum schneller anhäufte, als er ausgegeben werden konnte. Dort kam es dann zu maßloser Verschwendung.

Wenn man mehrmals mit einem Hammer auf eine empfindliche Waage schlägt, dauert es eine ganze Weile, bis sich wieder ein neuer Balancezustand – möglicherweise bei verbogenem Zeiger und zerbrochener Waagschale – einstellt. So ähnlich verhielt es sich auch mit dem Gleichgewicht der weltwirtschaftlichen Zahlungsströme.

Die ungebremste Profitsucht einiger Förderländer, zumal auch solcher, die dem Prinzip der Marktwirtschaft sonst eher kritisch gegenüberstanden, ließ sie den Bogen überspannen. Hatten die Preiserhöhungen von 1973 noch nicht ausgereicht, um überall Einsparungen an Energie auszulösen, so taten es die späteren Preisschübe umso mehr. Mit jedem Dollar, um den das Öl teurer wurde, lohnte sich sparsamer Energieverbrauch mehr. Zugleich wurde es rentabler, eigene Energiereserven zu erschließen. Erdgas und Erdöl aus Nordseefeldern, Kohle aus stillgelegten kanadischen Bergwerken, Kernenergie, teures Öl aus Polarregionen und aus den Athabascasänden machten plötzlich dem OPEC-Öl Konkurrenz. Hinzu kamen neue Techniken, die eine bessere Ausbeute aus den vorhandenen Lagerstätten ermöglichten. Infolgedessen fiel der Ölpreis wieder bis auf ein Niveau, auf dem sich weitere Energiesparmaßnahmen kaum noch lohnten. So sorgte der Marktmechanismus von Angebot und Nachfrage schließlich wieder für einigermaßen normale Verhältnisse.

Allerdings verging geraume Zeit, bis sich die Anpassungsmaßnahmen auswirken konnten. Auch waren die inzwischen eingetretenen Schäden nicht wieder rückgängig zu machen. Für die Bundesrepublik und für viele andere Industrieländer bestanden diese in stark gestiegenen Produktionskosten, Löhnen und Preisen und infolgedessen hoher Arbeitslosigkeit sowie aus einer sehr hohen Staatsverschuldung. Weil indessen ein nicht geringer Teil dieser Erscheinungen hausgemacht und Folge keynesianistischer Politik war, ist es nicht möglich, den Ölpreissteigerungen eindeutig bestimmte prozentuale Veränderungen zuzuschreiben.

Schlimm waren die Folgen für die meisten der Entwicklungsländer. Die starken Preissteigerungen der Produkte, die sie aus den Industrieländern bezogen, hatten ohnehin ihre Zahlungsbilanzen aus dem Gleichgewicht gebracht. Jetzt waren sie darauf angewiesen, sich noch mehr als bisher zu verschulden, um ihre Ölimporte bezahlen zu können. Geld stand reichlich zur Verfügung. Die ölfördernden Länder konnten den wolkenbruchartigen Goldregen, der seit der Mitte der 70er Jahre auf sie herniederging, ohnehin nur zum kleinsten Teil für eigene Zwecke nutzen. Deshalb blieben sie darauf angewiesen, internationalen Großbanken große Summen zur Anlage zu überlassen. Diese leiteten einen beträchtlichen Teil davon als Darlehen an notleidende Länder in aller Welt, die ihre lebensnotwendigen Importe sonst nicht hätten aufrechterhalten können, weiter. Dabei führte der reichliche Geldüberschuß in der Welt dazu, der Überschuldung der Empfängerländer, die eine Rückzahlung der Darlehen sehr unwahrscheinlich machen mußte, nur wenig Beachtung zu schenken.

Aufmerksamen Beobachtern fiel schon bald auf, daß es in dieser Beziehung eine fatale Ähnlichkeit mit den in den 20er Jahren nach Deutschland vergebenen Auslandskrediten gab. Auch damals war nicht zu erkennen gewesen, wie diese Darlehen jemals zurückgezahlt werden sollten. Die Konkurrenz der internationalen Banken untereinander und der immer reichlicher fließende Nachschub an Dollars hatten aber zur Folge, daß jede Bank glaubte, sich wie alle anderen großen Banken verhalten zu können.

Unabhängig von dem speziellen Fall der Ölpreiserhöhung ging die Dollarvermehrung in der Welt weiter. Sie wurde gespeist

- aus Defiziten des amerikanischen Staatshaushalts und großzügiger Liquiditätspolitik des Federal Reserve System,
- aus Giralgeldschöpfung von Dollars innerhalb und außerhalb der USA, nicht zuletzt auch am sog. Eurodollarmarkt,
- aus Stützungskrediten der Notenbanken untereinander
- und durch die Gepflogenheit etlicher Notenbanken, einen Teil ihrer Währungsreserven verzinslich in Dollarpapieren anzulegen.

Es gehört zu den Absurditäten der Welt, in der wir leben, daß alle Notenbanken ein reichhaltiges Instrumentarium zur Hand haben, um die Giralgeldschöpfung der Kreditinstitute zu beschränken und zu steuern, selbst aber ungebremst Geldschöpfung betreiben, ja sich sogar untereinander auf »Wechselreiterei« einlassen dürfen. Das Problem taucht überall dort auf, wo Devisen als Währungsdeckung zugelassen sind, und es galt schon zur Zeit des Bretton-Woods-Abkommens unter Fachleuten als ein unvermeidliches Übel.[1] Zur internationalen Katastrophe aber wurde es, als aus dem Gold-Devisen-Stan-

---

[1] Vgl. z. B. Heinrich Rittershausen, Die Zentralnotenbank, Frankfurt/M. 1962, S. 424 f. und 618.

dard der Nachkriegszeit faktisch ein reiner Devisenstandard mit beigemischten alten Goldbeständen geworden war. Jetzt schied nämlich das Gold als inflationsneutrale Anlage aus. Die Goldvorräte aus der Zeit vor 1971 stehen in etlichen Notenbankbilanzen mit ihren historischen Wertansätzen. Niemand ist bereit, zu diesen Preisen Gold abzugeben. Ebenso will aber auch keine Notenbank den etwa 10mal so hohen Weltmarktpreis dafür bezahlen. Infolgedessen gibt es keine Anlagealternative für die Währungsreserven mehr, die das Geldvolumen der Welt nicht aufblähen würde.

Aus gutem Grund ist die Kreditgewährung der Bundesbank an den Bund und an die Länder eng begrenzt. Wenn aber solche Beschränkungen überhaupt einen Sinn haben sollen, dann müssen sie in unserer arbeitsteiligen Welt mit ihren offenen Grenzen für Kredite an alle Staaten, nicht nur den eigenen, gelten. Früher oder später wird sonst der Notenbank, die einen Teil ihrer Währungsreserven zinsbringend im Ausland angelegt hat, die ausgeliehene Fremdwährung ein zweites und ein drittes Mal zum Ankauf angedient werden.

Die Möglichkeit, mit Hilfe der Devisenreserven einen ansehnlichen Zinsgewinn erwirtschaften zu können, ist natürlich immer eine Verlockung. Gewinnmaximierung sollte aber für moderne Notenbanken, die nicht mehr dem Goldautomatismus unterworfen sind, ebensowenig wie etwa für die Polizei oder das Schulwesen ein Ziel sein, an dem sie den Inhalt ihrer Politik ausrichten. Anderenfalls könnten sie das von ihnen neu geschaffene Geld zweckmäßigerweise gleich in ihre Gewinn- und Verlustrechnungen einfließen lassen.

Es hat verschiedene Pläne gegeben, wieder zu einem edelmetallgebundenen Währungsstandard zurückzukehren, aber keinen, auf den sich die beteiligten Nationen hätten einigen können. So blieb das Problem der Neutralisierung der Währungsreserven ungelöst. Dazu mag beigetragen haben, daß unter dem Einfluß von Keynes die mehrfach erwähnte Quantitätstheorie des Geldes, selbst in ihrer modernisierten Form, ganz aus der Mode gekommen war. Auch ernst zu nehmende Autoren lehnten sie als antiquierten Aberglauben ab. Wenn aber die Geldmenge als eine unmaßgebliche Größe anzusehen war, dann bestand auch kein Anlaß, sich über die Vermehrung der internationalen Liquidität den Kopf zu zerbrechen.

Zum Glück sind auch wissenschaftliche Moden von Zeit zu Zeit einem Wechsel unterworfen. Bereits 1963 legten Milton Friedman und Anna Jacobson Schwartz eine sehr eingehende und reichlich mit statistischen Angaben gespickte Geldgeschichte der Vereinigten Staaten seit dem Ende des Sezessionskrieges vor.[2] In ihr wurde eindeutig nachgewiesen, daß sich über einen Zeitraum von mehr als 90 Jahren die Großhandelspreise in den USA gerade so bewegt hatten, wie es nach der Quantitätstheorie die jeweilige Geldmenge und Geldumlaufgeschwindigkeit erwarten ließen. Nolens volens mußten die »Monetaristen« wieder ernst genommen werden.

Dem Keynes-Zitat am Anfang dieses Kapitels entsprechend dauerte es eine ganze Weile, bis die neuen Erkenntnisse sich bis zu den Politikern und Beamten herumgesprochen hatten. Noch mehr Zeit sollte vergehen, bis sie deren Handlungen beeinflußten. Erst seit der Mitte der 70er Jahre setzte sich allmählich eine monetaristische Betrachtungsweise in der Kreditpolitik durch. Seitdem sehen Notenbankgouverneure, Wirtschaftsjournalisten und Börsengurus auf unterschiedlich definierte Geldmengenziffern – trotz einer gewissen Willkür bei deren Abgrenzung – wie das sprichwörtliche Kaninchen auf die Schlange.

Gegen Ende des Jahrzehnts begann man, energischer als bisher gegen die immer bedrohlicher werdende Weltinflation vorzugehen. Das hatte allerdings eine gefährliche Nebenwirkung. Steigende Zinsen trieben die allzu hoch verschuldeten Länder der Dritten Welt und Osteuropas in die Zahlungsunfähigkeit. 1982 schlug die Stunde der Wahrheit. Es stellte sich heraus, daß etliche Länder nur dann in der Lage sein würden, die vereinbarten Zinsen und Tilgungen aufzubringen, wenn die Gläubiger ihnen die dazu erforderlichen Mittel als zusätzliche Darlehen gewähren würden. Ob und wann diese neuen Kredite angemessen verzinst und zurückgezahlt werden könnten, blieb allerdings fraglich.

---

[2] Milton Friedman and Anna Jacobson Schwartz, A Monetary History of the United States 1867–1960, Princeton 1963.

*Definitionen der Geldmenge*

**Man unterscheidet zwischen Geldbeständen, die unmittelbare Kaufkraft darstellen ($M_1$) und breiter definierten Geldmengen, die zwar auch Geldguthaben, aber nicht direkt Zahlungsmittel sind (es aber noch werden können). Für kreditpolitische Zielsetzungen hält man sich meist an die weiter abgegrenzten Mengen $M_2$ und $M_3$.**

**$M_1$ = Bargeldumlauf (ohne Kassenbestände der Kreditinstitute) + Sichteinlagen inländischer Nichtbanken ohne Sichteinlagen öffentlicher Haushalte bei der Bundesbank**

**$M_2$ = $M_1$ + Termineinlagen inländischer Nichtbanken mit einer Laufzeit unter 4 Jahren.**

**$M_3$ = $M_2$ + Spareinlagen mit gesetzlicher Kündigungsfrist.**

Wenn die Banken sich verhältnismäßig schnell dazu bereit fanden, »gutes Geld dem schlechten hinterherzuwerfen«, so deshalb, weil es für sie selbst eine Überlebensfrage war. Hätten nur einige der zahlungsunfähigen Länder ihre Zahlungen tatsächlich eingestellt, wären gleich mehrere der größten Banken der Welt gezwungen gewesen, ihre Schalter zu schließen. Schon wurden in großem Umfang Einlagen von einzelnen amerikanischen Großbanken abgezogen. Fünfzig Jahre zuvor war es unter ganz ähnlichen Umständen zur Katastrophe gekommen. Dieses Mal konnte sie dank der Kooperationsbereitschaft von Geschäftsbanken, Währungsbehörden und Politikern verhindert werden.

Grundsätzlich gab es drei verschiedene Optionen, den Schaden zu »sozialisieren«, d. h., ihn auf möglichst viele verschiedene Schultern zu verteilen:

1. Die Industrieländer konnten, sei es mit Steuergeldern, sei es mit Hilfe ihrer Notenbanken, die zahlungsunfähigen Länder sanieren. Dagegen sprach, daß nicht nur keine Steuergelder verfügbar waren, sondern auch wenig Neigung bestand, die zweifellos auch vorhandene Mißwirtschaft und Korruption in den Schuldnerländern zu begünstigen oder gar zu finanzieren.
2. Man ließ den Dingen ihren Lauf und sanierte von Staats wegen die betroffenen Banken, die auf diese Weise vorübergehend in Gemeineigentum übergangen wären. Auch hierzu hätten die Notenbanken Finanzierungshilfe geben müssen, die bei einem späteren Verkauf der Bankaktien an den Börsen zu tilgen gewesen wäre. Zu einem so spektakulären Schritt mochte man sich indes aus mancherlei Gründen nicht entschließen.
3. Banken und Staaten spekulierten auf Zeitgewinn und versuchten, im Verlauf eines längeren Zeitraums irgendwie mit den Problemen fertig zu werden. Das bedeutete, daß einmal die Bankkunden auf dem Umweg über erhöhte Bankgebühren und Zinsspannen, zweitens die Bevölkerung der Schuldnerländer durch Senkung ihres ohnehin niedrigen Lebensstandards und drittens die Exportindustrie durch langdau-

ernden Verlust von Aufträgen aus eben diesen Ländern die Zeche zu zahlen haben würden. Ferner mußten auch hier die Notenbanken mit Geldspritzen helfen, um die Refinanzierung der besonders betroffenen Banken zu erleichtern und diesen zusätzliche Geschäfte zum Ausgleich ihrer Verluste zu ermöglichen. Dieser Weg aus der Klemme war zwar nicht der billigste, aber jedenfalls der bequemste und politisch am ehesten durchsetzbare. Deshalb wurde ihm der Vorzug gegeben.

Die Notenbanken stellten reichlich Liquidität zur Verfügung. Die Kreditinstitute aber ließen ihre Kredite an Unternehmen und Privatpersonen deutlich weniger stark anwachsen als in den vorausgegangenen Jahren. Die überschießende Liquidität drängte zwangsläufig an die Wertpapierbörsen und entfesselte eine langdauernde Superhausse an den Aktienmärkten. Anders als im Verlauf normaler Konjunkturzyklen bewirkten die Kurssteigerungen, obwohl sie weit stärker und anhaltender waren als sonst, keine Belebung der allgemeinen wirtschaftlichen Tätigkeit. Stattdessen ließ der Nachfrageausfall aus den Schuldnerländern im Verein mit Problemen der nordamerikanischen Landwirtschaft, sinkenden Erdölpreisen und anderen Faktoren Teile der Industriekapazitäten unausgenutzt. Die Arbeitslosigkeit blieb daher hoch. Andererseits kam es aus dem gleichen Grunde trotz der starken Geldvermehrung noch nicht zu hektischen Preissteigerungen. Die Inflation wirkte sich einseitig nur an den Aktienbörsen aus.

Nach wenigen Jahren hatten die großen deutschen Banken ihre Forderungen an die überschuldeten Länder weitgehend wertberichtigt. Aus deutscher Sicht wäre es jetzt möglich gewesen, den Schuldnerländern einen nicht unbeträchtlichen Teil ihrer Verpflichtungen zu erlassen. Anders sah es für die nordamerikanischen Großbanken aus. Die amerikanische Gesetzgebung verbietet Teilwertabschreibungen auf Forderungen, solange Zins- und Tilgungsleistungen erfolgen. Bleiben diese aus, muß die Forderung in voller Höhe abgeschrieben werden. Um das zu vermeiden, waren die Amerikaner immer wieder bereit, ihren Schuldnern neues Geld für die Bedienung der Altschulden zu leihen. Daneben wurden durch koordinierte Bemühungen der Gläubiger die Laufzeiten mancher Altschulden verlängert und die darauf zu zahlenden Zinsen ermäßigt. Außerdem gelang es den amerikanischen Großbanken im Laufe der Jahre, durch gegenseitigen Darlehenstausch und -verkauf die einzelnen Länderrisiken so weit zu verteilen, daß eine Zahlungseinstellung ihre Existenz nicht mehr bedrohen konnte. Der Ende 1989 ermordete Vorstandsvorsitzende der Deutschen Bank, Alfred Herrhausen, hatte deshalb gute Gründe, als er energisch für einen gestaffelten Schuldenerlaß eintrat. In die gleiche Richtung zielte die amerikanische Brady-Initiative zugunsten einzelner Länder, die schließlich einen allgemeinen – wenn auch langsamen – Sanierungsprozeß in Gang gesetzt hat. Die Zeit ist reif, den Tatsachen ins Auge zu sehen und die internationalen Finanzbeziehungen im allseitigen Interesse zu bereinigen.

Zu einer solchen Bereinigung gehört auch die Rückführung der angeschwollenen internationalen Liquidität. Ein Versuch in dieser Richtung führte im November 1987 zu einem Börsenkrach, dessen Dimensionen an 1929 erinnerten, so wie schon vorher die exzessive Hausse an die Zustände von 1928/29 erinnert hatte. Um vergleichbaren Folgeerscheinungen vorzubeugen, blieb nichts anderes übrig, als dem Weltfinanzsystem schon wieder neue Liquiditätsspritzen zu verpassen. Infolgedessen ist es bis heute eine noch ungelöste Aufgabe, das übermäßig aufgeblähte Geldvolumen in der Welt allmählich und ohne schwere Folgeschäden zurückzuführen.

Wäre die Überschuldungskrise von 1982 nach dem Muster der Wirtschaftskrisen des 19. Jahrhunderts, d.h. ohne korrigierende Eingriffe von außen, verlaufen, so hätte im Ergebnis eine ähnliche Geldvernichtung wie 1931/32 stattgefunden. Millionen von Menschen hätten nicht nur ihre finanziellen Reserven, sondern auch ihren Arbeitsplatz verloren, und eine langdauernde Lähmung des Wirtschaftslebens wäre vermutlich die Folge gewesen. Der ursprüngliche Auslöser des weltwirtschaftlichen Ungleichgewichts aber, die Überliquidität der Industrieländer, hätte aufgehört zu existieren.

Niemand wird heute eine Massenarbeitslosigkeit heraufbeschwören wollen. Dennoch dürfen wir die Augen nicht davor verschließen, daß die inflationsgewöhnte Weltwirtschaft einem rauschgiftsüchtigen Patienten gleicht, der unter schweren Entzugserscheinungen leidet und dem man zur Linderung seiner Beschwerden immer wieder Spritzen gibt, teils, weil man ihn nicht leiden lassen möchte und teils, weil es ihm ohnehin an dem ernsthaften Willen fehlt, sich von seiner Sucht zu befreien.

Vier Jahrzehnte mit sehr reichlicher Geldvermehrung haben für die beteiligten Länder unterschiedliche Folgen hinterlassen, je nachdem, ob diese sich mehr oder weniger energisch gegen die Inflation zur Wehr gesetzt hatten. In dem Zeitraum von 1950 bis 1990 erhöhten sich die Kosten der Lebenshaltung annäherungsweise

| | |
|---|---|
| in Westdeutschland | auf das 3,3fache, |
| in Frankreich | auf das 12fache, |
| in Großbritannien | auf das 15fache, |
| und in Italien | auf das 20fache. |

Von diesen vier Ländern hatte die Bundesrepublik Deutschland 1988 (dies ist das letzte Jahr, für das zum Zeitpunkt der Niederschrift ein internationaler Vergleich möglich war)

- mit großem Abstand die geringste Inflationsquote, aber die größte Steigerung des realen Bruttosozialprodukts seit 1950,
- das höchste Bruttosozialprodukt pro Kopf der Bevölkerung,
- die meiste Energieerzeugung,
- die höchste Einfuhr und die höchste Ausfuhr,
- die größten Währungsreserven,
- die höchsten Stundenverdienste der Arbeitnehmer,
- die höchste Entlohnung für nicht gearbeitete Urlaubs- und Feiertage,
- die höchsten Pro-Kopf-Ausgaben für Auslandsreisen,
- die größte Kfz-Dichte, bezogen auf die Einwohnerzahl,
- die meisten und am besten ausgestatteten Wohnungen,
- die wenigsten durch Streiks verlorenen Arbeitstage,
- die am konsequentesten durchgeführten Umweltschutzmaßnahmen und
- die wenigsten Arbeitslosen aufzuweisen.

Wie immer man auch über Kfz-Dichte und Energieverbrauch denken mag, deuten diese Tatsachen doch darauf hin, daß sich die sozialen Folgen eines stabilen Geldwertes als günstiger erweisen als noch so gut gemeinte staatliche Wirtschaftsförderungs- oder Sozialprogramme, soweit diese mit Geldvermehrung und Preissteigerungen verbunden sind.

Unsere Vermutung wird durch die Beobachtung bestätigt, daß in dem auf den Zusammenbruch des Bretton-Woods-Systems folgenden Zehnjahreszeitraum mit dem größten Anstieg des Bargeldumlaufs pro Kopf der Bevölkerung (+ 104%), der Industrielöhne (+ 96%) und der Preise (+ 67%) in der Bundesrepublik sich die Zahl der Arbeitslosen auf das 3,2fache vermehrte. Analoge Feststellungen ließen sich für die gleiche Zeit in unseren Nachbarländern treffen. Zwar wird man nicht behaupten können, die heimische Arbeitslosigkeit sei eine ausschließliche und direkte Folge der heimischen Geldvermehrung gewesen, wohl aber, daß die Teuerung wichtigste Ursache für den Anstieg der Arbeitslosigkeit in aller Welt war. Und solange vagabundierende Dollars in hohen Milliardenbeträgen wie riesige Tsunamiwellen rund um den Erdball laufen, können jederzeit wieder vergleichbare Störungen des weltwirtschaftlichen Gleichgewichts eintreten.

Es führt kein Weg daran vorbei: Irgendwann und irgendwie muß die Überliquidität aus der Welt geschafft werden. Wer die unfreiwillige Geldvernichtung durch Wirtschaftskrisen nicht will, muß eine freiwillige unter kontrollierten Bedingungen in die Wege leiten. Eine Möglichkeit dazu könnte eine internationale Währungsreform mit gleichzeitiger Entschuldung der Staaten sein. Wegen der damit verbundenen Opfer scheidet sie jedoch als politisch nicht durchsetzbar und wohl auch nicht wünschbar aus. Eine Alternative wäre als allmählicher, international abgestimmter Prozeß vorstellbar. Auch dabei würde es nicht ohne Schmerzen abgehen, denn die Maßlosigkeiten der Vergangenheit kosten nun einmal ihren Preis. Die Aussicht auf eine Drosselung des internationalen Wettrüstens läßt aber die Hoffnung keimen, daß eine solche Aktion schon in der näheren Zukunft erfolgreich begonnen werden könnte.

Kreditkonto des Käufers direkt vom **P**oint **o**f **S**ale, d.h. von der Ladenkasse aus durch elektronische Übertragung belastet.

Eine neue Form von Bargeld für spezielle Verwendungsformen, wie öffentliche Fernsprecher, Fahrkartenautomaten, Frankiermaschinen und dergleichen sind die elektromagnetisch aufladbaren »prepaid cards« (vorausbezahlte Karten). Bei ihnen wie auch bei den POS-Zahlungen wird der entscheidende Wandel der materiellen Seite des Geldes deutlich: Man zahlt nicht mehr mit Kaurimuscheln, hübschen Sklavinnen, Edelmetallen oder anderen begehrenswerten Gütern und auch nicht mit fiktiven oder tatsächlichen Ansprüchen darauf. Der moderne Mensch zahlt mit Impulsen elektrischer Energie. Dementsprechend ist heute ein Bankguthaben ein Ladungszustand auf einem elektronischen Datenträger und schon längst nicht mehr ein handgeschriebenes Anrecht auf einen im Keller der Bank verwahrten Sack mit Silbermünzen.

So schließt sich überraschend der Kreis der Geldgeschichte. Jede Art von Energie ist ein Teil des ursprünglichen kosmischen oder göttlichen Kraftpotentials, dem wir und unsere Umgebung letztendlich unsere Existenz verdanken. Als aber sumerische Priester vor etlichen tausend Jahren die göttlichen Symbole Gold und Silber als Basis ihrer Währung von den Gestirnen herabholten, da wollten auch sie gar nichts anderes, als sich eben diese kosmische Energie zum Vorteil des Tempels und zum Segen ihres Gemeinwesens nutzbar zu machen.

Es schadet nicht, sich zu erinnern: Das Geld kommt von den Göttern. Wir sollten es nicht zum Teufel gehen lassen!

## *Japans Rolle im Weltwährungssystem*

Gegen Ende der 80er Jahre gefährdeten vier Hauptstörungsfelder das Gleichgewicht des Weltwährungssystems. Alle hingen sie miteinander zusammen, aber jedes einzelne war groß genug, den reibungslosen Ablauf des Weltwirtschaftsverkehrs in Frage zu stellen. Es handelte sich um

1. den Verfall des US-Dollars, das Haushaltsdefizit und die Auslandsverschuldung der USA,

2. die Überschuldung lateinamerikanischer und anderer Länder,
3. die Außenhandelsüberschüsse und den Devisenhort der Bundesrepublik Deutschland sowie
4. Japans Exporterfolge und seine Gläubigerposition gegenüber den USA.

Die amerikanischen Währungsprobleme haben uns bereits mehrfach beschäftigt. Auch auf den folgenden Seiten werden wir immer wieder auf sie zurückkommen. Die Überschuldung anderer Länder soll im nächsten Abschnitt behandelt werden. Was die Überschüsse und den Devisenschatz der Bundesrepublik angeht, dürfte sich beides durch die innerdeutsche und die europäische Währungsintegration erledigen. Insofern stellen sie schon jetzt keine Belastung für die Weltwirtschaft mehr dar. Damit bleibt uns für den Augenblick die Aufgabe, uns mit der japanischen Herausforderung zu befassen.

Ein kurzer Blick auf einzelne Aspekte der japanischen Geistes- und Geldgeschichte soll uns helfen, die Problematik nicht nur mit westlichen Augen zu sehen, sondern auch ihren Stellenwert für die Japaner selbst zu begreifen.

Schon im japanischen Altertum hat das Inselreich der aufgehenden Sonne zahlreiche kulturelle Anstöße aus China empfangen. Dazu gehört in erster Linie die chinesische Schrift und durch sie die Bekanntschaft mit den Lehren solcher Geistesheroen wie Kungfutse (um 551 – um 479 v. Chr.; Betonung von Familienzusammenhalt, Ehrfurcht vor Alter und Sitte, Pflichtbewußtsein) oder Laotse (6. Jh. v. Chr.; in gewissem Sinne Vorwegnahme des Liberalismus, Nicht-Handeln des Staates, sich den eintretenden Ereignissen nicht entgegenstellen, sondern elastisch reagieren). Auch der Buddhismus kam über China und Korea nach Japan, wo er in der elitären Form des Zen-Buddhismus eine typisch japanische Ausprägung erfuhr.

Silbermünzen nach chinesischer Art mit aufgeprägten Blumen oder Symbolen gelangten schon am Ende des 5. Jahrhunderts über Korea nach Japan. Allerdings konnten sie sich auf die Dauer nicht durchsetzen, weil die japanische Bevölkerung es bei ihrem noch schwach ausgeprägten Handel vorzog, mit Reis oder mit Stoffen zu bezahlen. Das gleiche Los war zunächst den wenigen Kupfermünzen beschieden, die vom 8. bis zum 10. Jahrhundert ausgegeben wurden. Teils deshalb und teils aus Mangel an eigenen Erzlagerstätten wurden in Japan nach 958 über 500 Jahre lang keine staatlichen Münzen mehr geprägt.

Die allmählich fortschreitende Arbeitsteilung ließ dann aber doch einen Bedarf an Münzgeld entstehen, der durch private Prägungen gedeckt wurde. Von solchem privaten Geld, »Shima-sen« (Inselgeld) genannt, gab es schließlich hundert verschiedene Sorten. Daneben bediente man sich gerne chinesischer Münzen besserer Qualität, von denen angenommen wird, daß sie in China ausdrücklich für den Export hergestellt wurden.

Original japanisch war eine besondere Art Goldwährung, bei welcher einheitliche Gewichtsmengen von Goldkörnchen oder Goldstaub in Papierbeutel abgefüllt waren. Dazu gesellten sich Goldplättchen und Goldstangen. Für diesen Zweck gab es eine besondere Gewichtseinheit, Ryo genannt. 1473 soll ein Ryo Goldstaub so viel wert gewesen sein wie 2000 Kupfermünzen.

Im 13. Jahrhundert tauchte – wohl nur zufällig etwa zur gleichen Zeit wie in Italien, Frankreich und Deutschland – die schriftliche Zahlungsanweisung als Vorläuferin des Papiergeldes auf. Wie wir von Marco Polo wissen, erlebte zu jener Zeit in China das voll ausgebildete autonome Papiergeld bereits seine höchste Blüte.

Erst gegen Ende des 16. Jahrhunderts gab es wieder eigene japanische Münzen aus Kupfer, Silber und Gold. Der erste Shogun der Tokugawazeit, Tokugawa Iesayu (1542–1616), vereinheitlichte schließlich das Geldwesen, verbot die Verwendung chinesischen Geldes und prägte selbst neue Münzen aus einer Legierung von 80% Silber und 20% Kupfer.

Zu seiner Zeit gab es einen lebhaften Austausch von Gütern und Ideen mit dem europäischen Westen. Um den Handel und zugleich den Ertrag aus seinem eigenen Staatsmonopol auszuweiten, begünstigte Iesayu außer den bisher schon tätigen Portugiesen auch niederländische und englische Kauffahrteifahrer. Eine den Japanern unverständliche religiöse Intoleranz der Europäer und die wechselseitigen Intrigen ihrer Missionare unterschiedlichen Bekenntnisses störten jedoch die öffentliche Ordnung. Außerdem war zu befürchten, die Christen könnten mit ihren überlegenen Feuerwaffen die Toyotomi-Familie, welche mit den Tokugawas um die Macht im Staat konkurrierte, unterstützen. So kam es bereits 1612 und noch einmal 1637 zu Christenverfolgungen.

Zur Abwehr des christlichen Einflusses schottete sich Japan in der zweiten Hälfte der 30er Jahre des 17. Jhs. nach außen hin ab. Schon 1635 wurde es allen Japanern verboten, Auslandsreisen zu machen oder, wenn sie im Ausland waren, in ihr Heimatland zurückzukehren. 1639 wurde den Portugiesen das weitere Anlaufen japanischer Häfen verwehrt und nur ein kleines Fenster für den Handel mit Holland und China auf der Insel Dejima bei Nagasaki offengehalten. Für mehr als zwei Jahrhunderte blieb Japan von der Welt abgekapselt.

Um das nach außen abgeschlossene mittelalterliche Feudalsystem auch nach innen zu festigen, bedurfte es einer starken Rückbesinnung auf die moralischen Werte des Konfuzianismus mit seiner Betonung von Pflichterfüllung und der durch Tradition geheiligten Hierarchien. Sie hat dem japanischen Wesen dauernde Spuren aufgeprägt. Dazu kam eine besondere Insulanermentalität (shimaguni konjo) oder das Gefühl, anders zu sein als alle anderen Menschen. Im Grunde war aber die sakoku genannte splendid isolation ein ähnliches Schwächezeichen der herrschenden Shogune wie die im 20. Jahrhundert verordneten Reise- und Kontaktbeschränkungen der sozialistischen Staaten für ihre Bewohner. So ist denn auch die Tokugawazeit trotz einer gewissen kulturellen, besonders auch literarischen Blüte im 17. und 18. Jahrhundert nicht gerade eine »große« Zeit der japanischen Geschichte.

Parallel zu der zentralstaatlichen Ausgabe von Münzgeld wurden in den Damiaten (Regionalfürstentümern) schriftliche Anweisungen auf Geld oder Waren ausgegeben und wie Papiergeld benutzt. Weil sie aber im Übermaß ausgeschrieben wurden, verloren sie schnell ihren Wert. Unter solchen Umständen konnte sich eine Vertrauensbasis für Papiergeld ebensowenig wie im zeitgenössischen Europa entwickeln.

Ähnlich wie im alten Rom verschlechterte sich auch der Metallgehalt der Münzen mehr und mehr. Schwache Regierungen zerrütteten das Finanzwesen des Staates und behalfen sich mit Wertminderungen des Münzmetalls. Schon der 5. Shogun Tsunayoshi ließ 1695 alle umlaufenden Geldstücke umprägen und bei dieser Gelegenheit ihren Metallwert vermindern. Nach außen begründete er seine »Reform« damit, daß angeblich die Prägung der alten Münzen im Laufe der Zeit unleserlich geworden sei. Von nun an verschlechterte sich das Geld immer mehr. Ab 1739 wurden eiserne Münzen ausgegeben und damit der wirtschaftliche Niedergang des Shogunats deutlich sichtbar eingeleitet.

Als der amerikanische Admiral Perry 1854 Japan mit der Gewalt seiner Kanonen zwang, seine Häfen für westliche Schiffe zu öffnen, war das nicht nur ein Schock für die Bewohner des Inselreichs, sondern auch eine Demütigung, wie sie für die auf die Wahrung ihres Gesichts bedachten Ostasiaten kaum schlimmer sein konnte. Aber ebenso wie Preußen in den Jahren 1807–1814 auf seine Unterwerfung durch Napoleon und das französische Revolutionsheer mit überfälligen gesellschaftlichen Reformen reagiert hatte, wurde auch den Japanern klar, daß sie allzu lange auf der Stufe des mittelalterlichen Feudalismus stehengeblieben waren. Die Meijirevolution von 1867/68 fand zwar unter dem Vorzeichen der Wiederherstellung der kaiserlichen Macht, welche das Shogunat Jahrhunderte zuvor ausgehöhlt hatte, statt; tatsächlich ging es jedoch in erster Linie um die gesellschaftliche und technische Modernisierung der Nation.

Wenn die Staaten des Westens mächtiger waren als Japan und ihm seinen Willen aufzwingen konnten, dann waren offenbar ihre gesellschaftlichen und politischen Strukturen und ihre Technik für die Welt des ausgehenden 19. Jahrhunderts besser geeignet, und man tat gut daran, diese Errungenschaften für das eigene Land zu übernehmen. Mit bewunderswertem Lerneifer machten sich die Japaner daran, die westliche Lebensweise zu studieren und auf ihre eigenen Verhältnisse zu übertragen.

Zunächst wurde der Adel eines großen Teils seiner Vorrechte beraubt und für seine daraus erwachsenden materiellen Verluste mit Staatsanleihen entschädigt. Dieser Vorgang führte zur Entstehung von Wertpapierbörsen, an denen die Lokalfürsten und Samurai ihre Papiere verkaufen konnten. Bis dahin kannte man nur die Warenbörse für den Reishandel. Auch das eigentliche Geld- und Bankwesen wurde in die Reformen einbezogen. Ein Ryo wurde einem Yen gleichgesetzt und dieser nach dem Dezimalsystem in 100 Sen = 1000 Rin eingeteilt. Die Währung wurde zunächst als Gold- und Silberwährung mit Betonung auf dem Gold konzipiert, entwickelte sich aber bald zur reinen Silberwährung. Erst der siegreiche Krieg gegen China brachte 1895 genug Reichtum ins Land, um zum Goldstandard zurückzukehren.

Notenbank und Deckungsvorschriften wurden nach dem Vorbild der Deutschen Reichsbank gestaltet, das Papiergeld zunächst in Deutschland gedruckt. Die ersten in Japan gedruckten Geldscheine stellten die Deutschen Karl Anton Brück und Bruno Liebers zusammen mit dem Italiener Chiossone auf aus Deutschland stammenden Druckmaschinen her.

1889 erhielt Japan eine neue Verfassung, die nach dem Muster der preußischen gestaltet war und dem Kaiser den Oberbefehl über die Streitkräfte, die Entscheidung über Krieg und Frieden und die Bestellung des Ministerpräsidenten vorbehielt. Wichtige Gesetze wurden ebenfalls deutschen Vorbildern nachempfunden, das Heerwesen nach preußischem Vorbild organisiert.

Fünfzig Jahre nach der von den USA erzwungenen Öffnung seiner Grenzen hatte Japan den westlichen Zivilisationsvorsprung so weit aufgeholt, daß es im russisch-japanischen Krieg von 1904 – 1905 die Oberhand behielt und dadurch eine unangefochtene Stellung als vorherrschende Großmacht des fernen Ostens erhielt. Zwangsläufig geriet es dadurch allerdings in einen Interessengegensatz zu den angelsächsischen Mächten, die schon in den 20er Jahren mehrfach seiner wirtschaftlichen und militärischen Expansion entgegentraten.

Der Versuch, mit militärischer Gewalt eine große ostasiatische Wirtschaftsgemeinschaft unter Japans Führung zu errichten und auf diese Weise sowohl eine ausreichende Versorgung mit Energie und Rohstoffen als auch einen Absatzmarkt für die eigene Exportindustrie zu sichern, ließ den Gegensatz zu den Vereinigten Staaten bis zum offenen Kriegsausbruch eskalieren. Insofern kam 1941 der japanische Angriff auf Pearl Harbour für die amerikanische Regierung nicht so überraschend, wie vielfach angenommen wird.[3] Nach anfänglichen Erfolgen endete der Krieg im August 1945 mit einer totalen Niederlage Japans und seiner Besetzung und politischen Umgestaltung durch amerikanisches Militär. Zum zweiten Mal in weniger als 100 Jahren erlebte Japan eine Demütigung durch die westliche Großmacht, und wieder folgte ihr eine tiefgreifende Reform nach westlichem – dieses Mal rein amerikanischem – Muster.

Als besiegte Nation, die ihre Gebietserweiterungen der letzten 50 Jahre wieder preisgeben mußte, stand Japan erneut vor der Aufgabe, seinen Abstand zu den Industrieländern des Abendlandes zu verringern. Dabei war eine Reihe naturbedingter Nachteile zu überwinden. Das Land hat kaum eigene Bodenschätze und Energiequellen. Mehr als 80% seiner Fläche sind von Vulkanen und Gebirgen bedeckt, nur 15% landwirtschaftlich nutzbar. Ständige Erdbebengefahr erlaubt für die Städte nur ein- bis zweistöckige Bauweise, soweit nicht sehr aufwendige Vorkehrungen zur Verminderung der Einsturzgefahr getroffen werden. Zusammen mit der allgemeinen Knappheit an Grund und Boden führt das zu extrem hohen Grundstücks- und Gebäudepreisen. Die räumlichen Verhältnisse sind infolgedessen sehr beengt.

Den natürlichen Nachteilen steht als Vorteil eine hochintelligente, kooperationsfähige, lernwillige und arbeitsame Bevölkerung gegenüber. Ihr hat Japan einen zweiten phänomenalen Aufstieg zu verdanken. Eine kluge und weit vorausschauende Wirtschaftspolitik hat dabei ebenso geholfen wie die Besonderheiten der ostasiatischen Mentalität.

Den Lehren des Laotse entsprechend und in Analogie zu den Regeln des japanischen Kampfsports wurde weit weniger Ener-

[3] Vgl. Winston Churchill, Der Zweite Weltkrieg, III, 2, Stuttgart und Hamburg 1951, S. 234–265.

gie als in Europa darauf verwandt, sich den Veränderungen des Weltmarktes entgegenzustemmen und überalterte Produktionszweige künstlich am Leben zu erhalten. Stattdessen förderte man die Umstellung auf moderne und zukunftsträchtige Produktionen und deren Weiterentwicklung. Infolgedessen findet man heute ehemalige Seidenwebereien unter den Produzenten elektronischer Produkte, und elegante Wohn- und Bürohochhäuser mit Meeresblick stehen an der Stelle nicht mehr benötigter Speicherschuppen und Werftanlagen.

Als weiteres Erfolgsrezept erwies sich die Verbindung von Wettbewerb und Kooperation. So gibt es auf dem Gebiet der Halbleiter-, Computer- und Nachrichtentechnik eine ganze Reihe von heftig miteinander konkurrierenden Großunternehmen, die sich gegenseitig zu erhöhter Leistung anspornen. Wenn es aber darum geht, die Voraussetzungen für die Einführungen neuer Technologien zu schaffen, sind sie in einem erstaunlichen Maß zur Kooperation ohne eigensüchtige Vorbehalte fähig.

Diese Kooperationsbereitschaft bewährte sich besonders im »Halbleiterkrieg« (nich-bei handotai senso) zwischen Japan und den USA. Nachdem die Japaner bei Geräten der Unterhaltungselektronik, bei Kameras und Uhren Führungspositionen auf dem Weltmarkt errungen hatten, fühlten sie sich stark genug, ihre Kräfte mit den USA auf dem anspruchsvollen Gebiet hochintegrierter elektronischer Halbleiterchips zu messen. Einerseits stellte das eine Herausforderung zu technischen Höchstleistungen dar, andererseits würde ein Erfolg ungeheuren wirtschaftlichen Machtzuwachs bringen. Wer die meisten, zuverlässigsten und höchstintegrierten VLSI-Chips (very large scale integrated chips) herstellt, gebietet wie Aladin mit seiner Wunderlampe über das größte Geisterheer an technischen Sklaven, kann die leistungsfähigsten Computer und Roboter bauen und deshalb auch mehr, besser und billiger produzieren als jede andere Nation. Insofern bedeutet die Führungsposition auf dem Halbleitermarkt mehr Machtpotential als die größte Armee der Welt oder Berge von Gold.

Um das große Ziel zu erreichen, mußten zunächst die leistungsfähigsten und zuverlässigsten Präzisionsinstrumente zur

Halbleiterproduktion entwickelt werden. Zu diesem Zweck brachten fünf große Elektronikkonzerne, nämlich Fujitsu, Hitachi, Mitsubishi Electric, NEC und Toshiba, Geld, technisches Knowhow und qualifiziertes Fachpersonal in eine Arbeitsgemeinschaft ein, der auch führende Gerätehersteller wie Nippon Kogaku (Nikon) und Canon angehörten. So hatten die letzteren Gelegenheit, Spitzenprodukte in unmittelbarem Zusammenwirken nicht nur mit einem, sondern gleich mit fünf ihrer Großkunden zu entwickeln und zu testen, wobei die Kunden ihre Produktionserfahrungen und -bedürfnisse durch ihre entsandten Produktionsingenieure direkt in die Entwicklungsarbeiten einbringen konnten.

Die entwickelten Geräte erwiesen sich als leistungsfähiger und zuverlässiger als die amerikanischen. Natürlich wurden sie zuerst und vorzugsweise an die japanischen Halbleiterhersteller geliefert. Diese vergrößerten schnell ihre Produktionskapazität und waren bald in der Lage, den Weltmarkt mit hochintegrierten, preiswerten Chips zu überschwemmen. Da zur gleichen Zeit die amerikanischen Währungsbehörden den Dollarkurs durch hohe Zinsen in absurde Höhen steigen ließen, um genügend Kapital zur Deckung des bundesstaatlichen Haushaltsdefizits anzulocken, verbilligten sich die japanischen Chips für amerikanische Kunden noch mehr. Infolgedessen mußten amerikanische Hersteller ihre teure Produktion einschränken oder gar ganz einstellen. Japan hatte den vollen Sieg davongetragen und sein Selbstbewußtsein gegenüber den Vereinigten Staaten zurückgewonnen.

Für die Amerikaner war dieser Tatbestand schlimm genug. Hinzu kam, daß der japanische Export sehr stark auf die USA ausgerichtet war und Japan gerade im Wirtschaftsverkehr mit den USA besonders hohe Überschüsse erzielte. Um die Folgen für die US-Währung abzumildern, benutzten japanische Finanzinstitutionen einen großen Teil der eingenommenen Dollars zum Kauf von Schuldtiteln der amerikanischen Regierung und finanzierten so zu einem wesentlichen Teil deren Haushaltsdefizit. Durch diesen Rücktransfer von Dollars setzten sie den Marktmechanismus außer Kraft, der sonst die japanische Währung inflationiert, die Amerikaner aber zu größerer Sparsamkeit gezwungen hätte. Außerdem wurde Japan so zum größten Gläubiger der USA-Regierung.

Die Amerikaner waren begreiflicherweise von den Exporterfolgen der Japaner nicht sehr angetan. Statt aber nun eine sparsamere Politik zu betreiben und dadurch ihre Wettbewerbsfähigkeit zu steigern, versuchten sie, das verlorene Terrain durch politischen Druck auszugleichen und ihre Importe aus Japan durch diskriminierende Maßnahmen einzuschränken. Dabei konnten sie darauf verweisen, daß auch bei ihrem Export nach Japan eine Fülle von bürokratischen, gesetzlichen und traditionell-gesellschaftlichen Hürden zu überwinden war.

Als die japanischen Automobil- und Elektronikkonzerne ihre Amerikaexporte bedroht sahen, gingen sie dazu über, eigene Fabrikationsstätten in den USA zu errichten und vorhandene Anlagen aufzukaufen. Das aber führte zum Schlagwort vom »Ausverkauf Amerikas an die Japsen«, das umso mehr Gehör findet, als japanische Großanleger in erheblichem Umfang nordamerikanische Hotels, Bürohäuser, Farmen und Ranches zur Kapitalanlage erworben haben.

Hier gibt es nun ein Dilemma der Wechselkurspolitik. Ist der Yen-Kurs im Verhältnis zum Dollar niedrig, steigen die japanischen Exporte, und teurere amerikanische Produkte verlieren ihre Konkurrenzfähigkeit. Ein hoher Yen-Kurs aber drosselt zwar auf die Dauer den japanischen Export, macht jedoch amerikanische Grundstücke, Fabriken und Hotels billig für japanische Käufer. Bei starken Wechselkursschwankungen können sogar beide Nachteile gleichzeitig zum Zuge kommen.

Versuchen wir, eine Bilanz der amerikanisch-japanischen Wirtschaftsbeziehungen zu ziehen, so ist festzustellen:

1. Das von den USA nach dem Zweiten Weltkrieg amerikanisierte Japan ist dabei, Nordamerika mit japanischen Produkten und japanischem Kapital zu überziehen.
2. Japanische Versicherungsgesellschaften und Finanzinstitute sind in so hohem Maße Gläubiger der amerikanischen Bundesregierung, daß es für beide Seiten ein höchst unbefriedigender Zustand, wenn nicht gar eine schwere Belastung ist.
3. Japan gefährdet die politische Vormachtstellung der USA durch seine technische Überlegenheit bei der Massenpro-

duktion von Halbleitern, bei Robotern und vielleicht auch schon bald bei Supercomputern.

Man wird sich auf harte Auseinandersetzungen der beiden Mächte mit entsprechenden Turbulenzen des Weltfinanzsystems einstellen müssen. Die durch massive Wertpapierverkäufe angelsächsischer Broker im ersten Halbjahr 1990 ausgelöste schwere Baisse an den japanischen Aktienmärkten ist nur ein Beispiel für die Gefährlichkeit der Situation. Ein anderes ist die erkennbare Tendenz, amerikanische Tochtergesellschaften ausländischer Unternehmen steuerlich zu »bestrafen«. Protektionismus ist eine gefährliche Waffe, die dem, der sie benutzt, in der Regel ebenso viel Schaden zufügt wie dem, den sie abwehren soll.

Japan wird gut daran tun, seine Spannungen mit den Vereinigten Staaten in weiser Selbstbeschränkung abzubauen. Wenn es ihm gelänge, einen wesentlichen Teil seiner Forderungen an die USA in irgendeiner Weise entweder an säumige Schuldner oder an potentielle Kunden Amerikas abzutreten, wäre das ein wichtiger Beitrag, weil so die Schuldverhältnisse indirekt repatriiert werden könnten. Ob und welche Gelegenheiten sich hierzu möglicherweise ergeben, bleibt allerdings abzuwarten.

## *Schuldenkrise, Internationaler Währungsfonds und die Not der Dritten Welt*

Im März 1989 veranstaltete der Nationalrat der Christlichen Kirchen Brasiliens (CONIC) in Rio de Janeiro eine Konsultationstagung zur Frage der brasilianischen Auslandsschulden. Auf ihr bezeichnete Mario Covas, Kandidat der Sozialdemokratischen Partei für die Präsidentschaftswahlen von 1989, die Auslandsschulden Brasiliens als den schlimmsten Auswuchs einer ungerechten Wirtschaftsordnung. Noch kräftigere Worte gebrauchte sein Mitbewerber Louis Inacio da Silva von der Brasilianischen Arbeiterpartei (PT): *»Es gibt nur wenige Länder, die in der Geschichte der Menschheit derart grausam ausgeplündert worden sind, wie das augenblicklich mit Brasilien geschieht. Die Art und Weise, wie diese Auslandsschuld eingetrieben wird, gehört zu dem ausgetüftelsten und effektivsten Machtinstrumentarium des Neo-Kolonialismus.«*

Die Abgeordnete Benedita da Silva von der PT rief dazu auf, *»daß unser Glaube sich in der Praxis zeigen muß und wir für das Recht des Volkes kämpfen müssen, aber nicht für die Rechte des Internationalen Währungsfonds oder der Weltbank. Unser Auftrag gilt den Armen, nicht aber den Bankiers, die ihr Geld unrechtmäßig diktatorischen Systemen geliehen, am Volk vorbei regiert und es in keiner Weise gefragt haben.«*

Beeindruckt von solchen und ähnlichen Voten erklärten die brasilianischen Christen in ihrem Abschlußdokument *»die Überzeugung, daß noch bestehende brasilianische Auslands-*

*schulden nicht bezahlt werden sollten, weil ... eine Fortsetzung der Zahlungen bloß die Ausbeutung des schon leidenden brasilianischen Volkes verschlimmern würde.«*[4]

Die angeführten Äußerungen sind typisch für zahlreiche Stellungnahmen aus lateinamerikanischen Ländern, die auch unter deutschen Christen einen starken Widerhall gefunden haben. Ähnliche Klagen waren z. B. aus Argentinien, aus Venezuela und – bis 1985 – aus Peru zu hören. Bei aller Not der betroffenen Völker vernebelten sie jedoch die wirklichen Probleme und trugen so eher dazu bei, deren Lösung zu erschweren.

Halten wir uns an die Tatsachen: Weltbank und Internationaler Währungsfonds sind keine kapitalistischen Ausbeutungsinstrumente, sondern Einrichtungen zur gegenseitigen Hilfe der Nationen. Die Weltbank nimmt selbst Anleihen auf und finanziert damit Entwicklungshilfeprojekte wie Schulen, Krankenhäuser, Brückenbauten u. a. Werden ihr fällige Zinsen und Tilgungsleistungen vorenthalten, haben andere Entwicklungsländer den Schaden, weil dann entsprechend weniger Mittel für neue Projekte zur Verfügung stehen.

Der von über 150 Mitgliedsländern getragene Internationale Währungsfonds (IWF) hat den Charakter einer Zentralbank der Zentralbanken. Seine Aufgabe ist es, bei vorübergehenden Liquiditätsschwierigkeiten einzelner Länder diesen kurzfristige Überbrückungshilfen zu geben und ihnen bei der Überwindung ihrer Schwierigkeiten zu helfen. Regelmäßig ist solche Hilfe an die Bereitschaft des Empfängerlandes gebunden, durch eigene Maßnahmen die Ursachen seiner Zahlungsunfähigkeit, wie z. B. zu hohe Importe, mangelnde Exportfähigkeit oder unzureichendes Steuersystem, zu beseitigen.

Wenn ein Land die Hilfe des IWF in Anspruch nehmen möchte, legt es in einer Absichtserklärung (»letter of intent«) die von seiner Regierung vorgesehenen Schritte zur Wiedergewinnung seiner Zahlungsfähigkeit dar. Nach Zustimmung durch den IWF unterstützt dieser dann das Programm durch

---

[4] Die Zitate sind dem Aufsatz »Technische Logik des Todes« von Sylvio Meincke in: Lutherische Monatshefte, Jg. 1989, S. 351 ff., entnommen.

Hilfeleistungen, welche in Raten und nach Maßgabe der tatsächlichen Inangriffnahme der angekündigten Vorhaben ausgezahlt werden. Grundsätzlich soll dabei Hilfe zur Selbsthilfe geleistet, nicht aber der Konsum subventioniert werden.

Welche Maßnahmen im einzelnen getroffen werden, bleibt der Entscheidung des Schuldnerlandes überlassen. Sie sollen jedoch plausibel und erfolgversprechend sein. Unfähige oder korrupte Regierungen neigen allerdings dazu, nach dem Prinzip des geringsten Widerstandes vorwiegend auf Kosten der Allerärmsten zu sparen, die eigenen Privilegien und die ihrer Gefolgsleute indessen unangetastet zu lassen. Der IWF dient in solchen Fällen als willkommener Sündenbock, dem man die Verantwortung für die vorgenommenen Einsparungen zuschieben kann. Mit Recht ist deshalb dem IWF eine zu geringe Sensibilität für die innenpolitischen Folgen der durch ihn ausgelösten Entscheidungen vorgeworfen worden.

Es ist leicht einzusehen, daß die großen, international tätigen Geschäftsbanken nur dann bereit sind, mit ihren Forderungen stillzuhalten oder gar zusätzliche Kredite zur Verfügung zu stellen, wenn die Regierung des betreffenden Landes Reformen zur Verbesserung ihrer Zahlungsfähigkeit einleitet. Die Zusammenarbeit eines Landes mit dem IWF hebt deshalb seine Kreditwürdigkeit. Anders ausgedrückt: Wer als schlechter Schuldner weitere Kredite braucht, ist darauf angewiesen, sich zunächst an den IWF zu wenden. Hier liegt der Schlüssel für die Unbeliebtheit des IWF bei den politischen Kräften, denen an einer Reform ihrer Mißwirtschaft nichts gelegen ist.

Was die von den zitierten brasilianischen Politikern beklagte Ungerechtigkeit der Weltwirtschaftsordnung angeht, so war mit diesem Begriff offensichtlich nur der Unterschied zwischen Nord- und Südamerika gemeint. Keineswegs sollten Indien, Rotchina und Schwarzafrika in eine »gerechte« Verteilung der Güter dieser Welt mit einbezogen werden, denn davon hätte ihr Land keinen Gewinn gehabt. Immerhin erwirtschafteten 1987 die 141 Millionen Brasilianer ein nahezu gleich großes Bruttosozialprodukt wie 1069 Millionen Rotchinesen. Brasilien ist im Grunde ein reiches Land mit vielen Bodenschätzen und einer hoch entwickelten Industrie. Es gehört zu den zehn bedeutend-

***Die 10 am höchsten verschuldeten Entwicklungsländer***

| Land | Mio. Einwohner (fortgeschrieben auf Mitte 1987) | Schuldenstand Ende 1986 (Mrd. US-$) | Schulden pro Kopf (US-$) | BSP (Mrd. US-$) | BSP pro Kopf (US-$) |
|---|---|---|---|---|---|
| Brasilien | 141,5 | 115,4 | 815,5 | 314,6 | 2020 |
| Mexiko | 81,2 | 109,6 | 1350 | 149,4 | 1820 |
| Argentinien | 31,5 | 55,0 | 1746 | 74,5 | 2370 |
| Rep. Korea | 42,0 | 54,4 | 1295 | 112,9 | 2690 |
| Indien | 797,0 | 43,5 | 54,60 | 241,3 | 300 |
| Indonesien | 170,2 | 42,2 | 247,9 | 76,8 | 450 |
| Ägypten | 50,7 | 38,4 | 757,4 | 36,0 | 710 |
| Israel | 4,4 | 33,4 | 7591 | 29,8 | 6810 |
| Venezuela | 18,3 | 28,6 | 1563 | 48,2 | 3230 |
| Türkei | 51,4 | 27,7 | 538,9 | 63,6 | 1200 |
| | 1338,2 | 548,2 | 394,9 | 1147,1 | 826,32 |

Vgl. Statistisches Jahrbuch der Bundesrepublik Deutschland 1989.

BSP = Bruttosozialprodukt

sten Welthandelsnationen und glaubt sogar, sich den Luxus einer eigenen Atomwaffenproduktion leisten zu können. Ernstzunehmende brasilianische Wirtschaftswissenschaftler stimmen deshalb auch darin überein, daß die Probleme ihres Landes im wesentlichen hausgemacht sind. Der inzwischen von Fernando Collor de Mello begonnene Versuch, die Inflation zu brechen und die Wirtschaft des Landes auf eine gesundere Basis zu stellen, fordert schwere Opfer. Er ist aber, wie der Abbruch der deutschen Inflation 1923 gezeigt hat, nicht ohne Aussicht auf Erfolg.

Die Not aller lateinamerikanischen Völker ist zu einem erheblichen Teil auf Mißwirtschaft, Inflation und Korruption zurückzuführen. Vielerorts gilt, daß, wer gerade an der Macht ist, sich auf Kosten des Volkes und seiner politischen Gegner bereichert und seinen Anhängern gut bezahlte Positionen verschafft. Der immense Gegensatz zwischen Reich und Arm wird durch die fast überall betriebene Inflation aufrecht erhalten und noch verstärkt, werden doch durch sie die Verpflichtungen der Reichen ebenso entwertet wie die Ansprüche der Armen. Statt mit allen Mitteln das heimische Warenangebot für die schnell wachsende Bevölkerung zu steigern, werden durch den Staat lediglich mehr Anrechtscheine (Geld) ausgegeben und verteilt. Deren Entwertung findet bereits im Augenblick ihrer Ausgabe statt, sofern nicht eine gleichzeitige Steigerung des Güterangebots erfolgt. Das Ganze ist ein grandioser Volksbetrug – aber man nimmt ihn aus Gewohnheit hin.

Wo das Geld seine ihm in der Marktwirtschaft zukommende Rolle als Tauschmittel verliert, gehen Leistungsanreize verloren. An ihre Stelle tritt die Korruption. Die Bestechung wird anstelle von Preisen und Löhnen zum Leistungsmotivator und Verteilungsinstrument. Schließlich erweist sich die Korruption als notwendiger Bestandteil eines solchen Wirtschaftssystems, ohne den es nicht funktionieren kann. Mittel- und Südamerika liefern hierfür zahlreiche Beispiele.

Das größte Problem aller lateinamerikanischen Länder ist die immer bedrohlicher werdende Bevölkerungszunahme. Das gleiche gilt für die ganz armen Länder Afrikas und Asiens. Noch so gut geplante und durchgeführte Entwicklungsprogramme sind kaum in der Lage, mit der Bevölkerungsexplosion Schritt zu halten. Bildungswesen und Beschäftigungsmöglichkeiten bleiben deshalb immer mehr hinter den Notwendigkeiten zurück.

Menschen, denen das Schicksal eine ihren Anlagen entsprechende Entwicklung verwehrt, fallen leicht radikalen religiösen oder politischen Parolen zum Opfer. Fanatische Volksaufwiegler haben mit ihnen ein leichtes Spiel. Infolgedessen beherrschen oder bedrohen extreme Formen von Nationalismus, Sozialismus und religiösem Fundamentalismus die von der Bevölkerungsexplosion betroffenen Staaten.

Wer in diesen Ländern Kapital investiert hat, muß damit rechnen, enteignet zu werden. Ausländische Investoren werden dadurch abgeschreckt, während im Inland nicht selten korrupte Politiker, die während ihrer Amtszeit große Vermögen zusammengerafft haben, einen beträchtlichen Teil davon in »sichere« Länder transferieren. So wird das Kapital von dort, wo es am dringendsten gebraucht wird, vertrieben. Bei einer Reihe hochverschuldeter Nationen würde allein die Rückführung der Fluchtgelder zur Lösung der Währungs- und Schuldenprobleme genügen.

Die gleichen extremen Kräfte und Ideen, die das Kapital vertreiben, verlangen andererseits einen hohen Mitteleinsatz für Rüstungszwecke. Man rüstet, um die Opposition im Lande zu bekämpfen, um die Nachbarn mit den Segnungen der eigenen Weltanschauung und Gesellschaftsordnung zu beglücken, um sich gegen den Expansionsdrang radikaler Nachbarn verteidigen zu können oder schließlich auch, um als Marionetten fremder Mächte deren Ersatzkriege auszutragen. Tatsächlich ist der Anteil der Rüstungsausgaben am Bruttosozialprodukt der meisten unterentwickelten Länder erschreckend hoch, zumal wenn man bedenkt, wie dringend die Mittel an anderer Stelle der Staatshaushalte benötigt würden.

Angesichts der genannten Faktoren kann man zu dem Schluß kommen, daß die 1982 ausgebrochene Schuldenkrise in den meisten Ländern strukturbedingt war und nicht auf kurzfristigen Störungen der Zahlungsbilanzgleichgewichte beruhte. Lediglich die Ölländer Venezuela und Mexiko hätten von einer

Verdoppelung der Ölpreise, wenn sie wirklich eingetreten wäre, genügend profitiert, um ihren Verpflichtungen nachkommen zu können. Hier lag offenbar eine Fehleinschätzung durch die Gläubigerländer vor, und man darf fragen, ob unter diesen Umständen der Internationale Währungsfonds nicht überfordert war. Solche Zweifel können die Bereitschaft der Gläubiger fördern, sich notgedrungen doch noch zu großzügigen Schuldenerlaßregelungen bereitzufinden.

In diesem Zusammenhang mag die Regelung erwähnt werden, die im Volk Israel des Alten Testaments für Schuldverhältnisse unter Stammesbrüdern galt. Zunächst bestand ein Zinsverbot, das sich ursprünglich auf nichtproduktive Darlehen bezog, welche zur Überwindung von Notlagen aufgenommen worden waren. Weiterhin wurden solche Schulden alle sieben Jahre erlassen, so wie ein Acker auch alle sieben Jahre brachliegen sollte. Stammesbrüder, die in Schuldknechtschaft geraten waren, wurden im siebenten Jahre frei. Schuldstreichung und Freilassung geschahen zur Ehre Jahwes, dürften aber ähnlich wie gewisse Reinlichkeitsgebote aus der praktischen Erfahrung des Zusammenlebens erwachsen sein. Erst die religiöse Überhöhung brachte die Menschen dazu, sich so zu verhalten, wie es dem Allgemeininteresse entsprach. Die Notwendigkeit zu einer derartigen besonderen Motivation erkennt man an den zahlreichen Übertretungen des Zinsverbotes.

Im Falle der überschuldeten Länder fehlt den Gläubigerbanken ein vergleichbarer Antrieb zum Forderungsverzicht nach jetzt schon mehr als sieben Jahren. Das Interesse der Allgemeinheit verlangt aber eine Bereinigung der Verhältnisse. Deshalb sollten steuerliche Vorschriften, wie sie in der Bundesrepublik schon lange bestehen, auch in anderen Ländern die Bereitschaft fördern, Forderungen, die ohnehin uneinbringlich sind, endgültig abzuschreiben.

Internationale Wohlstandsvergleiche sind eine fragwürdige Angelegenheit, weil es an einer einheitlichen Wertordnung fehlt. Mehr aus Verlegenheit als aus Überzeugung wählt man meist das Bruttosozialprodukt als Ausgangspunkt, obwohl dabei viele Wünsche und Fragen offen bleiben. Die Weltbank hat mit einem besonderen Berechnungsverfahren den Versuch unternommen, Bruttosozialproduktberechnungen der einzelnen Länder auf US-Dollar-Basis vergleichbar zu machen.[5] Dabei wurden Zufallsschwankungen der Währungsrelationen zwar geglättet, aber nicht ausgeschaltet. Für einige Länder ergibt sich dadurch ein etwas zu günstiges, für andere ein zu negatives Bild. Dennoch erlaubt die Gegenüberstellung einen allgemeinen Vergleich.

Die Tabellen auf den Seiten 262 und 263 sprechen für sich. Während in den 20 reichsten Ländern der Welt 1987 auf jeden Einwohner ein Bruttosozialprodukt von 10–20 000 US-$ entfiel, mußten sich die Menschen in den 20 ärmsten Ländern mit Pro-Kopf-Beträgen von US-$ 120 bis 300 zufriedengeben. Die Gründe dafür sind vielfältiger Art und reichen vom marxistischen Terror und Bürgerkrieg in Äthiopien bis zu den extremen Witterungsbedingungen in der Sahelzone.

Äthiopien und Mosambik haben zusammen etwa die gleiche Einwohnerzahl wie die Bundesrepublik Deutschland, aber weniger als 1% von deren Bruttosozialprodukt. Wäre es möglich, nur 10% der westdeutschen Leistung auf diese beiden ärmsten Länder zu übertragen, so hätte das für diese eine Steigerung auf das Zehnfache zur Folge mit einem Pro-Kopf-Betrag, der etwa dem von Mexiko entspräche. Für die Bundesrepublik aber bliebe – bezogen auf die Einwohnerzahl – immer noch mehr übrig, als ihre Nachbarn Frankreich, Holland oder Österreich aufzuweisen haben. Die Armut in der Welt wäre damit allerdings noch lange nicht beseitigt, zumal allein in Rotchina und Indien inzwischen 2 Milliarden Menschen mit einem geringeren Sozialprodukt auskommen müssen als 58 Millionen Italiener oder 57 Millionen Einwohner Großbritanniens und Nordirlands.

Wer die Verteilungskämpfe kennt, die selbst unter verständigen und zum Teilen bereiten Christenmenschen ausbrechen, wenn beispielsweise rückläufige Kirchensteuereinnahmen eine Landeskirche zur Zurücknahme ihres Haushaltsvolumens um nur 5% zwingen, der weiß obendrein, daß ein solch einschnei-

[5] Vgl. die diesbezüglichen Erläuterungen im Statistischen Jahrbuch für die Bundesrepublik Deutschland 1989, S. 684.

### *Die 20 ärmsten Länder der Welt*

(Länder mit dem geringsten Bruttosozialprodukt je Einwohner im Nachweis der Weltbank 1987)

| Land | Mio. Einwohner (fortgeschrieben auf Mitte 1987) | BSP (Mrd. US-$) | BSP pro Einwohner (US-$) |
|---|---|---|---|
| Äthiopien | 46,18 | 5,54 | 120 |
| Mosambik | 14,55 | 2,14 | 150 |
| Tschad | 5,27 | 0,81 | 150 |
| Malawi | 7,50 | 1,22 | 160 |
| Bangladesch | 102,56 | 17,41 | 160 |
| Laos | 3,78 | 0,59 | 160 |
| Nepal | 17,79 | 2,84 | 160 |
| Zaire | 32,46 | 5,29 | 160 |
| Burkina Faso | 8,31 | 1,43 | 170 |
| Madagaskar | 10,89 | 2,17 | 200 |
| Tansania | 23,22 | 5,20 | 220 |
| Burundi | 5,00 | 1,21 | 240 |
| Sambia | 7,56 | 1,70 | 240 |
| Uganda | 16,60 | 4,09 | 260 |
| Niger | 6,49 | 1,90 | 280 |
| Somalia | 6,90 | 1,66 | 290 |
| VR China | 1 069,03 | 319,78 | 300 |
| Indien | 797,00 | 241,31 | 300 |
| Sierra Leone | 3,85 | 1,17 | 300 |
| Togo | 3,15 | 0,96 | 300 |
| | 2 188,09 | 618,42 | 280 |

Vgl. Stat. Jahrbuch der Bundesrepublik Deutschland 1989.

***Die 20 reichsten Länder der Welt***

(Länder mit dem höchsten Bruttosozialprodukt je Einwohner im Nachweis der Weltbank 1987)

| Land | Mio. Einwohner (fortgeschrieben auf Mitte 1987) | BSP (Mrd. US-$) | BSP pro Einwohner (US-$) |
|---|---|---|---|
| Schweiz | 6,54 | 138,16 | 21 250 |
| USA | 246,82 | 4 486,18 | 18 430 |
| Norwegen | 4,19 | 71,42 | 17 110 |
| Island | 0,25 | 4,08 | 16 670 |
| Japan | 122,59 | 1 925,61 | 15 770 |
| Luxemburg | 0,37 | 5,80 | 15 860 |
| Schweden | 8,46 | 131,14 | 15 690 |
| Vereinigte Arabische Emirate | 1,45 | 22,83 | 15 680 |
| Kanada | 25,86 | 390,05 | 15 080 |
| Dänemark | 5,13 | 76,64 | 15 010 |
| Kuwait | 1,87 | 27,32 | 14 870 |
| Bundesrepublik Deutschland | 61,10 | 879,63 | 14 460 |
| Finnland | 4,95 | 71,08 | 14 370 |
| Frankreich | 55,85 | 714,99 | 12 860 |
| Katar | 0,33 | 4,13 | 12 360 |
| Österreich | 7,60 | 90,48 | 11 970 |
| Niederlande | 14,75 | 173,36 | 11 860 |
| Belgien | 9,92 | 112,01 | 11 360 |
| Australien | 16,53 | 176,30 | 10 900 |
| Großbritannien und Nordirland | 56,93 | 592,95 | 10 430 |
| | 651,49 | 10 094,16 | 15 490 |

Vgl. Stat. Jahrbuch der Bundesrepublik Deutschland 1989.

dender Eingriff wie die Übertragung von 10% des Bruttosozialprodukts auf irgendwelche fernen Länder außerhalb jeglicher Möglichkeit liegt. Das hat nichts mit dem Weltwährungssystem oder mit kapitalistischer Wirtschaftsweise zu tun, sondern einzig damit, daß die meisten Menschen – in welcher Gesellschaftsform sie auch immer leben – ungern bereit sind, von dem, was sie einmal erreicht haben, nennenswerte Abstriche zu machen.

Tatsächlich erreichen die gesamten privaten und öffentlichen Entwicklungshilfeleistungen der Bundesrepublik selten den Satz von 1% des Bruttosozialprodukts. Immerhin liegen sie noch über den 0,7%, welche die 35. Generalversammlung der UNO Ende 1980 als Zielvorstellung für das damals beginnende Jahrzehnt beschlossen hatte. 1988 waren es 20,77 Milliarden DM. Der Wert dieser Hilfe ist umstritten. Vielfach dient sie den Interessen der Geber mehr als denen der Empfänger. In anderen Fällen hat sie lediglich eine Alibifunktion oder sie dient der Bereicherung einer korrupten Führungsclique. Dennoch sollte man die Bedeutung der Entwicklungshilfe für die Entstehung und Entwicklung internationaler Partnerschaft nicht übersehen.

Geld, modernste Technik und Schulung in westlichem Anspruchsdenken genügen nicht, um den Lebensstandard eines überbevölkerten armen Landes zu heben. Wichtiger noch ist die Motivation, nicht in Apathie zu verharren, sondern selbst stärkere Anstrengungen zur Besserung der eigenen Lage zu unternehmen. Das wird am Beispiel der konfuzianistisch geprägten Völker Ostasiens deutlich. Die »vier kleinen Drachen« Hongkong, Singapur, Taiwan und Südkorea sind auf dem besten Wege, dem Beispiel Japans zu folgen und sich zu leistungsfähigen Industriestaaten zu entwickeln. Dabei hilft ihnen eine Weltanschauung, in der Arbeit keine Last ist, sondern einen Wert darstellt.

Armut ist nicht gottgewollt. Sie **kann** durch großen Fleiß überwunden werden.

## *Währungsintegration*

Das Wunder geschah 40 Jahre nach der Gründung der Deutschen Demokratischen Republik. Als nach den Häusern, den Straßen und den Produktionsanlagen auch die staatlichen Knebel und Fesseln durchgemorscht und verrottet waren, entschieden sich immer mehr ihrer Bürger offen gegen den Sozialismus und für die Soziale Marktwirtschaft. Erst kamen 100, dann 1000, dann 10 000, 100 000 und immer mehr Übersiedler in den Westen, um dort ein neues Leben anzufangen. Die Abstimmung mit den Füßen setzte einen Prozeß in Gang, den wenige Monate vorher noch niemand für möglich gehalten hätte. Die deutsche Teilung wurde überwunden, und die Siegermächte des Zweiten Weltkrieges gaben ihre Zustimmung dazu.

Auf dem Wege zur Wiedervereinigung wurde mit Wirkung vom 2. Juli 1990 eine Wirtschafts-, Währungs- und Sozialunion der bisher getrennten deutschen Staaten vereinbart. Die kurzfristige Lösung der damit verbundenen Probleme ist die größte und schwierigste Herausforderung, mit der die Soziale Marktwirtschaft in Deutschland bisher konfrontiert wurde. Sie wäre unmöglich, hätte die Deutsche Bundesbank nicht in der Vergangenheit durch ihre Stabilitätspolitik die Exportfähigkeit der westdeutschen Wirtschaft erhalten und zugleich einen Devisenhort von beachtlichen Dimensionen angespart. So stellt jedenfalls der angestaute Nachholbedarf von 16 Millionen DDR-Bürgern an Importgütern und Auslandsreisen keine ernsthafte Gefährdung des Außenwerts der deutschen Währung dar.

Große Schwierigkeiten bereitet die mangelnde Leistungsfähigkeit und personelle Überbesetzung der Produktionsbetriebe in der DDR. Viele von ihnen können im Wettbewerb der Marktwirtschaft nicht bestehen. Eine große Zahl von Beschäftigten wird deshalb ihren Arbeitsplatz verlieren. Andererseits werden die Modernisierungs- und Ersatzinvestitionen sowie der Umweltschutz zahlreiche neue Arbeitsplätze entstehen lassen.

In gewisser Hinsicht ähnelt die Situation der Währungsumstellung von 1923, als nach dem plötzlichen Abbruch der Inflation Hunderttausende von Arbeitnehmern, die bis dahin überwiegend mit dem Schreiben und Addieren von Nullen beschäftigt gewesen waren, sich neue Arbeitsplätze suchen mußten. Es gab damals eine hohe Arbeitslosigkeit, die jedoch nur von kurzer Dauer war. Eine bald darauf folgende zweite Beschäftigungskrise war die Folge von allzu schnellen und starken Personalkostensteigerungen nach der Stabilisierung.

Heute sind die Probleme größer, die längerfristigen Aussichten dafür umso günstiger. Reformwille, Intelligenz und Bildungsstand der DDR-Bevölkerung bieten ausgezeichnete Voraussetzungen für ein zweites deutsches »Wirtschaftswunder« in der letzten Dekade des 20. Jahrhunderts.

Am 2. Mai 1990 vereinbarten die Regierungen der DDR und der Bundesrepublik Deutschland den Abschluß eines Staatsvertrages zum 1. Juli 1990 mit folgenden Konditionen zur Währungsumstellung:

1. Löhne, Gehälter, Stipendien, Mieten, Pachten und Renten sind im Verhältnis 1:1 umzustellen.
2. Sonstige Forderungen und Verbindlichkeiten werden grundsätzlich im Verhältnis 2:1 umgestellt.
3. Personen mit ständigem Wohnsitz in der DDR können ihr Bargeld und ihre Bankguthaben bis zur Höhe von 2000 Mark bei Kindern bis zum vollendeten 14. Lebensjahr, von 4000 Mark bei Personen im Alter von 15 bis 60 Jahren und von 6000 Mark bei Personen ab dem 60. Lebensjahr im Verhältnis 1:1 tauschen. Über diese Höchstbeträge hinausgehende Bestände werden 2:1 umgestellt. Es soll geprüft werden, ob zu einem späteren Zeitpunkt für die 2:1 reduzierten Beträge Anteilsrechte am volkseigenen Vermögen ausgegeben werden können.
4. Guthaben von natürlichen oder juristischen Personen oder Stellen, deren ständiger Wohnsitz oder Sitz sich außerhalb der DDR befinden, werden 3:1 umgestellt, soweit die Guthaben nach dem 31. Dezember 1989 entstanden sind.
5. Verpflichtungen der DDR gegenüber anderen Staaten genießen Vertrauensschutz.
6. Soziale Härten, die sich insbesondere für Bezieher niedriger Renten und für Studenten ergeben, werden von der DDR im Rahmen ihrer finanziellen Eigenverantwortung und unter Beachtung ihrer gesamten Finanzlage ausgeglichen.

Die schnelle und deshalb in ihren Konsequenzen für viele Beteiligten schmerzhafte deutsche Wirtschafts- und Währungsvereinigung vollzieht sich vor dem Hintergrund des langsameren europäischen Einigungsprozesses. Das ist gut so, denn Deutschland braucht Europa und Europa braucht Deutschland. Im Gegensatz zu der unseligen Zeit zwischen den beiden Weltkriegen mit ihren sorgsam gepflegten Erbfeindschaften und ihrer nationalen Selbstsucht haben die Europäer endlich begriffen, daß Kooperation sich für alle Beteiligten auszahlt, und zwar umso mehr, je intensiver die Zusammenarbeit ist.

Nach dem Zusammenbruch des Bretton-Woods-Systems und dem Übergang zu frei schwankenden Dollarkursen versuchten die europäischen Staaten, aus den Trümmern einen Rest von währungspolitischer Gemeinsamkeit zu retten und daraus wenigstens ein europäisches Währungssystem aufzubauen. Die ersten Versuche wurden durch allzu heftige Währungsfluktuationen, Abwertungen und Aufwertungen sowie stark differierende Inflationsraten behindert. Außerdem hatte jedes Land so sehr mit seinen eigenen Problemen zu tun, daß der Gemeinschaftsgedanke vorübergehend in den Hintergrund trat. 1979 aber verpflichteten sich die Mitgliedsländer der Europäischen Gemeinschaft erneut zu festen Wechselkursen untereinander und zur gegenseitigen Stützung ihrer Währungen.

Der Begriff »feste Wechselkurse« besagt in diesem Fall, daß die Bandbreiten, um die die einzelnen Kurse von den Leitkursen abweichen können, nicht mehr als 2,25% (in Ausnahmefällen 6%) betragen dürfen. Wird die zugelassene Grenze erreicht, müssen die betreffenden Zentralbanken durch Käufe bzw. Verkäufe den Kurs stabilisieren. Allerdings sind noch nicht alle Mitgliedsländer der EG bereit und in der Lage, die enge Bandbreite von 2,25% einzuhalten. Vor allem aber konnte sich Großbritannien bisher noch nicht zum Anschluß an das Europäische Währungssystem entschließen.

Ein Europäischer Währungsfonds, auf den die angeschlossenen Zentralbanken – zunächst vorläufig – 20% ihrer Gold- und Dollarreserven übertragen haben, dient der Abwicklung des Zahlungsverkehrs zwischen den einzelnen Notenbanken und erfüllt einen ähnlichen Zweck wie ursprünglich der Internationale Währungsfonds für das Bretton-Woods-System. Fehlen einer Notenbank die zur Kursstützung erforderlichen Devisen, so kann sie sich diese vom Fonds ausleihen, muß aber den Kredit schon 45 Tage nach dem Ende des Monats, in welchem er aufgenommen wurde, zurückzahlen.

Zentrale Verrechnungseinheit ist der ECU (European Currency Unit). Er ist nur eine gedankliche, keine reale Währung und ähnelt insofern der uralten sumerischen Tempelwährung, die auch nur buchhalterisch existierte. Als Korbwährung setzt er sich aus den nach der Stärke ihrer Volkswirtschaften gewichteten Währungen der Mitgliedsländer zusammen. Bestrebungen, den ECU allmählich in die Rolle einer vollgültigen Europawährung hineinwachsen zu lassen, scheiterten hauptsächlich am Zögern der Deutschen Bundesbank, weil die sich auf keine Inflationsgemeinschaftswährung einlassen wollte.

Wie sich inzwischen gezeigt hat, ist die Deutsche Mark neben dem Niederländischen Gulden der Stabilitätsanker des Europäischen Währungssystems (EWS). Deshalb halten die europäischen Notenbanken – und nicht nur sie – ihre Währungsreserven lieber und zu einem größeren Teil in DM als in ECU.

Die allmähliche Verdrängung des ECU als Leitwährung durch die Deutsche Mark scheint auf den ersten Blick im Widerspruch zum Greshamschen Gesetz zu stehen. Tatsächlich ist sie aber eine Bestätigung, denn was hier geschieht, ist Wertaufbewahrung oder, wie man früher gesagt hätte, Horten von Geld. Unter dem Devisenstandard wäre jedes Zentralbankdirektorium töricht und würde den Interessen seines Landes zuwiderhandeln, wenn es nicht einen möglichst großen Teil der nicht für den laufenden Zahlungsverkehr benötigten Devisenreserven in Form von Hartwährungsanlagen hielte und, soweit möglich, dafür mit weniger stabilen Währungen zahlte. Für das Land mit der gesündesten Währung aber ergibt sich die absurde Situation, daß seine Devisenreserven (und damit ein wesentlicher Teil seiner Währungsdeckung) zwangsläufig von schlechterer Qualität sind als das durch sie gedeckte eigene Geld. Diese Erscheinung läßt sich, wenn man will, als ein **gesetzmäßiges Paradoxon** bezeichnen.

In den ersten Jahren des EWS waren häufige Neubewertungen der beteiligten Währungen erforderlich. U. a. verlor dabei der Französische Franc stark an Wert gegenüber der Deutschen Mark und dem Niederländischen Gulden. Seit jedoch die französische Regierung erkannt hat, daß stabiles Geld ihrer Volkswirtschaft auf die Dauer mehr nützt als inflationär finanzierte staatliche Wohltaten und immer neue Abwertungen, besteht sie auf unveränderten Währungsrelationen und hat dadurch bereits beachtliche Stabilitätserfolge für ihr Land erzielt.

Die politische und wirtschaftliche Einigung Europas verlangt eine noch stärkere monetäre Integration, als sie bisher erreicht wurde. Diese wird aber durch die immer noch unterschiedliche Besteuerung und Steuererfassung, uneinheitliche Finanzierung der Staatsausgaben und verschieden geartete Traditionen der Notenbankpolitik erschwert. Die Deutsche Bundesbank hat deshalb immer wieder vor einer übereilten Errichtung einer gemeinsamen Europäischen Zentralbank gewarnt, solange deren Unabhängigkeit nicht gewährleistet sei. Andererseits können sich manche Politiker aus unseren Nachbarländern nur schwer an den Gedanken gewöhnen, auf das vermeintliche Souveränitätsrecht eigener Inflationspolitik verzichten zu sollen.

In diesem Zusammenhang wird von den Gegnern einer unabhängigen Notenbank gerne das Argument der demokratischen Legitimation gebraucht. Wie das Finanzministerium oder die Polizei müsse auch die Notenbank den gewählten Volksvertretern Rede und Antwort stehen und sich deren Beschlüssen unterwerfen. Die Forderung beruht auf einem grundlegenden Irrtum. Stabiles Geld ist ebenso wie eine demokratische Verfassung eine notwendige Voraussetzung für eine am Recht und an den Bedürfnissen des einzelnen Bürgers orientierte Gesellschaftsordnung. Deshalb ist die Notenbank als Hüterin der Währung in gleicher Weise wie etwa die oberste Gerichtsbarkeit auf den Schutz vor parteipolitisch bestimmter Zielsetzung angewiesen.

Schon David Ricardo (1772 – 1823) wußte, daß menschliche Dummheit und Sonderinteressen der Verantwortlichen das Schicksal von Währungen bestimmen können, die, wie das heute der Fall ist, nicht an zwingende Deckungsvorschriften gebunden sind. Hierher gehören Wahlgeschenke, übertriebene Rücksichtnahme auf die Wünsche von Großunternehmen, Gewerkschaften oder Bauern und schlimmstenfalls eine gefällige Finanzierung von Korruption. Gerade deshalb ist es so wichtig, die Notenbank aus dem Bereich konkurrierender Interessen herauszuhalten, ihre Leitung integeren und hochqualifizierten Fachleuten anzuvertrauen und diese hoch genug zu besolden, um ihre Unabhängigkeit auch in wirtschaftlicher Hinsicht zu gewährleisten.

Im Hinblick auf eine Europäische Zentralnotenbank haben sich die meisten Vertreter der am EWS beteiligten Staaten zwar grundsätzlich mit deren Unabhängigkeit einverstanden erklärt; keine europäische Regierung hat aber bisher die Konsequenz aus diesem Beschluß gezogen und ihrer eigenen Notenbank ein größeres Maß an Unabhängigkeit eingeräumt. Es bleibt daher abzuwarten, welche Auffassung sich im Endergebnis tatsächlich durchsetzen wird. Wenn nämlich die Grenzen der nationalen Kapital- und Warenmärkte verschwunden sind, wird man auf eine einheitliche Währungspolitik nicht mehr verzichten können.

## *Wohin geht die Reise?*

Der Sozialismus alter Art ist tot. Letztendlich hat er sich als Opium fürs Volk erwiesen, und das Volk hat sich die gesundheitsschädliche Narkotisierung nicht länger gefallen lassen. Geblieben ist die Aufgabe, die Menschheit vor willkürlicher Unterdrückung, Ausbeutung und Zerstörung ihrer Umwelt zu schützen. Wie die Erfahrung lehrt, ist das in einer freiheitlichen demokratischen Marktwirtschaft eher möglich als in einer verplanten Zentralverwaltungswirtschaft. Der ungehinderte Wettbewerb von Ideen, politischen Programmen und materiellen Gütern ist die bestmögliche Voraussetzung für die Lösung aller mit der Fortentwicklung der Gesellschaft verbundenen Probleme.

Wie wir gesehen haben, spielt stabiles Geld für das spannungsfreie Funktionieren von Demokratie und Marktwirtschaft eine wichtige Rolle. Wird zuviel Geld in Umlauf gesetzt,

### *Von den Kosten der Rüstung*

**»Jedes Gewehr, das produziert wird, jedes Kriegsschiff, das vom Stapel läuft und jede Rakete kommt letztlich einem Diebstahl gleich, begangen an jenen, die Hunger haben, der nicht gestillt wird, an denen, die frieren und nicht gekleidet werden.«**

Dwight D. Eisenhower am 16. April 1953 vor der American Society of Newspaper Editors

kommt es zu Störungen und Benachteiligungen. Außerdem steigt, wie sich unschwer beobachten läßt, die Rücksichtslosigkeit der Marktteilnehmer. Anständigkeit wird zur Schwäche; die Schwachen aber bleiben auf der Strecke.

Man möchte vermuten, daß unter solchen Umständen jede Regierung bemüht wäre, die Währung des Landes stabil zu erhalten. Wenn die Praxis anders aussieht, so liegt das nicht zuletzt auch an den Wählern. Auf die beiden Fragen:

Wollt Ihr mehr Geld?

Wollt Ihr, daß sich Euer Geld entwertet?

wird man in aller Regel unterschiedliche Antworten bekommen, obwohl es um zwei Seiten der gleichen Sache geht. Ein jeder hofft, daß er den Vorteil aus der Geldvermehrung hat und nur die anderen dafür zahlen müssen. Tatsächlich aber verlieren – von wenigen Ausnahmen abgesehen – alle Beteiligten.

Freiheit des Handelns geht immer mit der Gefahr einher, sich selbst durch ihren Mißbrauch aufzuheben. Das gilt auch für den Umgang mit dem Geld. Nur mündige Gesellschaften können sich deshalb Freiheit und gutes Geld dauerhaft erhalten. Andere gleiten leicht in ein gesellschaftliches Chaos ab, oder sie fallen Diktaturen zum Opfer.

Die Welt steht zu Beginn der letzten Dekade des 20. Jahrhunderts an einem historischen Wendepunkt. Während die beiden großen militärischen Machtblöcke noch über eine Einschränkung ihrer Rüstungen verhandeln, werden sie durch den deutschen Einigungsvorgang dazu gezwungen, die militärische Konfrontation überhaupt zu überwinden und schon bald durch ein gemeinsames Sicherheitssystem zu ersetzen. Dadurch werden Kräfte frei, die für die friedliche Entwicklung Osteuropas und der Dritten Welt, für globalen Umweltschutz und auch für die Sanierung des Weltwährungssystems eingesetzt werden können. In Nordamerika hat man dafür bereits den Begriff der »Friedensdividende« (peace dividend) geprägt.

Bei einer nennenswerten Einschränkung der Rüstung wird jeder eingesparte Soldat oder Rüstungsarbeiter für produktivere Tätigkeiten freigesetzt. Das gleiche gilt für nicht mehr benötigte Forschungskapazität, für Roboter und Maschinen sowie für die Senkung staatlicher Haushaltsmittel im Verteidigungsetat. Für die Bundesrepublik sollten dadurch die Belastungen aus der Währungs-, Wirtschafts- und Sozialunion mit der DDR leichter zu bewältigen sein.

Für das Weltwährungssystem ist vor allem der erhoffte Abbau des Haushaltsdefizits der USA von Bedeutung. Die seit 50 Jahren andauernde Dollarinflation könnte endlich aufgehalten und vielleicht sogar von einer vorsichtigen Rückführung des »aufgeblasenen« (inflated) Geldvolumens der Welt abgelöst werden. Davon würde auch das Europäische Währungssystem profitieren. Europa wird sogar darauf achten müssen, daß ein etwaiger Geldschrumpfungsprozeß in geordneten Bahnen verläuft, zumal bei der Einführung einer einheitlichen und allgemeinen Europawährung ein weiterer deflationärer Impuls aus dem Fortfall der gegenseitigen Stützungsaktionen und Einlagen der nationalen Zentralbanken entstehen kann.

Nie war zu unseren Lebzeiten die Aussicht auf einen nicht inflationären und nicht durch kriegerische Ereignisse ausgelösten weltweiten Wirtschaftsaufschwung so groß wie heute. Darum dürfen wir mit den Worten des deutschen Bundespräsidenten, Richard Freiherrn von Weizsäcker, hoffen, daß die Verantwortlichen die gegebenen Möglichkeiten klug genug ausschöpfen, um auch noch vor unseren Enkeln damit bestehen zu können.

Um noch einmal aus Leonhard Willibald Hoffmanns Münz-Schlüssel von 1692 zu zitieren:

**Wer Ohren hat zu hören / der höre! und wer Macht hat zu wehren / der wehre! Ehe sich das Geld in noch geringern Werth / ja gar in Kupffer und Schaum verkehre.**

**E N D E.**

# Anhang

## *Instrumente der Zentralbankpolitik*

Wie wir gesehen haben, war es der ursprüngliche Zweck der Notenbanken, ihrem Staat Geld zu verschaffen. Erst später trat eine neue Aufgabe hinzu: als Zentralbank, d. h. als Bank der Banken, das Geld- und Kreditvolumen ihres Landes zu regulieren. Es liegt auf der Hand, daß beide Aufgaben in einem Konflikt miteinander stehen. Das gilt umso mehr, als Regulierung von Geld und Kredit ein elastischer Begriff ist, der für die Umsetzung in die Praxis noch einer Zielsetzung bedarf. In der Bundesrepublik Deutschland ist diese Zielsetzung mit wünschenswerter Klarheit im Gesetz über die Deutsche Bundesbank vom 26. Juli 1957 präzisiert. Dort heißt es nämlich in § 3:
*»Die Deutsche Bundesbank regelt mit Hilfe der währungspolitischen Befugnisse, die ihr nach diesem Gesetz zustehen, den Geldumlauf und die Kreditversorgung der Wirtschaft mit dem Ziel, die Währung zu sichern, und sorgt für die bankmäßige Abwicklung des Zahlungsverkehrs im Inland und mit dem Ausland.«*

Wäre die Vorschrift, die Währung (nach innen und außen) zu sichern, nicht so eindeutig, geriete die Bundesbank wie so manche andere Notenbank in Gefahr, zur Erfüllungsgehilfin des Finanzministeriums zu werden. Das Bundesbankgesetz geht sogar noch einen Schritt weiter, indem es in § 12, Satz 2 ausdrücklich feststellt:
*»Sie ist bei der Ausübung der Befugnisse, die ihr nach diesem Gesetz zustehen, von Weisungen der Bundesregierung unabhängig.«*

Dennoch kann keine Notenbank auf die Dauer eine Politik betreiben, die nicht im Einklang mit dem Willen der Mehrheit des Parlaments und der Bevölkerung steht. Anderenfalls müßte sie eine Gesetzesänderung befürchten. Darum gehört es zu den vordringlichsten Aufgaben jeder Zentralnotenbank, durch geeignete Öffentlichkeitsarbeit ihre Politik verständlich zu machen und sich die Unterstützung der öffentlichen Meinung zu sichern.

Zur Regulierung von Geld und Kredit hat eine Zentralbank grundsätzlich vier Ansatzpunkte:

1. Sie kann durch gutes Zureden und inoffizielle Pressionen die Kreditinstitute veranlassen, ihre Geschäftspolitik in einzelnen Punkten zu ändern,
2. sie kann Kreditrestriktionen verfügen,
3. sie kann den für geliehenes Geld zu zahlenden Preis, den Zins, regulieren und
4. sie kann die der Wirtschaft zur Verfügung stehende Geldmenge beeinflussen.

Gutes Zureden und Pressionen, im internationalen Sprachgebrauch »**moral suasion**« genannt, bieten sich an, um bestimmte, unerwünschte Handlungen der Banken wie etwa den Mißbrauch einer Gesetzeslücke zu unterbinden. Die Kreditinstitute sind an einem guten Verhältnis zu ihrer Zentralbank, auf deren Rat und Hilfe bis hin zur Refinanzierung ihrer Geschäfte sie angewiesen sind, interessiert. Deshalb werden sie in aller Regel ihren Wünschen nachkommen. Wenn allerdings moral suasion als Mittel der Notenbankpolitik nicht entarten, unwirksam werden oder gar zur Korruption einladen soll, darf man dieses Instrument nicht zu häufig benutzen.

Auch **Kreditrestriktionen** sind kein Mittel der alltäglichen Notenbankpolitik. Ein solcher Eingriff in das Marktgeschehen ist so stark, daß man auf ihn nur im äußersten Notfall zurückgreifen darf, will man nicht schwere Schädigungen des Wirtschaftssystems heraufbeschwören. In der Bundesrepublik ist im Verlauf von 40 Jahren nur einmal zur Zeit des Koreakrieges von ihnen Gebrauch gemacht worden. Damals wurde von der Rechtsvorgängerin der Deutschen Bundesbank, der Bank Deutscher Länder, den Kreditinstituten eine direkte Rückführung ihrer kurzfristigen Ausleihungen um eine Milliarde DM innerhalb von drei Monaten abverlangt. Wie brutal dieser Eingriff war, ist nur zu ermessen, wenn man berücksichtigt, daß zu jener Zeit das Kreditvolumen etwa den hundertsten(!) Teil des heutigen ausmachte.

Zinspolitik und Geldmengenpolitik greifen ineinander über. Knappes Geld läßt die Zinsen steigen, während umgekehrt niedrige Zinsen eine Kreditausweitung auslösen können – aber nicht müssen. Weil Veränderungen von Zins und Geldmenge auf höchst unterschiedliche Weise das Wirtschaftsgeschehen beeinflussen, sollen sie hier getrennt voneinander behandelt werden.

Das klassische Mittel der Zinspolitik ist der **Diskontsatz** oder die Bankrate. Dabei handelt es sich um den Zinssatz, den die Zentralnotenbanken berechnen, wenn sie von den Kreditinstituten Wechsel ankaufen. Daneben gibt es den etwas darüberliegenden Lombardsatz für Wertpapierbeleihungen durch die Notenbanken. Auf weitere Maßnahmen zur Zinssteuerung werden wir im Zusammenhang mit der Geldmengenpolitik zu sprechen kommen.

Der Diskontsatz hat eine weit über das Wechselgeschäft hinausragende Bedeutung, teils wegen seiner Signalwirkung und teils, weil häufig andere Zinssätze an ihn gekoppelt sind. Dennoch ist seine konjunkturpolitische Wirkung geringer, als vielfach angenommen wird. Das ist leicht einzusehen, wenn man bedenkt, welch untergeordnete Rolle der Zins im Rahmen der kaufmännischen Kalkulation spielt. Wer die Absicht hat, für DM 100000,– Waren zu kaufen, die er innerhalb eines Vierteljahres für DM 150000,– weiterzuverkaufen hofft, wird sich durch eine Zinsdifferenz von 1% p.a., also DM 250,– pro Quartal, nicht von seiner Kaufentscheidung abbringen lassen. Auch bei der Anschaffung einer Maschine für DM 20000,–, welche jährliche Kosteneinsparungen von DM 4000,– verspricht und eine mutmaßliche Lebensdauer von zehn Jahren hat, fällt ein Zinsunterschied von 1% p.a. = DM 200,– gegenüber dem Investitionsnutzen und den jährlichen Abschreibungen von DM 2000,– praktisch nicht ins Gewicht. Bei der Lagerhaltung von Roh-, Hilfs- und Betriebsstoffen wird schließlich jede mögliche Zinseinsparung leicht durch zwischenzeitliche Preiserhöhungen übertroffen.

Nur beim Wohnungsbau und anderen sehr langfristigen Investitionen spielt der Zins eine Rolle – und auch das nur, wenn die Differenz mehr als 1% beträgt. Gerade hier aber erstrecken sich Planungs-, Anlaufs- und Bauzeit über einen so langen Zeitraum, daß man lange auf die erwünschte Wirkung der Zinsanhebung warten muß. Lästigerweise wirkt sie in der Zwischenzeit preissteigernd, weil sie zu entsprechenden Aufschlägen bei Mieten und in der Warenkalkulation führt.

Außer der Konjunkturpolitik kann auch die Zahlungsbilanz ein Grund für Zinsveränderungen sein. Bei frei schwankenden Wechselkursen sollen Zinserhöhungen ausländisches Kapital anziehen und so den Kurs der eigenen Währung anheben. Auch das kann eine konjunkturdämpfende Wirkung haben, weil es den Export tendenziell hemmt – aber wiederum erst nach längerer Zeit. In einem System mit relativ festen Wechselkursen wird dagegen eine Diskonterhöhung leicht als ein Gefahrensignal in Bezug auf eine mögliche Abwertung verstanden und hat dann den gegenteiligen Effekt.

Die Geldmengenpolitik beruht darauf, daß die Fähigkeit der Kreditinstitute zur Buchgeldschöpfung durch ihre Barliquidität begrenzt ist. Früher handelte es sich dabei um Gold und Silber, heute um sogenanntes **Zentralbankgeld**, nämlich Banknoten und in Banknoten einlösbare Guthaben bei der Zentralbank. Auch kurante Münzen fallen unter diese Kategorie, obwohl, streng genommen das Münzmonopol beim Staat liegt und die Zentralbank die Münzen nur in den Verkehr bringt.

Die Barliquidität des Geschäftsbankenapparates ist von einer Reihe sehr unterschiedlicher Bestimmungsfaktoren abhängig. Da gibt es zunächst den Noten- und Münzumlauf bei der Bevölkerung. Er ist keineswegs konstant, sondern steigt zu bestimmten Anlässen, wie z. B. zur Weihnachtszeit, stark an, um anschließend wieder auf sein normales Niveau zurückzufallen.

Ähnlich verhält es sich mit ausländischem Bargeld, den sog. Sorten. In der Urlaubszeit entsteht regelmäßig eine starke Nachfrage. Die Geschäftsbanken müssen sich durch Sortenkäufe, für die sie mit Zentralbankgeld bezahlen, darauf vorbereiten. Umgekehrt bringen ausländische Touristen neue Liquidität ins Land, und zwar entweder als Zentralbankgeld in in-

## *Bestimmungsfaktoren der Bankenliquidität*

**(Zuflüsse + und Abflüsse ./. von Zentralbankgeld)**

### I. Einige Marktfaktoren

| | | |
|---|---|---|
| Noten- und Münzumlauf bei Nichtbanken | | ./. |
| Verkauf von Sorten an Kreditinstitute | | ./. |
| Ausgaben ausländischer Touristen im Inland, Ankauf von Sorten von Kred. Inst. | + | |
| Exporterlöse | + | |
| Zahlungen für Importe | | ./. |
| Inländische Wertpapierkäufe durch Ausländer | + | |
| Verkäufe inländischer Wertpapiere durch Ausländer | | ./. |
| Kapitalanlagen von Inländern im Ausland | | ./. |
| Auflösung von Auslandsanlagen durch Inländer | + | |
| Zinseinnahmen aus dem Ausland | + | |
| Zinszahlungen an das Ausland | | ./. |
| Notenbankkredite an den Staat | + | |
| Einlagen von Nichtbanken (z. B. des Staates) bei der Notenbank | | ./. |
| Auskehrung des Notenbankgewinns und des Gegenwerts ausgegebener Münzen an den Staat (nach dessen Verfügung) | + | |

## *Bestimmungsfaktoren der Bankenliquidität*

**(Zuflüsse + und Abflüsse ./. von Zentralbankgeld)**

### II. Notenbankpolitik

| | | |
|---|---|---|
| **Wechseldiskont** | + | |
| **Beleihung von Wechseln oder Wertpapieren (Lombard)** | + | |
| **Erhöhung der Mindestreserven** | | ./. |
| **Senkung der Mindestreserven** | + | |
| **Offenmarktpolitik** | + | ./. |
| **Wertpapierpensionsgeschäfte** | + | |
| **Beschränkung der Rediskontkontingente** | | ./. |
| **Verpflichtung zur Unterhaltung von Bardepots bei bestimmten Geschäften** | | ./. |
| **Zweckgebundene Sonderkredite an staatliche Einrichtungen** | + | |

ländischer Währung oder als Dollarreiseschecks oder schließlich in Form von Zahlungsmitteln ihres eigenen Landes. Dollarschecks und andere ausländische Zahlungsmittel werden von den Kreditinstituten angekauft und gegebenenfalls in Zentralbankgeld eingetauscht.

Die Vereinnahmung von Exporterlösen erhöht die Bankenliquidität, während umgekehrt die Bezahlung von Importen den Zentralbankgeldbestand der Kreditinstitute verringert. Wertpapierkäufe durch Ausländer bringen Geld ins Land, erhöhen also die inländischen Zentralbankgeldbestände, Verkäufe durch Ausländer verringern sie. Kapitalanlagen von Inländern im Ausland müssen mit Devisen bezahlt werden, die Zentralbankgeld kosten, ihre Auflösung bringt erneute Liquiditätszufuhr. Zinseinnahmen aus dem Ausland sind in ihrer Wirkung wie Exporterlöse, Zinszahlungen wie Importzahlungen anzusehen.

Kredite der Notenbank an den Staat führen zu einer Erhöhung der Zentralbankgeldbestände des Geschäftsbankensystems, Aufstockungen der staatlichen Einlagen bei der Notenbank, z. B. an den großen Steuerterminen, bewirken dementsprechend das Gegenteil.

Wird der Notenbankgewinn an den Staat ausgekehrt, erhöhen sich zunächst nur dessen Zentralbankguthaben oder es vermindern sich die in Anspruch genommenen Kassenkredite. Die Liquidität der Geschäftsbanken wird dadurch erst dann berührt, wenn der Staat die ihm so zugeflossenen zusätzlichen Mittel ausgibt und dadurch den Kreditinstituten Zentralbankgeld zuführt. Das gleiche gilt für Gutschriften für im Auftrag des Staates in den Verkehr gebrachte Münzen.

Die genannten Liquiditätseinflüsse wirken unabhängig voneinander und meist ungesteuert. Sie können sich gegenseitig aufheben oder verstärken. Umso wichtiger ist ein notenbankpolitisches Instrumentarium, mit dem den Liquiditätsschwankungen entgegengesteuert und das Volumen der Kreditgewährung durch die Geschäftsbanken planmäßig und konjunkturgerecht beeinflußt werden kann.

An erster Stelle steht in diesem Instrumentarium die **Mindestreservepolitik.** Die Kreditinstitute sind verpflichtet, für ihre

Verbindlichkeiten aus Einlagen und aufgenommenen Geldern einschließlich solcher aus kurzfristigen Bankschuldverschreibungen bestimmte Prozentsätze als Mindestreserven zinslos auf Konten bei der Zentralbank zu unterhalten. Der Name Mindestreserve ist insofern irreführend, als es sich nicht um wirkliche Reserven handelt, auf die die Kreditinstitute im Bedarfsfall für mehr als nur ganz kurze Zeit zurückgreifen können, sondern um eine Abschöpfung der Liquidität. Die Reservesätze sind meist nach der Art und der Laufzeit der Verbindlichkeiten gestaffelt. So können z. B. Verbindlichkkeiten gegenüber Gebietsfremden mit höheren Sätzen belegt werden, wenn sie als bank- und konjunkturpolitisch unerwünscht angesehen werden. Die Zentralbank hat es in der Hand, durch Veränderung der Mindestreservesätze den Kreditbanken große Liquiditätsbeträge zu entziehen oder auch zuzuführen. So kann sie den Geldmarkt regulieren und gleichzeitig die Buchgeldschöpfung der Geschäftsbanken nach ihrem Belieben abbremsen.

Die Internationalisierung der Märkte hat es mit sich gebracht, daß unterschiedliche Handhabung der Mindestreservepolitik in verschiedenen Ländern zu Wettbewerbsverzerrungen im Bankwesen führten. Infolgedesssen hat die Mindestreservepolitik in neuerer Zeit ein wenig von ihrer früheren Bedeutung verloren. Sie bleibt jedoch ein wichtiger und unverzichtbarer Teil dcs notenbankpolitischen Instrumentarium.

Der Mindestreserve verwandt ist die **Kontingentierung des Rediskonts.** Durch sie tritt die Zentralbank aus ihrer passiven Rolle als Käufer aller ihr angebotenen Wechsel heraus und setzt der Kreditausdehnung der Geschäftsbanken Grenzen. Jede Bank erhält ein individuelles, nach ihrem Eigenkapital bemessenes Rediskontkontingent, welches die Notenbank, wenn sie das unter kreditpolitischen Gesichtspunkten für erforderlich hält, kürzt oder erweitert.

Ein elastisches und zur Steuerung der Geldmenge besonders geeignetes Instrument der Notenbank ist die **Offenmarktpolitik.** Sie ist durch An- und Verkäufe von Wertpapieren seitens der Zentralbank am »offenen«, nicht auf den Verkehr mit einzelnen Banken beschränkten Markt gekennzeichnet. Dabei kann der Kreis der Geschäftspartner auf das Bankensystem beschränkt oder tatsächlich offen sein und andere Teilnehmer mit einbeziehen. Weil Käufe am offenen Markt mit Zentralbankgeld bezahlt werden, erhöhen sie die Liquidität des Bankenapparats. Dagegen entziehen Verkäufe dem Markt und den Banken Zentralbankgeld, das sonst Basis einer weiteren Kreditausdehnung werden könnte.

Offenmarktgeschäfte können die unterschiedlichsten Zielsetzungen haben. Meist dienen sie der Regulierung der Geldmenge. Es kommt aber auch vor, daß sie den Kreditinstituten eine liquide und doch verzinsliche Anlageform anbieten, den Kapitalmarktzins beeinflussen, den Wohnungsbau fördern oder ausschließlich staatlicher Geldbeschaffung dienen sollen.

Dem jeweiligen Zweck entsprechen Laufzeit und Ausstattung der für die Offenmarktpolitik eingesetzten Papiere. Zur Regulierung des Geldmarktes eignen sich besonders Schatzwechsel, unverzinsliche Schatzanweisungen und andere kurzfristige Papiere. Weniger seriös, weil in aller Regel inflationären Zielen untergeordnet, ist der Einsatz von Festverzinslichen mit längerer Laufzeit. In diese Kategorie gehört die Förderung des Wohnungsbaus durch den Ankauf von Hypothekenpfandbriefen oder auch die Übernahme von Staatsanleihen im Rahmen der Kriegsfinanzierung. In allen diesen Fällen besteht das Risiko, daß die Notenbank auf den Papieren längerfristig sitzenbleibt und sie erst in Zeiten überreichlicher Geldschwemme wieder loswerden kann.

Eine Sonderform der Offenmarktpolitik stellen die sog. **Wertpapierpensionsgeschäfte** dar. Sie haben eine lange Tradition und gehen bis in die 30er Jahre des 19. Jahrhunderts zurück. Damals entwickelte die Bank of England ein »selling Consols spot and buying for the account« oder auch »borrowing on Consols« genanntes Verfahren, welches darin bestand, daß die Bank Consols (Staatsanleihen) per Kasse verkaufte und sie zum Termin der monatlichen Börsenabrechnung wieder zurücknahm. So konnte sie einen flüssigen Geldmarkt derart versteifen, daß die Diskonthäuser gezwungen waren, der Bank auch bei hohem Diskontsatz Wechsel zu verkaufen. Sinn und Zweck dieses Vorgehens war, die Geldmarktzinsen in die Höhe zu treiben, um ausländisches Geld anzulocken und Goldabflüsse zu verhindern.

Heute betreiben die Zentralnotenbanken in der Regel Pensionsgeschäfte in umgekehrter Richtung. Sie kaufen von den Kreditinstituten festverzinsliche Wertpapiere mit Rückkaufsvereinbarungen für einen bestimmten Termin. So stellen sie ihnen Zentralbankgeld für befristete Zeit zur Verfügung. Volumen, Zinssatz und Laufzeit können der jeweiligen Zielsetzung angepaßt werden. Das macht die Pensionsgeschäfte zu einem flexiblen Instrument, mit dem sogar eine gewisse Feinsteuerung erreicht werden kann.

In der Bundesrepublik verwendet die Deutsche Bundesbank zwei verschiedene Ausschreibungsverfahren, den »Mengentender« und den »Zinstender«. Die Begriffe sind den bei englischen Schatzwechselversteigerungen verwendeten Bezeichnungen entlehnt (to tender = ein Angebot machen, andienen). Beim Mengentender liegt der Zinssatz fest, beim Zinstender nur ein Mindestbietungssatz. Beide Verfahren haben gegenüber regulären Ankäufen von Wertpapieren den Vorzug, daß sie deren Kurse nicht beeinflussen, sondern nur den (kurzfristigen) Geldmarkt regulieren.

Der Vollständigkeit halber sind nun noch einige Sondermaßnahmen zu erwähnen. Die Notenbank kann Vorschriften erlassen und variieren, welche den Baranteil bei Wertpapier- oder Warenkäufen auf Kredit betreffen, und auf diese Weise Übertreibungen an den Märkten entgegenwirken oder auch eine Erholung unterstützen. Sie kann ferner die Unterhaltung von Bardepots anordnen, deren Gegenwerte bei der Zentralbank stillgelegt werden. Im Extremfall läuft das auf eine Art von Mindestreserve für Nichtbanken hinaus, mit der eine fortgeschrittene, inflationäre Entwicklung abgebremst werden kann. Schließlich kann sie durch Sonderkredite an Vorratsstellen oder andere Spezialeinrichtungen deren Tätigkeit begünstigen oder von den restriktiven Wirkungen ihrer Politik ausnehmen.

Hinsichtlich der konjunkturpolitischen Wirksamkeit der Zentralbankpolitik ist zu beachten, daß diese – abgesehen von den ganz groben Geschützen – erst mit großer Zeitverzögerung zu dem beabsichtigten Erfolg führen. Das gilt für die restriktiven ebenso wie für die anregenden Maßnahmen. Geradeso wie bei der Fiskalpolitik besteht daher immer die Gefahr, daß die Politik der Zentralbank prozyklisch und nicht antizyklisch wirkt. Deshalb gehören Erfahrung, Fingerspitzengefühl und Phantasie zu den wichtigsten Eigenschaften der an der Formulierung und Umsetzung der Notenbankpolitik beteiligten Persönlichkeiten.

# Danke

An diesem Buch haben unzählige Autoren, denen wir unser heutiges Verständnis vom Geld verdanken, mitgearbeitet. Ihnen allen, Historikern und Mathematikern, Philosophen, Juristen und Nationalökonomen, sei Dank. Die ausführlichen bibliographischen Angaben zu den einschlägigen Beiträgen im Handwörterbuch der Wirtschaftswissenschaften (HdWW) geben eine Vorstellung vom Umfang der vorhandenen Geldliteratur.

Ermutigung, Rat und Hilfe erfuhr ich von Herrn N. Tiefenbacher in Hamburg und von Herrn C. Wonneberger vom Verlag Fritz Knapp in Frankfurt. Herr Professor Dr. Martin Honecker in Bonn und mehrere seiner Studenten machten sich die Mühe, das Zwinglizitat, dem ich mehr als 20 Jahre vorher einmal begegnet war, wieder aufzufinden. Herr Dr. A. Pawlas, Hamburg, wies mich auf Luthers Erfahrungen mit den Folgen der spanischen Silberinflation hin. Wertvolle Hinweise zur japanischen Geldgeschichte erhielt ich von Herrn Dr. W. Röhl.

Meine langjährige Mitarbeiterin, Frau Heide Schunke, half mit Anregungen, Kritik und der geduldigen Bereitschaft, ihren Computer immer neue Textfassungen ausdrucken zu lassen. Herr Wolfgang Scholz lockerte den Text mit seinen Illustrationen auf.

Meine Frau ertrug verständnisvoll alle Unbequemlichkeiten, die mit der Entstehung eines Buches nun einmal verbunden sind.

Ihnen allen sei herzlicher Dank gesagt.

Ein besonderer Dank gilt Herrn Bundeskanzler a. D. Helmut Schmidt, der sich liebenswürdigerweise bereit erklärt hat, ein Geleitwort zu schreiben.

Hamburg, im Mai 1990
Erich Leverkus

# Personenregister

# Sachregister